Impresso no Brasil, maio de 2011

Título original: *Inteligencia y Logos*
© Fundación Xavier Zubiri - www.zubiri.net
© Xavier Zubiri
© Sociedad de Estudios y Publicaciones
© Alianza Editorial, S. A., Madrid, 1982

Todos os direitos reservados.

Os direitos desta edição pertencem a
É Realizações Editora, Livraria e Distribuidora Ltda.
Caixa Postal: 45321 · 04010 970 · São Paulo SP
Telefax: (11) 5572 5363
e@erealizacoes.com.br · www.erealizacoes.com.br

Editor
Edson Manoel de Oliveira Filho
Gerente editorial
Bete Abreu
Revisão técnica
João Carlos Onofre Pinto, S.J.
Revisão
Heloisa Beraldo
Capa, projeto gráfico e diagramação
Mauricio Nisi Gonçalves e André Cavalcante Gimenez / Estúdio É
Pré-impressão e impressão
Cromosete Gráfica e Editora Ltda.

Reservados todos os direitos desta obra.
Proibida toda e qualquer reprodução desta edição
por qualquer meio ou forma, seja ela eletrônica ou mecânica,
fotocópia, gravação ou qualquer outro meio de reprodução,
sem permissão expressa do editor.

INTELIGÊNCIA E LOGOS

XAVIER ZUBIRI

PREFÁCIO
JOSÉ FERNÁNDEZ TEJADA

TRADUÇÃO
CARLOS NOUGUÉ

FUNDACIÓN XAVIER ZUBIRI

Sumário

Prefácio ix

PARTE II: INTELIGÊNCIA E LOGOS

1. Introdução 3

SEÇÃO I:
A intelecção das coisas no campo de realidade 9

2. O campo de realidade 11
   § 1. Caracteres gerais do campo das coisas reais 11
   § 2. Conceito estrito de campo 14
   § 3. Estrutura do campo de realidade 20
      1. Umas coisas "entre" outras 20
      2. Umas coisas em "função" de outras 22

3. O real campalmente inteligido: o logos senciente 29
   § 1. A intelecção campal enquanto tal 30
   § 2. A estrutura básica do logos 36

SEÇÃO II:
Estrutura formal do logos senciente: I. Estrutura dinâmica ... 57

4. Distanciamento da coisa 59
   § 1. O que é distância 59
   § 2. O que é tomar distância 61
   § 3. Estrutura do apreendido em distância 64

5. Intelecção distanciada do que a coisa real é em realidade .. 81
   § 1. O que é afirmar 82
      1. De que se julga 95
      Apêndice: A realidade dos objetos matemáticos 99
      2. O que se julga 110
   § 2. Formas da afirmação 113
   § 3. Os modos da afirmação 130

SEÇÃO III:
Estrutura formal do logos senciente: II. Estrutura medial ... 161

6. A determinação do logos em si mesma 163
   § 1. O que é a determinação enquanto tal: a evidência ... 163
   § 2. Caracteres intrínsecos da evidência 175
   § 3. Falsas ideias acerca da evidência 180
   § 4. Apreensão primordial e evidência 184

7. Logos senciente e verdade 197
   § 1. O que é verdade 198
   § 2. Verdade e realidade 199
      1. A verdade simples ou real 200
      2. A verdade dual 201
      3. A unidade da verdade 258
   § 3. Verdade, realidade e ser 264
      1. Verdade e ser copulativo 266
      2. Verdade e ser do substantivo 273
      3. Articulação de verdade, realidade, ser 279

Conclusão 311

Xavier Zubiri (1898 - 1983)

Prefácio à presente edição

por José Fernández Tejada

A obra *Inteligência Senciente* é composta de três volumes. No entanto, Xavier Zubiri, em plena maturidade intelectual, aos 81 anos, só escreveu um único prefácio no primeiro volume – *Inteligência e Realidade*. Por que um só prefácio para uma obra tão especial e volumosa? Qual é o motivo da insistência da editora É Realizações em fazer um prefácio para cada volume da trilogia? Será apenas o ensejo acadêmico de ajudar o leitor com um simples guia? Parece-nos que não é bem assim.

O desafio que assumimos nos levou a evidenciar em *Inteligência e Logos* a novidade que se apresenta na obra, publicada no ano de 1982. De início, o título da obra pode nos levar a um equívoco: o de pensar que o autor nos conduziria pelos rumos da lógica clássica ou moderna. Isso não ocorre. O *logos* zubiriano não é o da lógica clássica de Aristóteles, compreendida como uma superfaculdade da inteligência. Ele também não é o logos da modernidade com todas as suas nuances, modelando tudo quanto há. O que Zubiri põe em pauta é o problema libertador da *inteligência senciente*, apresentado na primeira parte da obra, notadamente e com muita propriedade, como o problema da inteligência e realidade. Nessas questões o autor está colhendo os frutos de todo um longo e trabalhoso filosofar. Por conta disso, podemos apresentar, pautados no pensamento do mestre, algumas palavras e conceitos.

Zubiri, na *trilogia*, bem como neste volume, surpreende-nos muitas vezes tanto pelo seu estilo, de caráter rigoroso e sistemático, quanto pela sua fluidez e contundência. Por exemplo: "a intelecção humana é formalmente mera atualização do real na inteligência senciente".[1] Tal formulação será repetida muitíssimas vezes, indicando a chave central de sua descoberta, bem como a de seu giro metafísico. Para Zubiri, "há diferentes modos de atualização do real". O primeiro (primário e radical), o autor o chama de apreensão primordial; um modo pelo qual o real, "*somente*" como real, é atualizado *em e por si* mesmo. Entretanto, sendo primário, ele não esgota as possibilidades da intelecção senciente em sua riqueza fundamental, uma vez que a intelecção tem diferentes modos de atualização de sua apreensão primordial. Na análise feita pelo autor, o *Logos* não seria, como na lógica convencional, "outra atualização" cronológica, mas sim uma "extensão" de sua primordial atualização. Ele "é, por isso, uma re-atualização".[2] Dessa forma, o *Logos* é a *primeira re-atualização*. O logos, tal qual a intelecção primordial, é senciente. Eis a segunda grande noção que surge na trilogia zubiriana. Ou seja, *inteligizar o logos para reificar a realidade*.[3]

Para Zubiri, o estudo da história da filosofia é, em si mesmo, filosofia. Nessa concepção, seu pensamento e sua obra são, desde o início, uma abordagem profunda e abrangente que envolve a religião, a filosofia e a ciência. Em *Inteligência e Logos*, Zubiri aponta dois grandes problemas: a substantividade da substância

---

[1] Xavier Zubiri, *Inteligência e Realidade*. São Paulo, É Realizações, 2011, p. lv.
[2] Ibidem.
[3] Assinalamos a respeito da temática desta obra uma primeira abordagem efetuada pelo autor em 1935 no texto "Que é Saber?" (*Natureza, História, Deus*. São Paulo, É Realizações, 2010, p. 85). Apresentada enquanto necessidade de formulação de uma *lógica da realidade*, ela foi motivo de lamentação posterior, justamente por não levar a termo a radicalidade de um pensar que não mais se situe na intencionalidade, mas sim na apreensão da realidade.

aristotélica como realidade[4] e a *logificação da inteligência*. Tais problemas funcionariam como obstáculos que acometem o filosofar. Ambos levariam ao que ele chamou de *logificação da inteligência*, na qual o *logos, separado das coisas,* é a base e o fundamento de uma limitante forma de pensar e conceituar. Uma forma que deveria ser revista. Ou seja, o ato formal da intelecção deveria ser libertado da dependência de julgar. O próprio Zubiri nos apontava em *Inteligência e Realidade* a necessidade e o desafio de sair da via concipiente para escolher ousadamente a via senciente:

> Abandonar a inteligência concipiente não significa que não se conceitue o real. Isso seria simplesmente absurdo. Significa, isto sim, que a conceituação, mesmo sendo, como veremos em outras partes do livro, uma função intelectual inexorável, não é, porém, o primário e radical do inteligir, porque a intelecção é primária e radicalmente apreensão senciente do real como real. Conceituar é apenas um desdobramento intelectivo da impressão de realidade, e portanto não se trata de não conceituar, mas de que os conceitos sejam primariamente adequados não às coisas dadas pelos sentidos *à* inteligência, mas de que sejam adequados aos modos de sentir intelectivamente o real dado *na* inteligência. Os conceitos são necessários, mas hão de ser conceitos de inteligência senciente e não conceitos de inteligência concipiente.[5]

---

[4] Citamos de novo aqui, para ajudar o leitor, as palavras de X. Zubiri proferidas na apresentação conjunta de *Inteligência e Logos* e *Inteligência e Razão*, em Madri, em 31/01/1983: "a minha vida intelectual tem transcorrido como uma corrente bordejada e canalizada por duas barragens. Uma, a de libertar o conceito de realidade de sua dependência à substância. As coisas reais não são substâncias, senão substantividades. Não são sujeitos substanciais, senão sistemas substantivos. Disso me ocupei no meu livro *Sobre a Essência*. A outra margem é a de libertar a intelecção, a inteligência, da dependência à função de julgar. (...) O ato formal da intelecção não é o juízo, mas a apreensão da coisa real mesma. E essa coisa mesma se dá, para nós, primária e radicalmente, em impressão sensível, isto é, em impressão de realidade. (...) A meu modo de ver, essa libertação do juízo era crucial para poder, pelo menos para mim, pessoalmente, pôr-me em marcha em matéria filosófica". Texto disponível no site da Fundación Xavier Zubiri, na página sobre a vida do autor (http://www.zubiri.net).

[5] *Inteligência e Realidade*, p. 58-59.

Como o autor re-fundamenta e recria o esforço do *noûs* através do logos e da razão? O autor parte da própria história da filosofia e, a partir de uma minuciosa análise crítica dos sistemas filosóficos, cria uma nova e instigante concepção da inteligência, balizada nos seus momentos/processos de realidade, logos e razão.

Inteligência e Logos pode ser apresentado sinteticamente da seguinte maneira. Na *apreensão primordial* o real é aprendido "*em e por si mesmo*". Na *re-atualização do logos* o real se apreende e se re-atualiza "*entre outras coisas*". A intelecção não somente atualiza as coisas em si e por si mesmas, mas também as atualiza, ou melhor, re-atualiza, entre outras coisas. A inteligência ou intelecção senciente *é campal*. Essa re-atualização (campal) entre as coisas é "imposta" pela própria impressão de realidade. Esta última observação nos leva ao âmago da obra *Inteligência e Logos*. Nas palavras de Zubiri: "*Penso por meu lado que se deve reificar o ser e inteligizar o logos: aí está o plano fundamental do logos*" (grifo nosso).[6]

Diante desse novo horizonte, podemos perguntar: como fica, não só a criação das ideias e dos conceitos, como também os princípios das lógicas tradicionais, das quais estamos necessitados todos os dias? Já veremos o seu lugar. Adiantamos, no entanto, que eles não têm força radical para dar conta da realidade e ater-se a ela. Os modos ulteriores de atualização do real, embora não sejam a "intelecção por excelência", permitem dizer, conforme o autor gosta de enunciar, que a realidade fica atualizada mais ricamente. Eles aumentam a determinação específica do real.

Como diferenciar as coisas, dar nomes e compreendê-las em relação umas com as outras? Como a apreensão primordial da realidade modula as coisas reais entre si mesmas? Eis aqui o desafio do *logos zubiriano para nós*. A solução está em conseguirmos superar a "barreira da pura conceituação para inteligizar o *logos* e chegar à reificação do real", ou seja, devemos rever os dois

---

[6] Capítulo 3, adiante, p. 33.

grandes supostos da filosofia grega: a *"entificação da realidade e logificação do inteligir"*.[7]

O estudo de *Inteligência e Logos* exige do estudioso uma maior concentração, uma vez que possui análises mais minuciosas. A obra nos faz perceber que estamos sempre na realidade. Todos nós a sentimos a cada momento. Ela é a nossa experiência que, por ser tão diáfana, ou é violenta, e com isso nos assusta, ou acabamos por não lhe dar o verdadeiro valor. O real é a base; a estrutura completa e aberta na qual a inteligência senciente se forma, se abre e se amplia. Igualmente, o *logos* também é senciente. No entanto, surge mais uma questão: como cuidar da realidade atualizada na, pela e a partir da intelecção senciente? Toda coisa real apreendida em impressão de realidade é *individual e campal*. O *logos* é um modo ulterior da mera atualização. Ele "consiste em ser 're-atualização' campal do já atualizado em apreensão primordial de realidade".[8] O *logos* é também *movimento de atenção*; um movimento que, por sua re-atualização, permite que uma coisa qualquer seja *"levada* de um termo para outro".[9] O *logos* é o movimento de tomar distância da coisa real para voltar a ela afirmando o que ela é em realidade: ele *é a afirmação*. Uma afirmação que compreende tanto uma "reversão intelectiva senciente para o real" como um processo de distanciamento em intelecção senciente. O logos é a reversão à coisa em intelecção senciente; é a essência mesma da afirmação.[10]

Fixemos, inicialmente, nossa atenção no diagrama feito por Fowler[11] da *estrutura de Inteligência e Logos* (Figura 1).

A questão que surge é: como se dá e processa, pelo logos, a apreensão primordial do real? O diagrama nos permite ver a estrutura sintética da força e dos limites do *logos*. Usemos a explicação de

---

[7] Ibidem.
[8] Idem, p. 34.
[9] Idem, p. 35.
[10] Idem, p. 36.
[11] Thomas Fowler, "Introduction to the Philosophy of Xavier Zubiri". Disponível em: http/www.zubiri.org/intro. Acessado em abril de 2011.

Figura 1

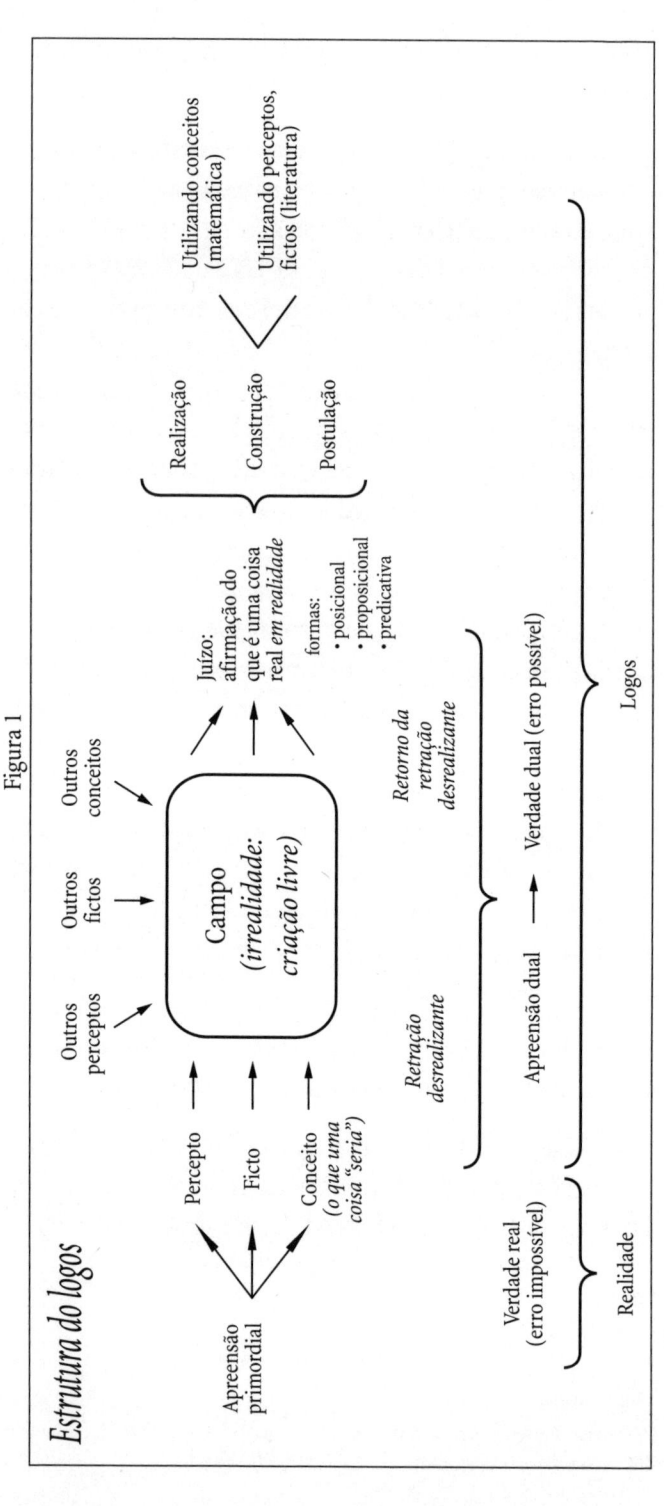

Fowler[12] para entendê-los (a força e os limites do *logos*), notadamente a partir da noção de campo (inteligência campal).

Este é o segundo passo: diferenciar as coisas, dar nomes a elas e compreendê-las em relação umas às outras. O bebê faz isso à medida que cresce: ele aprende a identificar as coisas em seu ambiente, aprende a designá-las e por fim aprende a falar e a se comunicar com as outras pessoas verbalmente. Esse estágio envolve um "retroceder" do contato direto com a realidade na apreensão primordial a fim de organizá-la. O logos é o que nos permite saber o que uma coisa, apreendida como real na intelecção senciente, é na realidade (um termo técnico significando o que alguma coisa é em relação a outro conhecimento da pessoa). Utiliza-se a noção do "campo da realidade". O campo da realidade é um conceito baseado de forma não estrita no conceito de campo da física:[13] um corpo existe "por si próprio", porém, em virtude de sua existência, cria um campo ao redor de si por meio do qual interage com outros corpos.

A *noção de campo*, "noção nômade que cruza diferentes ciências e que se origina na física",[14] é tomada por Zubiri porque é a melhor metáfora para descrever o que é atualizado na apreensão. Quando a coisa real está atualizada respectivamente a outras coisas reais, falamos que a coisa se encontra num campo de realidade. Pelo sentir intelectivo estamos abertos à realidade que, pela formalidade do real, é transcendental. Nela somos impulsionados a navegar por todo tipo de realidade e de ser. Estamos instalados definitivamente na realidade; uma realidade que se expande no campo do *logos*. Passamos, assim, do momento individual da apreensão dela, em e por si mesma, para o âmbito da realidade (momento campal), onde as coisas são inteligidas em relação

---

[12] Thomas Fowler, "Translator's Introduction". In: *Sentient Intelligence*. Trad. T. Fowler. Washington, DC, The Xavier Zubiri Foundation of North America, 1999, p. xiv.
[13] Para maior entendimento, ver Jordi Corominas e Joan Albert Vincens, *Xavier Zubiri. La Soledad Sonora*. Madri, Taurus, 2006, p. 834, nota 9.
[14] Corominas, op. cit., p. 699.

às demais já inteligidas. "Este campo, portanto, é determinado por cada coisa real desde si mesma; donde resulta que cada coisa real é intrínseca e formalmente campal."[15] Filosoficamente, a estrutura do campo é expansiva e independente, uma vez que, dispondo e apresentando os diversos tipos de coisas entre si, é, ela mesma, *algo em si*.

Se comparamos essas reflexões, novamente, com o diagrama de Fowler, tem sentido dizermos que a maioria das nossas intelecções concretas se move no âmbito do *logos*. Isto porque é o *logos* (*légein*) que nos permite reunir, enumerar e dizer (*légon*) o que as coisas apresentadas na realidade senciente são. Para Pintor Ramos,[16] Zubiri

> oferece uma análise desusadamente minuciosa, inclusive refinada em alguns pontos, dos diferentes elementos que atuam no *logos*. Trata-se quase sempre de elementos tão próximos, tão cotidianos que quase sempre passamos por alto e até desprezamos, quando em realidade são eles que fazem possível nosso saber.

Por isso a estrutura básica do *logos é dual*. São duas apreensões dentro da única apreensão primordial de realidade. E, por apreender uma coisa vinda de outra realidade, possui um *dinamismo* cujo movimento é um *distanciamento*, que é o *entre outras* coisas. Este último nos permite divisar um outro elemento do campo: a sua propriedade de *medialidade, na qual as coisas, no campo, são apresentadas e percebidas enquanto coisas reais*. Para Zubiri "ver as coisas reais num meio individual ou social pressupõe ver medialmente as coisas como reais".[17]

Neste âmbito de livre criação (o ser *em* realidade) dá-se: o *percepto* (conteúdo de uma percepção; o percebido); o *ficto* (a realidade em ficção; como seria a realidade: a suposição da realidade;

---

[15] Capítulo 2, adiante, p. 16.
[16] Antonio Pintor Ramos, *Realidad y Verdad*. Salamanca, Publicaciones Universidad Pontificia de Salamanca, 1994, p. 235.
[17] Capítulo 3, adiante, p. 54.

a realidade livre de conteúdo, na qual igualmente percebemos notas que podem proceder de outros perceptos);[18] e o conceito (atualização do *quê* enquanto tal. Para Zubiri, "conceito não é algo primariamente lógico, mas algo real: é o 'quê-conceito'".[19] É o movimento libertador e criador e, portanto, é uma construção).

A criação zubiriana de um *logos senciente* nos situa em um novo patamar, o qual nos incita a uma breve digressão sobre seus limites e sua força. Essa força e esses limites estão na própria intenção de Zubiri de desfazer uma artificial separação dos tipos de conhecimento que o homem constrói. Falamos da separação entre o conhecimento de senso comum, o religioso e o científico. Esta hierarquia sempre foi utilizada a favor de uma estranha racionalidade. Vejamos a análise e preocupação de Corominas acerca deste ponto:

> Mediante perceptos, fictos e conceitos é fixada a extraordinária variabilidade e fugacidade das apreensões, dando lugar a um campo de coisas. Sem logos, não apreciaríamos semelhança alguma entre as coisas e nos perderíamos num turbilhão de notas. O logos nos protege da intempérie em que nos deixa a alteridade primordial. Ele é invasivo e domina toda a extensão da intelecção. Os homens, olhem onde olharem, somente verão a realidade que o logos mostra. Entretanto, nenhuma trama de perceptos, fictos e conceitos, ou mesmo ideologias e disfarces, jamais conseguirá enclausurar totalmente a abertura originária da realidade, muito menos reduzir sua alteridade radical. O logos preenche o vazio incomensurável do real no qual nos deixa a apreensão primordial. Entretanto, ele não pode fechá-lo.[20]

Igualmente, Pintor Ramos[21] nos alerta para o perigo de não entender o limite e a força do logos na experiência do sentir

---

[18] "O que não se dá nem pode dar-se é um ficto que nada tenha que ver com algo apreendido anteriormente como real" (capítulo 4, adiante, p. 73).
[19] Capítulo 4, adiante, p. 74.
[20] Corominas, op. cit., p. 699.
[21] Antonio Pintor Ramos, op. cit., p. 235.

inteligente; um sentir cuja força está, justamente, na experiência do senso comum. Em outras palavras, na capacidade de intelecção que todos nós, no cotidiano, possuímos enquanto homens comuns. Aqui continua, no nosso entender, o pequeno e grandioso giro metafísico de Zubiri, bem como toda crítica que ele faz à história da filosofia. Ou seja, não só a denuncia pelo desvio ocorrido com a redução da inteligência a uma superfaculdade que acaba por não perceber, ver e tratar toda a riqueza existente nos perceptos, fictos e conceitos, bem como por toda uma construção lógico-racionalista que, entronizada numa lógica "bem intencionada" e ao mesmo tempo "tirana", se transforma em matéria-prima para "loucuras" políticas, educacionais, religiosas, econômicas, sociais e científicas. Nesse contexto podemos falar tanto dos limites e da força de um logos concipiente como do seu esquecimento e desprezo pela realidade humana.

Mas, diante dessas preocupações e alertas, é bom lembrar a força e pujança que é a criação zubiriana do homem imerso na realidade – "animal de realidades". Um homem que nos permitimos apontar na descrição de Euclides da Cunha do "Antonio Conselheiro"; no homem do sertão e do realismo mágico de Guimarães Rosa; em Paulo Freire, na sua valorização do "saber de experiência feito"; em Milton Santos, na "sabedoria da escassez"; no "sujeito fraturado" de Luiz Costa Lima; no "bicho que se inventa" de Ferreira Gullar; e na "consciência cósmica" e no "homem raro" de Marcelo Gleiser. Em todos esses exemplos da nossa cultura apontamos a vivência e preocupação de um *logos* que se revela possuidor de uma autonomia própria, aberta e senciente.

Para finalizar, vimos em *Inteligência e Realidade* que a atualização de algo real, em e por si mesmo, é *a verdade real*. Isto decorre, justamente, por ser a intelecção um processo senciente. Pelo *logos* atualizamos as coisas, não só a partir delas mesmas, como também entre e em função das suas relações (entre coisas). Eis aqui a noção zubiriana de *verdade dual*. Entretanto, o homem não pode viver de simples apreensões e afirmações. Ele deve, no processo de apreensão da realidade, ao lidar com as coisas reais, apropriar-se das melhores possibilidades que estas possuem. Certamente estamos na realidade e as coisas nos pertencem. Será, no entanto, pelo *logos* que a coisa real nos será aberta de forma criativa, justamente pelo processo no qual ela é re-atualizada a partir de e em relação às demais coisas no campo. Entretanto, existe um limite nesse processo. Ele é sempre remetido a um poderoso, mas, no entanto, simples, processo de apreensão e intelecção do real. Competirá à *razão* (terceiro modo/momento da intelecção, e obra a ser oportunamente apresentada), enquanto movimento impulsivo que parte do próprio esforço intelectivo do *logos*, promover "uma gigantesca tentativa de intelecção, cada vez mais ampla, do que é o real".[22] No entanto, no que se refere à competência do logos, podemos resumi-la, utilizando as palavras de Zubiri, no seguinte processo:

> O real não é um ponto de chegada do logos, mas o momento intrínseco e formal já dado na apreensão primordial da intelecção senciente. Portanto, não só não é um ponto de chegada mais ou menos problemático, mas é o preciso e radical ponto de partida, e a estrutura mesma do movimento intelectivo. Não é mero termo intencional. O logos é essencial e formalmente uma modalização da inteligência senciente.[23]

---

[22] Conclusão, adiante, p. 310.
[23] Conclusão, adiante, p. 309.

PARTE II

INTELIGÊNCIA E LOGOS

1. Introdução

Estudei na Primeira Parte deste livro o que é inteligir e qual é seu modo primário e radical. É o problema que em "INTELIGÊNCIA SENCIENTE" enunciei com o título INTELIGÊNCIA E REALIDADE. Mas a intelecção admite dois *modos ulteriores* de intelecção. É o tema que será tratado na Segunda e na Terceira Partes da obra.

Para empreender este estudo, não será demasiado recordar algumas ideias essenciais já expostas na Primeira Parte, e que espero facilitem a correta compreensão da Segunda.

Antes de tudo, inteligir não é um ato de consciência, não é um ato de dar-se conta de algo, porque, para dar-se conta do inteligido, o inteligido há de estar presente na intelecção. E este ato de captar algo tornando-o presente é o que chamamos de *apreensão*. Este é o ato radical de inteligir, um ato de apreensão.

Que é esta apreensão? Toda intelecção é um ato de apreensão, mas nem todo ato de apreensão é intelecção. Também o sentir é apreensão. Essas duas apreensões podem recair sobre o mesmo objeto, como, por exemplo, sobre uma cor, sobre uma pedra, etc. Portanto, para conceituar o que é a apreensão intelectiva, o caminho mais direto consiste em estudar os modos de apreensão desse termo comum a ambas as apreensões.

Na apreensão desse termo comum, como, por exemplo, da cor, a apreensão tem um caráter radical próprio: é apreensão senciente. Apreensão senciente consiste em apreensão em impressão. A impressão não é só uma afecção do apreensor, senão que nesta afecção a impressão nos apresenta algo outro que o apreensor e sua afecção. Esse outro tem três momentos constitutivos: um *conteúdo*, um *modo de ser de outro* (o que chamei de formalidade de alteridade) e uma *força de imposição*. Para nosso problema, o essencial se encontra no momento de formalidade. O apreendido fica na apreensão segundo sua formalidade: é o que chamei de *atualidade*. Atualidade não é presença, mas um *estar* em presença. É, portanto, um momento físico do apreendido.

Pois bem, esta atualidade, este ficar ou estar presente pode ter dois modos. Pode estar presente como mero signo de resposta: é a atualidade que chamei de estimúlica. É a *formalidade de estimulidade*. Os caracteres do apreendido, como, por exemplo, sua intensidade luminosa ou sonora, são assim momentos determinantes de resposta. Em virtude disso, o apreendido tem uma atualidade, mas somente ao fazer parte da própria resposta. É o que constitui o *puro sentir animal*.

Mas há apreensões em que os caracteres do sentido em impressão são caracteres que se apreendem formalmente como pertencentes *em próprio* ao apreendido: a intensidade de uma cor ou de um som é um momento apreendido como caráter em próprio da cor ou do som. É o que chamo de *formalidade de realidade*. Realidade é o modo de ser "em próprio", *dentro* da apreensão mesma. "Em próprio" significa que pertence ao apreendido, e, portanto, antes até da apreensão mesma (*prius*). Como este modo de ficar na apreensão é um modo de ficar em impressão, sucede que a apreensão é um ato de *impressão de realidade*. Nela seu conteúdo é atual na impressão, mas sem referência nenhuma a uma resposta. É o que chamo de *mera atualidade*: o apreendido está presente e somente está presente. Pois bem, estes três momentos (impressão, em próprio e mera atualidade) constituem unitariamente o que chamo de ser *"de seu"*. Eis a formalidade de realidade: um modo de alteridade que consiste no "de seu". Não se trata de realidade na significação de real como algo "fora" da impressão, mas de uma formalidade presente *na* apreensão propriamente dita. E, como tal, esta formalidade é um momento físico do apreendido.

Esta apreensão de algo em formalidade de realidade é justamente a *intelecção senciente*, ou, se se quiser, *sentir intelectivo*. Apreender o real como real é justamente o caráter formal da intelecção. Ser impressão é o caráter formal do sentir. Portanto, a impressão de realidade é um único ato constituído por dois momentos: impressão (sentir) e realidade (inteligir). Esta apreensão, por sua vez, é um sentir, mas não um sentir puro como no animal, mas um sentir intelectivo, um sentir em que se sente a realidade como realidade. O homem tem este sentir humano de que o animal carece, e tem também um sentir puramente estimúlico ou animal, em certas áreas de sua realidade. O sentir animal é certamente um sentir "do homem", mas não é um sentir "humano". No sentir humano, sentir já é um modo de inteligir, e inteligir já é um modo de sentir a realidade. Sentir e inteligir não são, portanto, dois atos, nem sucessivos, nem simultâneos, nem parciais, mas dois momentos estruturais de um só ato. Esta estrutura única é portanto *inteligência senciente*: uma unidade estrutural formal, cujo ato único é a mera atualização impressiva do real.

Como pertence em próprio ao apreendido, sucede que esta formalidade de realidade tem dois aspectos: um que dá para o próprio apreendido, outro que dá para a inteligência senciente. O primeiro aspecto nos submerge e nos faz penetrar no real mesmo. O segundo aspecto nos leva, em contrapartida, a submergir-nos na intelecção mesma. Este segundo aspecto é o que aqui nos importa agora, embora os dois aspectos não sejam nem possam ser independentes.

A formalidade de realidade é aberta desde si mesma enquanto realidade: uma única impressão de realidade aloja os conteúdos mais diversos. Esta abertura é a transcendentalidade: não é um conceito de máxima universalidade, mas uma comunidade física de realidade; é, portanto, um momento de comunicação.

Em virtude desta abertura, toda coisa é "de seu" real tão só respectivamente a outras: toda coisa real abre desde si mesma um *campo de realidade*. Não se trata de uma relação extrínseca entre as coisas, mas do momento formalmente constitutivo de abertura de cada coisa real enquanto real. Cada coisa real tem, pois, dois momentos. Um, o momento, por assim dizer, individual de sua própria realidade; outro, o momento de abrir um campo, o momento campal. São dois momentos de uma só realidade: todo o real é individualmente e campalmente real, e é apreendido sempre nesses dois momentos.

Eis, portanto, o que é inteligir: é a mera atualização do real em inteligência senciente.

Esta intelecção tem modos diversos, isto é, diversas maneiras de atualização na inteligência senciente enquanto intelecção, determinadas, como disse na Primeira Parte, pela respectividade da realidade mesma, pelos modos de atualização.

Há antes de tudo um modo primário e radical: é o que chamei de *apreensão primordial de realidade*. Esta primordialidade consiste em dois caracteres. Antes de tudo, o apreendido é atualizado diretamente, imediatamente e unitariamente (apesar de sua possível complexidade de conteúdo, como, por exemplo, se se trata de uma paisagem). É a apreensão do real *em e por si mesmo*. Esta realidade assim atualizada tem os dois momentos individual e campal, mas são apreendidos *pro indiviso* como momentos da própria coisa real: é o que chamo de apreensão *compacta* da realidade. Mas a apreensão primordial tem um segundo caráter: não só apreende compactamente o real em e por si mesmo, mas o apreende "somente" em e por si mesmo. O "somente" é o caráter modal da apreensão primordial de realidade.

Mas há outros modos, que são *modalizações ulteriores* desta apreensão primordial. O real, com efeito, pode ser apreendido não só como algo que tem caráter campal, mas também como algo que, por abrir um campo, está incluído nele. Então, o real não é apreendido apenas como *campal*, mas é ele mesmo apreendido *campalmente*, dentro do campo que determinou. O momento campal que na apreensão primordial é atualizado compactamente com o momento individual se autonomiza agora, por assim dizer, em face do momento individual. O campo já não é só um momento compacto da coisa real, mas é *âmbito de realidade*, um âmbito que aloja muitas coisas reais. Então, cada coisa real há de ser inteligida nele não só em e por si mesma, mas também com respeito às demais realidades do campo: inteligimos então não só que a coisa *é real*, mas também o que a coisa real é *em realidade*. Este "em realidade" é uma modalização ulterior da intelecção da coisa como real.

Pois bem, a atualização de uma coisa (já inteligida como real) dentro do âmbito de realidade de outras é essa intelecção que chamamos de *logos*. É a intelecção do que uma coisa real é em realidade, isto é, com respeito a outras coisas reais. Este logos é um modo de intelecção senciente. É, antes de tudo, um modo de intelecção por ser mera atualização do real em inteligência senciente; este modo é uma "re-atualização". Como tal, o logos é um momento intelectivo. Mas esta coisa real é reatualizada em um movimento que *a leva* a outras, e em função delas; só assim fica reatualizada a coisa real. Segundo este momento, o logos é um movimento impressivo: é o momento senciente. É nele que se reatualiza o que a coisa real é em realidade. Disso resulta que o logos é intelecção senciente: é um *logos senciente*. O logos senciente é intelecção campal, é uma modalização da impressão de realidade. Inteligir o que algo é em realidade é restaurar a unidade do momento campal e do momento individual do real.

É essencial observar que não se trata de um processo, mas de uma estrutura. Quando se intelige o que algo é em realidade depois de tê-lo inteligido como real, esse "depois" não significa que o que faço é "pôr-me" a inteligir o que essa coisa é em realidade. A inteligência não "se põe" a encarregar-se do que algo é em realidade, mas *já está posta* para isso pela própria realidade, pela unidade de seu aspecto individual e campal. É a própria realidade que, ao ser apreendida como real, determina sua intelecção *na* unidade do momento campal e do momento individual. Não é um ato que parte de mim, mas um modo de atualização que parte da realidade mesma enquanto é formalmente realidade sentida. É o caráter sentido do real o que nos determina necessariamente a encarregar-nos do que algo é em realidade.

Certamente o real não é respectivo somente a outras coisas reais *campais*; é "ao mesmo tempo" relativo a outras coisas reais *enquanto reais*, quer dizer, enquanto mundanais. Mundo é a unidade respectiva de todo o real enquanto real. Mas do mundo e de sua respectividade ao campo me ocuparei na Terceira Parte da obra. Esta Segunda Parte é consagrada à *inteligência senciente como logos*: *Inteligência e Logos*.

Levarei a efeito seu estudo em três seções:

Seção I. A intelecção das coisas no campo de realidade.

Seção II. Estrutura formal do logos senciente I: o logos como movimento, como estrutura dinâmica.

Seção III. Estrutura formal do logos senciente II: o logos como intelecção mediada.

SEÇÃO I
A INTELECÇÃO DAS COISAS NO CAMPO DE REALIDADE

Para estudar a intelecção das coisas no campo de realidade, temos de partir de uma conceituação do campo de realidade. Toda coisa real tem dois momentos em sua formalidade de realidade: o momento de realidade individual e o momento de realidade campal. Em virtude disso, o campo é um momento dimensional da coisa real. Este momento campal pode ser considerado de diferentes maneiras. O campo é algo determinado por cada coisa real. E esta determinação tem dois aspectos. Um, o mais óbvio, é o ser determinado pela coisa real mesma; outro, o de ser algo que, determinado por cada coisa, é um campo que aloja todas as coisas reais sentidas. De acordo com o primeiro aspecto, a realidade é algo *aberto* em si mesmo, e, de acordo com o segundo aspecto, é algo que *abarca* todas as coisas, é *âmbito de realidade*. Comparando o campo à luz, diremos que a coisa real é, antes de tudo, fonte de luz: é *luminosa*, é o que a constitui em luminária. Mas não é a mesma coisa ver que a coisa é luminosa e ver que todas as outras coisas, e até a própria luminária, são *iluminadas* pela luz que desta coisa real emerge. A luz da luminária enquanto luminária é uma nota determinada por esta coisa luminosa. Mas, se consideramos a luz como algo que ilumina as coisas reais, então essa luz já não é mera nota de cada coisa, mas um âmbito que abarca todas as coisas compreendidas no âmbito de iluminação, incluindo nesse âmbito a própria fonte luminosa. Não é o mesmo, com efeito, ver como a luz brota da coisa luminosa e ver essa coisa como iluminando, como expandindo sua luz sobre todas as demais. Nesta comparação, a luz é o campo. Por ser determinado por cada coisa, ao apreender uma coisa apreendo-a em apreensão primordial não só em seu momento de formalidade individual, mas também no momento de sua formalidade campal tanto em seu aspecto de ser uma nota da luminária como em seu aspecto de ser iluminante do âmbito de realidade. É unidade compacta dos dois aspectos.

Suposto isso, se apreendemos as coisas no campo de realidade, podemos, então, apreendê-las de duas maneiras. Uma, como coisas que estão incluídas no campo: é inteligir as coisas *como campais*. Mas podemos também apreender as coisas em função do campo em que estão incluídas: é inteligi-las *campalmente*. Apreender a coisa campal é próprio da apreensão primordial de realidade. Apreender a coisa campalmente é o próprio do logos.

Daí dois passos em nosso problema:

1º O campo de realidade.

2º O real campalmente inteligido.

Serão respectivamente o tema dos dois capítulos seguintes.

2. O CAMPO DE REALIDADE

O campo é antes de tudo e sobretudo um momento da formalidade de realidade de cada coisa real. Portanto, apreender o campo é algo próprio da apreensão primordial da realidade. O campo não só não é algo privativo do logos, mas tampouco é primariamente um momento do logos. É um momento do logos, mas consecutivo, isto é, derivado da apreensão imediata. É essencial insistir neste ponto. Tudo o que dissermos do campo será algo já dado na apreensão primordial de realidade de toda coisa real. Por isso, este estudo deveria ter sido incluído na Primeira Parte. No entanto, preferi reservá-lo para a Segunda, porque é nesta que o campo desempenha sua mais grave função.

Estudaremos o campo em três fases sucessivas:

§ 1. Caracteres gerais do campo das coisas reais.

§ 2. Conceito estrito de campo.

§ 3. Estrutura interna do próprio campo.

§ 1. Caracteres gerais do campo das coisas reais

Para descrever este campo, a linguagem não possui em geral mais que termos tomados da apreensão visual, com o que pareceria que o campo fosse tão somente um campo visual. Mas isso é uma simples limitação de linguagem. Assim, pense-se que também há música de fundo, que há um fundo de vestígios, etc., que existe um campo de deslocamento tanto das coisas como do meu próprio corpo. Considerado, pois, o problema em toda a sua generalidade, diremos que o campo é a unidade de todas estas coisas enquanto todas elas *estão* nele, e portanto o campo as *abarca*. Ainda que empreguemos a linguagem visual, o designado por ela é muito mais amplo que o visual. Trata-se, portanto, do campo como âmbito de realidade.

O campo tem uma estrutura geral muito importante. Antes de tudo, há no campo uma ou várias coisas que são as diretamente apreendidas: constituem o *primeiro plano* do campo. E, quando esse primeiro plano se reduz a uma só coisa, essa coisa adquire, então, o caráter de *centro* do campo. Com respeito a esse primeiro plano, as outras coisas constituem o domínio do *demais*. E essas demais coisas têm uma precisa articulação com o primeiro plano. Em primeiro lugar, algumas dessas coisas constituem o *fundo* contra o qual se apreendem as do primeiro plano. Esta dimensão é que constitui o *destacamento*: as coisas do primeiro plano se destacam contra o fundo das outras. Mas em segundo lugar há outras coisas que não são nem sequer o fundo, mas simplesmente algo que fica na *periferia* do campo. Graças a isso, as outras coisas do campo adquirem uma dimensão de *proximidade* ou afastamento. A periferia não é a rigor uma linha, mas uma área variável. À medida que se estendem as coisas da periferia, vão ficando mais distantes, até se perderem progressivamente. Por isso, a periferia é a área do indefinido, seja porque não está determinada em si mesma, seja porque ainda que esteja determinada pode passar despercebida por mim. Primeiro plano, fundo e periferia são a tripla dimensão, por assim dizer, do campo. É claro que essas estruturas não são fixas. Por exemplo, eu posso variar o primeiro plano, com o que ficam automaticamente alterados o fundo e a periferia.

O campo assim constituído o está, se me permitem a expressão, da porta para dentro. Porque a totalidade desse campo em suas três áreas de primeiro plano, fundo e periferia é delimitada, por sua vez, por uma linha que determina o que positivamente o campo abarca: é justamente seu *horizonte*. O horizonte não é mera linha de circunscrição externa, mas um momento intrínseco do próprio campo. Não pertence certamente às coisas apreendidas, mas a essas coisas enquanto abarcadas em minha apreensão delas. Esta linha tem dois aspectos. Um, o que determina as coisas que constituem o campo como totalidade, com um caráter próprio: todo campo tem essa espécie de caráter total que, em terminologia visual, chamamos de *panorama*. O intrínseco pertencer do horizonte ao campo faz deste um panorama. O modo de apreensão desse panorama é *syn-opsis*. A disposição das coisas dentro desse panorama sinóptico é *syn-taxis*. Sinopse e sintaxe são os aspectos da unidade panorâmica da apreensão.

Mas o horizonte tem ainda outro aspecto. Horizonte é o que marca aquilo que fica fora do campo. Não são as "demais" coisas, mas o puro "fora". Podem ser outras coisas fora do campo, ou algo que está fora de toda e qualquer coisa: é o "não definido". É mister insistir muito rigorosamente em que "indefinido" não é o mesmo que "não definido". A indefinição já é um modo de definição; o "não definido" não está definido nem sequer como indefinido. É essencial esta diferença. As coisas fora do campo são o não definido.

É claro, como já indiquei, que esta estrutura do campo não é fixa, mas variável. Aquela dimensão sua segundo a qual o campo é variável é o que chamamos de *amplitude*. A amplitude é variável tanto por ampliação como por retração. E com isso não me refiro unicamente à quantidade de coisas que o campo abarca, mas também ao próprio modo de sua unidade campal. Esta variação depende não só de mim mesmo, mas também das coisas. As novas coisas modificam, antes de tudo, o horizonte: é o *deslocamento* do horizonte. Mas, além disso, toda nova coisa que se introduz no campo, ou sai dele, ou se move dentro dele, determina uma variação no primeiro plano, no fundo e na periferia: é uma *reorganização* mais profunda do campo. Deslocamento do horizonte e reorganização interna são os dois aspectos da variabilidade do campo. Nem sempre são independentes entre si. Não podemos entrar neste nem em outros problemas do campo, porque sairíamos de nossa questão. Baste o que já foi dito.

Agora tentaremos conceituar com algum rigor o que é este campo.

§ 2. Conceito estrito de campo

Vamos passo a passo.

1. Antes de tudo, apresenta-se aqui um problema fundamental. A constituição panorâmica do campo em seus dois aspectos de sinopse apreensiva e de sintaxe dispositiva pode fazer pensar que o campo é sempre algo extrínseco às coisas. Mas isso, como veremos, não é assim. O campo não é nada fora das coisas reais; repeti-lo-ei infinitas vezes. Mas, mesmo ao falar, descrevendo o campo, do que fica "fora" do horizonte, esse "fora" pertence às coisas do próprio campo. Sem essas coisas não teria sentido falar de um "fora delas". O campo, portanto, é algo nas coisas mesmas. Veremos isso em seguida.

O campo de que estamos falando pode ser descrito, antes de tudo, segundo seu conteúdo, segundo as coisas existentes nele: pedras, árvores, mar, etc. Mas o campo pode e deve ser descrito segundo sua própria unidade. Essa unidade, do ponto de vista das coisas que contém, constitui o que se pode chamar de *campo perceptivo*. Mas a denominação é muito imprópria, como veremos em seguida. Evidentemente, neste sentido o campo não concerne às coisas mesmas. Que umas estejam longe ou perto, que umas estejam no centro ou na periferia de minha apreensão nada tem que ver, pelo menos formalmente, com as coisas mesmas. É apenas meu ato perceptivo que as abarca num só campo. O caráter de campo é constituído neste caso somente por meu ato perceptivo. O campo é então extrínseco às coisas.

Certamente as coisas mesmas não são completamente alheias à sua posição no campo: seu tamanho, por exemplo, não é alheio à posição no campo. Ainda assim, porém, essas coisas que o ato perceptivo abarca em unidade são as coisas em razão de seu conteúdo específico.

No entanto, essas mesmas coisas podem e devem ser descritas não só por seu conteúdo, mas também por sua formalidade: são coisas formalmente reais na apreensão. Portanto, deve-se falar de *campo de realidade*. O que impropriamente, como eu dizia, chamamos de campo perceptivo não é senão o conteúdo apreendido do campo de realidade. A rigor, deve-se falar tão só de um campo de coisas reais. O campo de realidade, diferentemente do que até agora chamamos de campo perceptivo, é aberto em e por si mesmo; é em e por si mesmo ilimitado. Por outro lado, descrito do ponto de vista do conteúdo das coisas, o campo é fechado pelas coisas que o constituem e o limitam. O campo meramente perceptivo oferece um panorama de coisas; o campo de realidade oferece um panorama de realidades. Com efeito, suponhamos que nesse campo perceptivo haja uma luminária apagada, e que de repente essa luminária se acenda. Do ponto de vista do conteúdo, isto é, do que chamamos de campo perceptivo, há algo novo: uma luz nova no prado ou na montanha. Mas do ponto de vista do campo de realidade há uma coisa real que vem de fora da realidade apreendida antes. E ela vem não é só para o prado ou para a montanha, mas também para a *realidade* do meu campo; é algo novo *na realidade*. Com isso, deslocou-se o horizonte de realidade, ainda que não se tenha deslocado o horizonte das coisas vistas. Com a entrada da luz no campo meramente perceptivo, esse campo se enriqueceu aditivamente: foi adicionada mais uma coisa às que antes havia. Mas do ponto de vista da realidade não há propriamente adição, senão que o caráter do campo de realidade alojou, por assim dizer, uma coisa real que antes não estava nele. Por isso, esta ampliação do campo de realidade não é, propriamente falando, uma "adição", mas uma "dilatação": o que constitui a formalidade da nova coisa é numericamente o mesmo caráter de realidade que constituía as outras coisas reais do campo. O real como "coisa" é agora diferente; mas esta coisa como "real", quer dizer, sua formalidade de realidade, é fisicamente e respectivamente a mesma em número. O que aconteceu, portanto, é que o campo de realidade se dilatou para alojar uma nova coisa. A ampliação ou a retração do campo de realidade, digo, a variação do campo de coisas reais perceptivamente apreendidas como reais não é, pois, aditiva, mas dilatativa. Portanto, diferentemente do campo perceptivo (no sentido de coisa contida no campo), que é extrínseco às coisas, o campo de realidade é intrínseco a elas: ele me é dado na impressão de realidade. Essa realidade é, como vimos, formal e constitutivamente aberta. E essa abertura concerne à impressão de realidade enquanto tal, e portanto a todos os modos de apresentação do real. Entre eles há um, o modo do "para" [*hacia*]. O que agora me importa neste "para" é que as outras realidades são neste caso, como já dissemos, outras coisas reais com *respeito* às quais cada uma é o que é. Pois bem, esta respectividade é formalmente o que constitui o momento de cada coisa real segundo o qual toda e qualquer coisa está num campo. Este campo, portanto, é determinado por cada coisa real desde si mesma; donde resulta que cada coisa real é intrínseca e formalmente campal. Ainda que não houvesse mais que uma só coisa, essa coisa seria "de seu" campal. Isto é, toda coisa real, além do que podemos chamar lassamente de respectividade individual, tem formal e constitutivamente respectividade campal. Toda e qualquer coisa real tem, pois, os dois momentos de reidade individual e de reidade campal. Só porque cada coisa real é intrínseca e formalmente campal, só por isso é que o campo pode ser constituído por muitas coisas.

Se queremos expressar com um só vocábulo a índole do campo tal como acabamos de descrevê-lo, podemos dizer que o campo "excede" a coisa real na medida mesma em que é uma abertura a outras. O momento campal é um momento de excedência de cada coisa real. Como esse momento é por sua vez constitutivo da coisa real, sucede que o campo é, por sua vez e "ao mesmo tempo", excedente e constitutivo: é um "excedente constitutivo".

Que é então mais concretamente este momento campal do real, quer dizer, essa excedência?

2. O campo, como dissemos, é "algo mais" que cada coisa real e, portanto, algo mais que a simples *adição* delas. É uma *unidade* própria das coisas reais, uma unidade que excede o que cada coisa é individualmente, por assim dizer. Como coisa e campo têm, como vimos na Primeira Parte, caráter cíclico, isto é, cada coisa é "coisa-campo", aquela excedência pode ser vista de dois pontos de vista: o campo como determinado desde coisas reais, e as coisas reais enquanto incluídas no campo.

A) Vista desde as coisas reais, a excedência campal é um modo do que, na Primeira Parte, chamamos de transcendentalidade. Transcendentalidade é um momento da impressão de realidade, aquele momento segundo o qual a realidade está aberta tanto ao que cada coisa realmente é, à sua "suidade", como ao que esta coisa é enquanto momento do mundo. É, em fórmula sintética, "abertura à suidade mundanal". E, como esta abertura é constitutiva da impressão de realidade enquanto tal, sucede que a abertura é o que faz que cada coisa real, por ser real, seja mais do que é por ser verde, sonora, pesada, etc. Toda e qualquer coisa real é em si mesma, enquanto real, algo que certamente é ela mesma e só ela mesma, mas que por ser real é mais do que é por seu simples conteúdo. É uma excedência transcendental. E isto é próprio de toda coisa real em e por si mesma. Mas, quando há muitas coisas reais em uma mesma impressão de realidade, então a transcendentalidade é o que torna possível que tais coisas constituam uma unidade supraindividual: é a unidade campal. Campo não é formalmente transcendentalidade, mas é um modo senciente (não o único) da transcendentalidade. A respectividade das muitas coisas sentidas se torna, em virtude da transcendentalidade, respectividade campal. A transcendentalidade é o que sencientemente constitui o campo de realidade, é a própria constituição senciente do campo de realidade. O campo como excedente das coisas reais é o campo de sua respectividade transcendental. Em virtude disso, o campo é um momento de caráter físico.

B) Mas também é preciso ver as coisas mesmas desde o campo. Neste sentido, o campo é algo mais que as coisas reais, porque as "abarca". Ao apreendermos a formalidade de realidade, apreendemo-la como algo que certamente está na coisa e só nela, mas que é excedente dela. Com isso, esta formalidade adquire uma função de certo modo autônoma. É não só a formalidade de cada coisa real, mas também aquilo "em que" todas as coisas serão apreendidas como reais. É a formalidade de realidade como *âmbito de realidade*. O campo é excedente não só como transcendental, mas também como âmbito de realidade. É a mesma estrutura, mas vista agora não desde as coisas; ao contrário, temos agora as coisas vistas desde o próprio campo.

O âmbito é um caráter físico do campo de realidade, assim como é sua transcendentalidade: é âmbito da própria coisa real.

O âmbito não é um *envolvente* material, algo assim como uma atmosfera que envolvesse as coisas reais. Em especial, insisto em que o âmbito não é o espaço. Primeiro, porque o espaço não é nada radical das coisas, mas é determinado por algo radical nelas, pela espaçosidade. As coisas são espaçosas, e só por isso há espaço. A espaçosidade não é espaço absoluto nem relativo. Mas o âmbito tampouco é espaçosidade. O que são espaçosidade e espaço é algo que se deve entender desde o âmbito, e não ao contrário, como se o âmbito fosse o espaço ou a espaçosidade. O âmbito é antes algo assim como o *ambiente* que as coisas geram. Portanto, não é nada fora delas. O ambiente é ambiente *n*as coisas mesmas, assim como a transcendentalidade é transcendentalidade *n*elas. E, no entanto, as coisas e seu ambiente de realidade não se identificam formalmente. O âmbito é o ambiente *n*as coisas. É um caráter físico delas: consiste, antes de tudo, em ser ambiente de coisas reais. O ambiente não é a atmosfera que rodeia as coisas, mas o ambiente que elas mesmas determinam. É a respectividade como âmbito. Por isso mesmo, este ambiente não é um *vazio de realidade*. Isso seria sairmos das coisas reais mesmas, o que é impossível. O âmbito é âmbito da própria formalidade de realidade, a qual é perfeitamente física. Alojar é justamente um momento físico da formalidade de realidade. É a respectividade enquanto constitutiva do campo.

Definitivamente, o campo de realidade tem dois grandes caracteres que expressam sua excedência com respeito às coisas reais. O campo é "mais" que cada coisa real, mas é mais *nelas* mesmas. O campo é, com efeito, a respectividade mesma do real enquanto dada em impressão de realidade. E essa respectividade é "ao mesmo tempo" transcendentalidade e âmbito. São os dois caracteres que dão pleno conteúdo à respectividade. Como transcendentalidade, a respectividade constitutiva do real leva, de certo modo, cada coisa real desde si mesma para outras realidades. Como âmbito, é o ambiente que aloja cada coisa real. Âmbito e transcendentalidade não são senão dois aspectos de um só caráter: o caráter campal do real sentido. Esse caráter é o que unitariamente chamaremos de *âmbito transcendental*. A formalidade do real tem, assim, dois aspectos. É, por um lado, a formalidade de cada coisa em e por si mesma, o que poderíamos chamar muito lassamente de formalidade individual. Mas, por outro lado, é uma formalidade excedente nela, isto é, é uma formalidade campal. E esta campalidade é âmbito transcendental.

Antecipando ideias, direi que, segundo o momento que chamei de individual, a intelecção da coisa real consiste em inteligi-la como real: "esta coisa é real". Segundo o momento que chamei de campal, a intelecção da coisa real intelige a realidade como sendo esta coisa assim em realidade: "a realidade é esta coisa". Não são duas apreensões diferentes, mas dois momentos de uma só e mesma apreensão. Mas como momentos são diferentes.

Âmbito transcendental: aí está o caráter geral, o caráter global, por assim dizer, do que chamamos de campo de realidade. Mas é preciso dar mais um passo. Devemos perguntar-nos, com efeito, qual é a estrutura intrínseca do campo de realidade, do âmbito transcendental de realidade. É o tema do parágrafo seguinte.

§ 3. Estrutura do campo de realidade

Por ser âmbito transcendental, o campo de realidade pode conter muitas coisas reais. Mas não as contém de qualquer forma, isto é, como mera multidão. Ao contrário, essa multidão tem caracteres estruturais muito precisos. São a própria estrutura do campo de realidade. É uma estrutura, como já direi, dada na apreensão primordial de realidade.

1. Umas coisas "entre" outras

Para descobrirmos as estruturas do campo de realidade, partamos do fato de que a realidade, tal como nos é dada em impressão, tem formas diversas, uma das quais é o "para" [*hacia*], segundo o qual a realidade nos leva inexoravelmente para outras realidades. Não se trata de uma inferência nem nada semelhante, nem é um ir para a realidade, mas um apreender a própria realidade em modo de "para", de modo direcional, como momento da própria realidade. Este "para" não é só um modo de a realidade apresentar-se, mas, como todos os demais modos, é um modo de apresentação transcendentalmente aberto. Isso significa que toda e qualquer coisa *por ser real* é em si mesma campal: toda e qualquer coisa real constitui uma forma de realidade "para" outra. Certamente o "para" é formalmente uma forma de realidade, mas o "para" em abertura transcendental (própria da impressão de realidade) é formalmente campal. E, como essa impressão é idêntica numeralmente em todas as coisas reais apreendidas em impressão, sucede que no campo determinado pela realidade de *cada* coisa estão também as outras. É um momento estrutural e formal do campo: o campo determina a realidade de cada coisa como realidade "entre" outras. O "entre" se funda na campalidade, e não o inverso: não há campo porque há umas coisas entre outras, mas, ao contrário, umas coisas estão entre outras só porque todas e cada uma delas estão no campo. E há campo precisa e formalmente porque a realidade de cada coisa é formalmente campal. O "entre" não é mero conglomerado. Tampouco é a mera relação de umas coisas com outras, mas uma estrutura muito precisa: é a estrutura da atualização de uma coisa entre outras. Certamente o "entre" é um momento da *atuidade* do real: uma coisa real como tal coisa real está entre outras. Mas o "entre" também tem caráter de *atualidade*: a coisa está atualizada entre outras. Não coincidem, evidentemente, os dois os aspectos do "entre": pode haver muitas coisas "entre" outras que não estejam presentes intelectivamente em atualidade. O que aqui nos importa é este "entre" de atualidade. É um caráter positivo próprio de cada coisa real enquanto campal. O "para" [*hacia*] da campalidade é, antes de tudo, um "para" em "entre", ou melhor, é um "entre" que tem positivamente caráter de um "para" de realidade. Se assim não fosse, o "entre" seria pura vacuidade. Mas é campo porque é realidade em "para" aberta desde cada coisa a todas as demais. E é assim porque essa abertura é, por sua vez, determinada pela realidade de cada coisa. Por ser determinado pela realidade de cada coisa, o "para" é um "para" real, é realidade em "para". E nisso consiste o campo como "entre". É por isso que as coisas não estão somente umas entre as outras, por assim dizer, materialmente, isto é, em atuidade, mas têm umas com respeito às outras uma *posição*, estão umas entre outras em razão de sua atualidade. O campo como primeiro plano, como periferia, como horizonte é justamente a estrutura da posicionalidade, isto é, a estrutura mesma do "entre" como um "para". O campo não é somente algo que *abarca* coisas, senão que antes de abarcá-las é algo em que estão *incluídas* todas e cada uma delas. Antes de abarcar coisas, e para poder abarcá-las, o campo inclui as coisas nele. E esta inclusão se funda no caráter campal de cada coisa real enquanto real. Portanto: 1) a coisa real determina o campo, 2) o campo determina a inclusão do real nele e 3) o campo abarca o incluído nele. Tal é o primeiro momento estrutural do campo: a posição no "entre". "Entre" significa etimologicamente o interior determinado por duas coisas. Mas cada uma constitui a possibilidade desta determinação, porque cada coisa é real em "para". Dessa forma, o "entre" é um momento do âmbito transcendental.

Mas não é este o único momento estrutural do campo. Porque as coisas não são somente *várias*, mas também *variáveis*.

2. Umas coisas em "função" de outras

Todas as coisas são variáveis no campo de realidade. Antes de tudo, podem entrar e sair dele, ou variar de posição entre as outras. Mas, além disso, cada nota, como, por exemplo, a cor, o tamanho, etc., tomados em e por si mesmos são uma coisa que pode variar e varia. Pois bem, quando apreendemos várias coisas num campo, nenhuma delas é apreendida monoliticamente, por assim dizer, como se a unidade do campo fosse meramente aditiva. Ao contrário, cada coisa se atualiza junto com outras ou depois de outras, ou fora de outras, ou na periferia mesma do campo, etc. Toda e qualquer coisa real é campalmente atualizada não só "entre" outras coisas, mas também em função dessas outras. Posição, por exemplo, é próprio de uma coisa "entre" outras, mas é um "entre" em que cada coisa tem a posição que tem em função de outras e varia em função delas. Uma coisa real pode desaparecer do campo. Mas isso nunca é uma espécie de volatilização dessa coisa, e sim um deixar de estar "entre" outras, e portanto desaparece sempre e somente em função dessas outras. A unidade do momento campal e do momento individual é um "entre" funcional. É o que chamo de *funcionalidade do real*. Aqui, funcionalidade é considerada em seu sentido mais lato, e portanto sem alusão nenhuma aos tipos muito diversos de funcionalidade que podem apresentar-se. Que a coisa seja campal tem justamente um caráter de funcionalidade meramente radical. Reciprocamente, as coisas reais não estão primariamente abarcadas no campo, mas cada uma, como dissemos, está incluída nele: abarcamento se funda em inclusão. Pois bem, o modo de inclusão campal de cada coisa real tem caráter intrínseco e formal de *funcionalidade*.

Que é esta funcionalidade? Eu já o dizia: é dependência no sentido mais lato do vocábulo. Essa dependência funcional pode adotar formas diversas. Citemos algumas de especial importância. Assim, uma coisa real pode variar em função de outra coisa real que a precedeu: é a mera sucessão. Sucessão é um tipo de funcionalidade. O mesmo deve ser dito de uma coisa não sucessiva, mas coexistente: uma coisa real coexiste com outra. Coexistência é agora funcionalidade. Deste ponto de vista, cada coisa real no campo ocupa uma posição por uma função campal no dito campo: está junta com outras, está em primeiro plano ou na periferia, etc. Há, todavia, outras formas de funcionalidade. As coisas reais materiais são constituídas por pontos. Cada ponto está "fora" dos demais: é um *ex*. Mas não é algo que está simplesmente fora, mas é um ex que está em unidade constructa com respeito *a*os demais *ex* pontuais da coisa. Expressamo-lo dizendo que todo *ex* é um "*ex-de*". Em virtude disso, cada ponto tem uma necessária posição com respeito a outros pontos em razão de seu "ex-de". Esta qualidade de posição no "ex-de" é o que chamo de *espaçosidade*. É uma propriedade de cada realidade material. Pois bem, a funcionalidade das coisas reais espaçosas enquanto espaçosas é o espaço: é a *espacialidade*. O espaço se funda na espaçosidade. E esta funcionalidade depende das demais notas das coisas. Ou seja, são as coisas que determinam a estrutura da funcionalidade, isto é, a estrutura do espaço. Esta determinação é, a meu ver, o movimento: a estrutura do espaço é então a marca geòmétrica do movimento. Naturalmente, não me refiro ao espaço geométrico, mas ao espaço físico. Pode ser muito variada: a estrutura topológica, afim, métrica e dentro desta última cabem as diferentes métricas, a euclidiana e as não euclidianas. Sucessão, coexistência, posição, espaçosidade e espacialidade, etc., são tipos de funcionalidade. Não pretendo nem remotamente uma enumeração completa: só apelei para estes casos para exemplificar o que é dependência funcional.

Esta funcionalidade é, dizia eu, um caráter intrínseco e formal do campo. Ou seja, não é que, por exemplo, B dependa de A, senão que existe igualmente a função inversa. No caso da sucessão, certamente B sucede a A, quer dizer, B é conseguinte de A; mas, por sua vez, A precede a B, é o antecedente. A funcionalidade, portanto, não é uma relação de certas coisas com outras, mas um caráter estrutural do próprio campo enquanto campo: umas coisas dependem de outras porque todas estão incluídas num campo que é intrínseca e formalmente campo funcional. Isso significa que toda e qualquer coisa real, por seu momento de campalidade, é realidade funcional. Mais ainda, a funcionalidade é um intrínseco caráter campal porque compete a cada coisa real pelo mero fato de ser campal: cada coisa determina a campalidade, e portanto sua própria funcionalidade. A realidade campal mesma é, enquanto realidade, de caráter funcional. Que cada coisa real dependa de outra se deve à própria realidade campal de ambas, ao intrínseco caráter funcional do próprio campo. O campo é em si mesmo campo de funcionalidade. Só por isso cada uma das coisas pode depender de outras. Pode até ser independente de algumas delas. Independência é um modo de funcionalidade.

Repito, a funcionalidade é um momento da realidade de cada coisa campal. Toda e qualquer coisa é um "para" [*hacia*] transcendentalmente aberto a outras coisas reais. Cada coisa é formalmente real por ser "de seu". Pois bem, cada coisa real é "de seu" transcendentalmente aberta, e essa abertura tem uma dimensão formalmente funcional. Esta atualização campal funcional é própria da unidade de todos os modos de realidade sentida, um dos quais é o "para". O campal é funcional em "para".

Daí um caráter essencial da funcionalidade. Não é uma funcionalidade que concerna primariamente ao conteúdo das notas do real: concerne à sua própria atualização como real. Não é que um corpo, por exemplo, seja enquanto corpo de caráter funcional, isto é, não é que um corpo dependa de outro corpo ou de algum conteúdo diferente. Isto sempre será problemático. O que não é problemático é que, por ser real, o corpo esteja em dependência funcional com respeito a outra realidade enquanto realidade. Portanto, trata-se da *funcionalidade do real enquanto real*. Aí está algo essencial. Vê-lo-emos em seguida.

Pois bem, esta funcionalidade é a que se expressa na preposição "por". Todo o real "*por*" ser campalmente real é real funcionalmente "por" alguma realidade. Este "por" é algo sentido e não algo concebido. O sentir humano é um sentir intelectivo, é radicalmente impressão de realidade; é algo dado "fisicamente". Portanto, a intelecção ulterior se move fisicamente nesta realidade fisicamente dada. A intelecção não tem de chegar à realidade, mas já está formalmente nela. Pois bem, como esta realidade se atualiza campalmente, a campalidade é um momento da impressão de realidade. E, portanto, a funcionalidade mesma é um momento dado na impressão de realidade. É dado como momento formal seu. Não se trata, pois, de uma inferência nem nada similar, mas é um dado [*dato*] imediata e formalmente dado na impressão de realidade.

Mas, reciprocamente, o dado [*dato*] é dado [*dato*] de simples funcionalidade. É essencial insistir neste ponto para evitar graves equívocos.

Antes de tudo, funcionalidade não é sinônimo de causalidade. A causalidade não é senão um tipo, *entre outros*, de funcionalidade. Na filosofia clássica, causa é aquilo de que algo procede mediante um influxo real sobre o ser do efeito. Pois bem, a causalidade não é algo dado. Nunca percebemos o influxo produtor de uma coisa real sobre outra. Daí que, a meu ver, alguns estudos experimentais (quanto ao mais, de primeira ordem) sobre a suposta percepção imediata da causalidade sejam radicalmente inexatos. A percepção jamais percebe a causalidade, mas percebe sempre a funcionalidade: no campo de realidade, sentimos a realidade em seu momento funcional como momento campal da impressão de realidade. Percebemos que uma coisa é real em função de outras, funcionalidade que pode ser e é muito variada. A causalidade é somente um tipo de funcionalidade, e, além do mais, sumamente problemático. Por exemplo, na linha da causalidade eficiente não há, na ordem intramundana, nenhuma refutação possível a um ocasionalismo metafísico. Por ora deixo de lado as ações humanas. Voltarei a isso na Terceira Parte. O "por" é funcional, mas isso não quer dizer que seja causal. O "por", em contrapartida, nós o percebemos sempre.

Em segundo lugar, esta funcionalidade é formalmente sentida, quer dizer, não é somente algo acessível, mas algo a que já se teve fisicamente acesso na intelecção senciente, no "para" [*hacia*] transcendental. Daí a inexatidão da crítica de Hume. Para Hume, a causalidade não está dada, mas tão somente a sucessão. Pois bem, que não esteja dada a causalidade, eu mesmo acabo de dizê-lo. Mas o que Hume não viu são dois aspectos diferentes da questão. Primeiramente, não viu que a sucessão é justamente uma forma de funcionalidade. Em segundo lugar, a sucessão não é sucessão de duas impressões, e sim de uma mesma impressão de realidade, mas de índole sucessiva. O que significa que o essencial da funcionalidade não concerne ao conteúdo das impressões, mas à sua formalidade de realidade. No exemplo de Hume, o toque da campainha não faz senão suceder ao puxar da corda. Pois bem, não é que o toque da campainha seja enquanto toque função do puxar de uma corda enquanto corda, senão que a realidade do toque enquanto real é que é função da realidade do puxar da corda enquanto realidade. E isto é algo perfeitamente dado, ainda que o toque não seja função do puxar. A funcionalidade é funcionalidade do real enquanto real. Nesse sentido, é um conceito que abarca muitos tipos possíveis. Esta formalidade, este "por" enquanto tal é dado na impressão de realidade. Toda a crítica de Hume se baseia no conteúdo do sentir, mas escorregou em sua formalidade. O conteúdo é sempre problemático. Não há sentir "e" inteligir, mas tão somente intelecção senciente, intelecção impressiva do real enquanto real.

Em terceiro lugar, observemos que o exórdio mesmo da *Crítica* de Kant é Hume. Como a causalidade não está dada, é para Kant uma síntese conceitual *a priori*: é juízo sintético *a priori* como possibilidade de conhecimento objetivo. Pois bem, isso não é aceitável. Antes de tudo, a funcionalidade não é um juízo analítico (Leibniz) nem sintético (Kant). A funcionalidade é dada em impressão, mas não em seu conteúdo, e sim na formalidade de realidade, porque é um momento do "para" [*hacia*]. E o "para" não é juízo. Como tal, não é um *a priori* da apreensão lógica de objetos, mas um dado da impressão de realidade. Daí que o objeto formal do conhecimento não seja a causalidade, mas a funcionalidade. A ciência de que Kant nos fala (a física de Newton) não é ciência de causas, mas ciência de funções do real enquanto real.

***

Definitivamente, o campo de realidade tem uma estrutura determinada por dois momentos: o momento do "entre" e o momento do "por". Cada coisa é real no campo entre outras coisas reais e em função delas. Esses dois momentos não são independentes. A funcionalidade, o "por", é a rigor a forma do próprio "entre". A forma de estar "entre" é funcional.

Com isso, expusemos em suas grandes linhas a estrutura do campo de realidade. Para evitar falsas interpretações, não será demasiado insistir, ainda, no conceito mesmo de campo. Antes de tudo, o campo de realidade é um momento que concerne às coisas, mas em sua formalidade de alteridade, isto é, concerne às coisas ao serem inteligidas. O campo não é um momento dessas coisas reais enquanto são reais para além da apreensão. O campo é uma dimensão do real tal como é dado na apreensão mesma. Mas por outro lado o campo não é algo que dependa da intelecção senciente como ato meu; não é portanto algo, como se costuma dizer, subjetivo. O campo é um momento dimensional do real dado na intelecção senciente, mas tão só como atualizado nela. É um momento de atualidade, não de atuidade. Esta atualidade certamente só se dá na apreensão, na intelecção senciente, mas é um momento físico do real que é apreendido enquanto realidade. Esta atualidade é mera atualidade e, em virtude disso, constitui uma intelecção. Como atualidade, é sempre e somente atualidade da própria realidade. Portanto, o campo como dimensão da atualidade do real não é um momento do real para além da apreensão, nem um momento subjetivo: é um momento de atualidade do real como real na intelecção senciente.

Neste campo assim determinado em e por cada coisa real, apreendemos em intelecção ulterior o que as coisas já apreendidas como reais são em realidade. É uma intelecção modal de sua apreensão primordial. Qual? É o tema do capítulo seguinte.

3. O REAL CAMPALMENTE INTELIGIDO:

O LOGOS SENCIENTE

Em apreensão primordial, apreendemos toda coisa real em sua dupla dimensão individual e campal. Mas inteligir algo campal não é forçosamente inteligi-lo campalmente. A campalidade concerne às notas da coisa real; o campo é uma dimensão dessas notas. Mas inteligir algo campalmente é algo diferente: é inteligir a coisa real enquanto incluída no campo que ela mesma determinou antes por suas notas. É inteligir não a coisa campal, mas inteligi-la *no* campo.

A intelecção da coisa real no campo de realidade é, como já dissemos, uma intelecção ulterior como modalização da intelecção primordial de algo real. Certamente essa modalização não é só campal; toda e qualquer intelecção de uma coisa real tem a modalização de ser inteligida como momento do mundo. Em ambos os casos, não só inteligimos algo como "real", mas inteligimos o que esse real é "em realidade". Mas na intelecção campal inteligimos o que algo é em realidade com respeito a outras coisas reais sentidas ou sentíveis, enquanto na intelecção mundanal inteligimos o que algo é em realidade no mundo. Nesta Segunda Parte refiro-me somente ao que algo é em realidade com respeito a outras coisas campais.

Para vermos o que é esta intelecção, temos de esclarecer dois grandes problemas: 1º em que consiste a intelecção campal enquanto tal e 2º qual é a estrutura básica desta intelecção.

§ 1. A intelecção campal enquanto tal

Esta intelecção tem diferentes aspectos e momentos. Para englobá-los em uma só denominação, empregarei um vocábulo já clássico: *logos*.

Este vocábulo tem em grego muitos sentidos. Mas aqui me referirei somente àquele sentido segundo o qual o logos consiste em dizer declarativamente algo acerca de algo. Pois bem, a meu ver, este logos não foi conceituado pelos gregos com suficiência radical. Por isso, necessito precisar com algum rigor como entendo o logos.

1) Logos provém do verbo *légein*, que significa reunir, recolher. É o sentido que sobrevive ainda em vocábulos como "florilégio". No problema que nos ocupa, os gregos ancoraram sua ideia do *légein* nesta ideia de reunião. Pois bem, a meu ver isso é insuficiente. Certamente *légein* significa reunir, recolher. Mas reunir o quê? Isso é o que se deve começar por dizer. Os gregos não se detiveram neste ponto. Pois bem, reúne-se e recolhe-se o que está no campo de realidade. De forma que *légein*, antes que denotar a reunião mesma, deve servir para designar um ato de reunião "campal": é um *légein campal*. Por sob a reunião, é preciso ir, pois, para a campalidade do *légein*.

2) De *légein* derivaram os gregos o vocábulo e a ideia de *logos*. Do sentido de reunir, *légein* passou a significar enumerar, contar, etc. Daí *légein* adquiriu o significado de dizer. É o que expressa o vocábulo *lógos*. O logos tem os dois significados de "dizer" (*légon*) e de "dito" (*legómenon*). Os gregos apoiaram sua reflexão no dito mesmo. Quando isto que se diz é uma declaração do que

a coisa é, então os gregos diziam que se trata do logos por antonomásia: logos declarativo (*logos apophantikós*). Este logos declarativo consiste em "declarar algo acerca de algo" (*légein tí katà tinós*). O logos envolve sempre certa dualidade de "algos". Mas os gregos não se detiveram no primeiro algo; pensaram que o que se diz pode ser em si mesmo uma ideia, pura e simplesmente. Pois bem, isso não me parece sustentável, porque as chamadas ideias sempre vêm somente das coisas. Portanto, a declaração do que algo é não se pode levar a efeito senão desde *outra coisa do campo*. Não se entende o que uma coisa é em realidade senão referindo-a a outra coisa campal. Portanto, o logos, antes que declaração, é intelecção de uma coisa campal desde outra. O que significa que o logos mesmo é um modo de intelecção e, portanto, não é uma estrutura que repouse sobre si mesma. A tendência dos gregos sempre foi uma tendência contrária, uma tendência que chamei de *logificação da intelecção*. No orto mesmo da filosofia, em Parmênides, há uma crescente intervenção do *phrázein*, do expressar, uma tendência que culmina num "discernir com logos", *krínein lógoi*. E isso não foi um simples modo de elocução. A prova está em que seu discípulo Zenão nos é apresentado em Platão como teórico da discussão dialética. Até as mesmas concepções teológicas atribuíram logos, no sentido filosófico de juízo, a Deus. Mas isso é impossível. Inteligência não é logos, mas o logos é um modo humano de intelecção. Deus tem inteligência, mas não tem logos. Não se pode *logificar a intelecção*, senão que, ao contrário, se deve *inteligizar o logos*.

3) O logos foi para os gregos um problema de primeira grandeza. Mas eles sempre entenderam este problema vendo no logos a forma suprema do *noûs*, da *inteligência*, isto é, o *noûs* expresso ou expressável. Desde Parmênides, só esta intelecção lógica é estrita intelecção: o restante é mera *dóxa*, opinião. Seja o que for o que Parmênides entendeu por *dóxa*, a verdade é que Platão e Aristóteles entendiam que *dóxa* é *aísthesis*, sentir. Instalado assim Parmênides no *noûs*, diz-nos dele que inteligir algo é identicamente (*tautón*) inteligir que este algo "é": o inteligido

é *ón*, ente. A logificação da intelecção trouxe consigo a entificação da realidade. E, como o logos envolve sempre certa dualidade, Parmênides insiste por isso morosamente em que o *ón*, o ente, é uno, *hén*.

Aos gregos tudo isso pareceu contundente. A prova está na forma como Platão e Aristóteles discutiram com Parmênides. A identidade do inteligido e do ente leva Platão ao problema da negação: diz-se de algo que "não é". Portanto, o "parricídio" que Platão crê cometer contra Parmênides não é senão um ato de suprema fidelidade parmenidiana: inteligir que algo "não é" é inteligir sempre que "é" o que "não é". Foi a ideia do ser do não ser em Platão. Aristóteles se enfrenta com o problema de Parmênides não do ângulo desta identidade do *legómenon* e do *ón*, mas do ângulo da suposta unidade do ente mesmo. Para Aristóteles, "ente" se diz de muitas maneiras: não rompe a unidade do ser, mas dota-o de diversas maneiras de unidade. O logos é um "uno" copulativo que possui diferentes modos de unidade.

Definitivamente, viu-se o problema radical do logos no plano formal do ente e do uno, quer dizer, no plano do dito. Mas a meu ver a discussão deveria ter sido travada não dentro deste plano formal, mas descendo dele para um plano mais fundamental.

Em primeiro lugar, é verdade que o logos recai formalmente sobre um "é" (incluindo o próprio "não é")? A verdade é que os gregos nunca nos disseram em que consiste formalmente inteligir. Mas sempre creram que o inteligir e portanto o logos são sempre intelecção do "é". Pois bem, a meu ver o ato formal de inteligir não é inteligir o "é", mas consiste em apreender realidade; o termo formal do inteligir não é o ser, mas a realidade. Já o expliquei na Primeira Parte. Portanto, o inteligido, a coisa, não é formalmente ente. Não se pode *entificar a realidade*; ao contrário, deve-se *reificar o ser*. Então, inteligir é algo anterior a todo e qualquer logos, porque o real já está proposto ao logos para poder ser declarado. Em virtude disso, inteligir não é formalmente julgar, não é formalmente dizer o que o real "é". Não se pode *logificar a intelecção*, mas justamente o contrário: deve-se *inteligizar o logos*, isto é, conceituar o logos como um modo, como uma modalização do inteligir, quer dizer, da apreensão do real como real.

Entificação da realidade e logificação do inteligir são os dois grandes supostos da filosofia grega. Penso por meu lado que se deve reificar o ser e inteligizar o logos: aí está o plano fundamental do logos. Qual é a índole deste plano?

Os gregos sempre opuseram inteligência (*noûs*) e sentir (*aísthesis*). Seja o que for a *dóxa* de Parmênides, a verdade é que a filosofia grega sempre adscreveu a *dóxa* ao sentir. Mas o que é sentir? É sem dúvida a apresentação de algo que de uma forma ou de outra tem um momento de realidade. Mas, se isso é assim, nunca há no homem oposição estrutural entre inteligir e sentir. Como inteligir é apreender o real, sucede que, se o real já está apresentado nos e pelos sentidos como real, então a intelecção mesma já tem caráter radicalmente senciente. Não há, portanto, oposição entre inteligir e sentir, mas uma unidade estrutural: inteligir e sentir são somente dois momentos de um único ato: o ato de apreender impressivamente a realidade. É a *inteligência senciente*, cujo ato é impressão de realidade. O logos é uma modalização dessa impressão de realidade. O logos não é intelecção do ser, mas da realidade sentida em impressão; o "é" do logos não é senão a expressão humana da impressão de realidade. Portanto, em última instância o logos é intrínseca e formalmente um modo de intelecção senciente: é *logos senciente*. Que significa isto mais concretamente? Vamos vê-lo detidamente ao longo destas páginas. Mas, para orientarmos o leitor, antecipemos algumas ideias.

Antes de tudo, não se trata somente de que o logos se apoie numa impressão de realidade; isto seria tão somente um *logos sensível*. Trata-se de que é a própria impressão de realidade que necessita do logos. E esta necessidade é o que confere ao logos seu caráter senciente. O logos, com efeito, diz-nos o que algo é em realidade. E a diferença entre "real" e "em realidade" é determinada pela própria impressão de realidade em seu momento campal.

Tampouco se trata de que o inteligido no logos seja sentido tal como o é uma cor ou um som; posso inteligir em meu logos, por exemplo, números irracionais. Mas é que tanto a cor como o número irracional pertencem ao conteúdo do inteligido, enquanto a intelecção mesma em seu modo senciente concerne não ao conteúdo, mas ao modo como esse conteúdo fica na apreensão. Vê-lo-emos detidamente. Não se apreende o número irracional como uma cor, mas, assim como a cor, ele é apreendido na mesma formalidade de realidade, na mesma impressão de realidade em que é apreendida a cor. O número irracional não é igual a uma cor, mas é real na mesma formalidade de realidade em que é real a cor. Em ambos os casos, é numeralmente a mesma formalidade de realidade. O logos é senciente não pela índole do inteligido, mas pelo modo de sua intelecção: é uma intelecção dentro da formalidade de realidade sentida.

Qual é a estrutura senciente deste logos?

Em primeiro lugar, o logos como modo de intelecção é um modo ulterior de mera atualização do real. Este modo consiste em ser "re-atualização" campal do já atualizado em apreensão primordial de realidade. Sob todo ato de logos, está a reatualização campal do real. É o que faz do logos um modo de intelecção, um modo de atualização do real. O logos é assim entendido desde a intelecção: é uma inteligização do logos.

Em segundo lugar, esta atualização é imposta pela impressão de realidade. É ela que nos leva do já real para o que este real é em realidade. O inteligido no logos é o real em seu momento campal, porque toda e qualquer impressão de realidade *é campal*. No entanto, o real assim apreendido não é forçosamente *campalmente* sentido. Toda e qualquer impressão de realidade é, com efeito, campal; tem um momento de abertura transcendental a outras coisas sentidas. O real sentido tem, pois, uma formalidade de realidade com dois momentos: momento individual, por assim dizer, e momento campal. Mas apreender o real campalmente é algo diferente: não é apreender que a realidade individual abre um campo determinado por ela, mas é apreender a realidade individual desde o próprio campo de realidade. E não é forçoso que isto ocorra sempre, não é forçoso que a formalidade individual seja apreendida campalmente. Mas, em contrapartida, apreender a individualidade campalmente, quer dizer, desde o campo, é forçosamente um modo de sentir. E neste modo de sentir sinto não só que o apreendido é real, mas também o que o apreendido é em realidade. Pois bem, apreender o que algo é em realidade é justamente o logos. Portanto, o logos é o modo campal de sentir a realidade, e reciprocamente sentir campalmente o real já é um logos incoativo. O logos é, pois, um modo de sentir, e o sentir é incoativamente um modo de logos: é o *logos senciente*. É o modo de sentir campalmente o real, isto é, o modo de inteligir o real desde o campo da realidade sentida.

Em terceiro lugar, a impressão de realidade nos "leva" sencientemente ao logos. Portanto, sentir campalmente é formalmente movimento. Não é um movimento que leva de uma intelecção para outra, senão que o próprio movimento é aquilo em que formalmente se reatualiza o real. Que é este movimento? Não é uma simples intencionalidade, não é dirigir-se de um termo a outro. Sob a *intenção* há algo mais radical: a *atenção*. A atenção não é mero fenômeno psíquico, mas um momento propriamente intelectivo. No entanto, não é o mais radical. A atenção, com efeito, é *levada* de um termo para outro. E o que atencionalmente nos leva é, portanto, anterior à atenção mesma. E isto que nos leva atencionalmente é justamente o movimento em que formalmente consiste o logos: só porque estamos nos movendo é que nos voltamos para termos diferentes, e somente considerando termos diferentes também temos intenções diferentes. Pois bem, esse movimento é um movimento estrita e formalmente senciente. Para apreender algo real desde o campo, precisamos, dentro do próprio campo, tomar distância da coisa real em questão. Não é um distanciamento no âmbito do espaço, mas no âmbito da realidade. Mas de uma realidade sentida como formalidade. Esse distanciamento é, pois, senciente: encontra-se estruturalmente fundado no momento do "para" [*hacia*] da intelecção senciente. É portanto um distanciamento em intelecção senciente. E, apreendida assim a coisa distanciadamente, voltamos campalmente do campo "para" ela afirmando o que é em realidade. Afirmação é reversão intelectiva senciente para o real. A distância é um distanciamento em intelecção senciente, e a reversão para a coisa em intelecção senciente é a essência mesma da afirmação, é o logos. É uma intelecção senciente em distância campal. O dinamismo formalmente constitutivo do logos é ser um movimento intelectivo distanciado no campo sentido da realidade.

Reatualização do real campalmente em movimento: aí está o que essencialmente é o logos, a saber, logos senciente. Uma inteligência que não fosse senciente não poderia ter, nem necessitaria ter, logos nenhum. Ante a filosofia clássica, deve-se pensar, portanto, que o logos é formal e constitutivamente logos senciente.

Suposto isso, deve-se explicar mais detidamente esta estrutura em dois passos: qual é essa estrutura *básica* de todo e qualquer logos, e qual é a estrutura *formal* mesma do logos. Como este segundo passo é extremamente extenso, constituirá por si mesmo uma Seção autônoma desta Parte.

§ 2. A estrutura básica do logos

Esta estrutura básica tem, como já apontei, três momentos. Em primeiro lugar, o logos diz algo acerca de algo. Portanto, há dois algos: é a estrutura dual do logos como modo de intelecção: em que consiste esta dualidade? Em segundo lugar, o logos se move nesta dualidade. Em que consiste este movimento? Em terceiro lugar, o logos declara o que algo é em realidade, e portanto está instalado na realidade campal como realidade constitutiva do meio da própria intelecção. A estrutura básica do logos tem estes três momentos: dualidade, dinamicidade, medialidade. Só sobre esta base pode haver um logos declarativo de algo acerca de algo. Examinemo-los sucessivamente.

I. *A dualidade da intelecção* em que o logos senciente consiste. Repitamos o já dito para expô-lo de modo coerente. O logos nos diz algo acerca de uma coisa real, e o que nos diz é o que esta coisa é em realidade. Isso que nos diz dela está apoiado, por sua vez, na intelecção anterior de outra coisa real, porque o que nos diz, as chamadas ideias, como já advertia, não pairam sobre si mesmas, mas são intelecção de coisas. Portanto, que o logos nos diga algo acerca de uma coisa real significa que não inteligimos o que esta coisa é em realidade senão desde a intelecção de outra, anterior. Pois bem, estas duas coisas, aquela de que queremos inteligir o que é em realidade e aquela anterior desde a qual o inteligimos, são cada uma termo de apreensão primordial. De forma que na intelecção do que algo é em realidade intervêm duas apreensões. Primeiramente esta coisa é apreendida como *real* em apreensão primordial; por exemplo, apreendo uma coisa como realidade na paisagem. Mas há outra apreensão, a apreensão desta mesma coisa real já apreendida, e enquanto é o que é *em realidade*: do apreendido em apreensão primordial, dizemos agora que consiste em ser *árvore*. Para isso recorro à apreensão anterior de algo que era árvore. E é desde a intelecção desta árvore que inteligimos que a coisa real na paisagem consiste, em realidade, em ser árvore. Esta segunda apreensão já não é apreensão primordial de realidade. É algo diferente: é uma *apreensão* que chamarei de *dual*. Porque certamente se apreende uma coisa real, mas com o olhar posto em outra, anteriormente apreendida.

O apreendido, em vez de ser apreendido diretamente, é apreendido, portanto, em função de uma apreensão anterior. Tem-se um pé na coisa que se intelige e outro em algo que já se inteligiu. Por isso, esta apreensão é dual. Intelige-se, então, que aquela coisa de que queremos inteligir o que é em realidade é igual, semelhante ou diferente da primeira e da anterior. A apreensão do real como "real-entre" é constitutivamente dual porque esta apreensão envolve a apreensão da coisa real e a apreensão daquilo "entre" o qual a coisa está. Se não houvesse um "entre", a apreensão jamais seria dual. Mas, havendo um "entre", a apreensão é necessariamente dual. E, como o "entre" é sentido, também o é a dualidade.

Que é esta dualidade? A apreensão dual é um modo de atualização do real. Não é constituída pelo fato de algumas notas de seu conteúdo serem complexas. Não se trata disso. Porque até o mais simples de seu conteúdo pode ser inteligido em apreensão dual: a simplicidade do conteúdo seria uma derrogação ou uma absorção de toda complexidade. Não é, pois, isso o que constitui a apreensão dual. A apreensão dual é um modo de atualização deste conteúdo, simples ou complexo, um modo de estar presente para mim. Por isso, a apreensão dual se opõe à apreensão primordial de realidade, que é constituída como mera atualização da realidade. São, portanto, dois modos estruturalmente diferentes de atualização. A apreensão primordial é a atualização do real em e por si mesmo; a apreensão dual é seu modo de atualização desde outra coisa. Repito, é uma diferença estrutural, e portanto não é uma diferença de caráter psíquico nem vital.

É claro que esta apreensão não é rigorosamente dual, mas plural, porque posso partir, e em geral parto, não de uma só coisa, mas de várias. Mas para simplificar englobarei todas na expressão "dual".

Na apreensão primordial apreende-se toda a possível variedade de coisas de modo unitário: por exemplo, uma paisagem com árvores. Mas agora não apreendemos essas coisas unitariamente; não apreendemos, como antes, a paisagem com muitas coisas, mas apreendemos cada coisa que há na paisagem. Não apreendemos "uma paisagem variada", mas "várias coisas em uma paisagem". Essas diversas coisas estão certamente em um mesmo campo, e portanto em "uma" atualização, mas esta atualização "una" não é "unitária": é o que chamo de *atualização diferencial* ou diferenciada. Trata-se, pois, de uma unidade, mas "diferencial", e não simplesmente "variada". Na atualização diferencial há estrita unidade; do contrário, não seria "uma" atualização. Mas desta unidade as coisas não são meras notas da paisagem: cada uma já é em e por si mesma uma coisa. Portanto, a unidade de atualização é diferenciada em coisas, que são diferentemente momentos da unidade de atualidade.

A atualização diferencial é um modo de atualização intelectiva, um modo de nos estar presente a coisa real em intelecção senciente. Não se trata de que o conteúdo da atualização diferencial seja múltiplo, mas de que é positivamente atual diferenciadamente. Pois bem, por ser diferenciada, a apreensão da coisa real fica convertida em algo de que dizemos que é em realidade.

Isso nos leva a uma concepção mais estrita do que é a dualidade. Inteligir o que é em realidade uma coisa entre outras é ir de algo anteriormente apreendido para uma coisa de que quero inteligir o que é em realidade. Se se pensasse que a dualidade consiste nas duas apreensões, a apreensão da coisa de que quero inteligir o que é em realidade e a apreensão da coisa anterior a que recorro, ter-se-iam então "duas" apreensões primordiais de realidade, mas não "uma" apreensão dual. "Dois uns" não constituem, pura e simplesmente, "um dois". A dualidade não consiste em duas apreensões primordiais, mas é uma apreensão dual.

Em segundo lugar, poder-se-ia pensar que esta presença da coisa anterior, desde a qual se inteligue o que é em realidade uma coisa real, consiste numa fusão interna (ou como quer que se chame), numa espécie de radical reminiscência, de forma que a apreensão do que a coisa é em realidade seria em boa medida um composto de apreensão e de reminiscência. Mas não é isso o que constitui a dualidade de que aqui tratamos. Porque, seja o que for essa fusão, a presença de uma apreensão na outra não é uma fusão. Ou seja, a dualidade não é composição.

A dualidade em questão não é, pois, duplicidade nem composição de apreensões primordiais. Porque tanto a duplicidade quanto a composição afetam tão somente o conteúdo da intelecção, o conteúdo do que é dual. Mas a dualidade mesma é algo muito mais simples e decisivo. Porque a apreensão dual é a apreensão de uma coisa "real" que quero apreender como é em realidade. E é nesta realidade, e não em seu conteúdo, que se encontra formalmente a dualidade: ser *em realidade* o que é *real*. Realidade interveio duas vezes, e nesta idêntica formalidade consiste a unidade das duas apreensões. A apreensão dual consiste em algo assim como apreender a realidade da coisa à luz da realidade de outra coisa, anteriormente apreendida. Esta apreensão da coisa anterior está presente na coisa que queremos inteligir como uma luz em que esta coisa é apreendida como é "em realidade". O "desde" é a luz gerada pela apreensão da coisa anteriormente inteligida. E isto é o essencial. Mas é necessário precisar melhor o que é isto que chamo de luz.

Poder-se-ia pensar que fosse uma espécie de "comparação" entre a segunda apreensão e a primeira. Mas não é assim. Porque toda comparação pressupõe um "comparecimento" do que se compara e se funda nisto. E é justamente neste comparecimento que já está a impressão dual: a coisa real comparece à luz que constitui a realidade da coisa anterior. E esta luz ou claridade de comparecimento é justamente a apreensão dual. A apreensão dual é "uma" apreensão, mas é apreensão à luz de algo anteriormente apreendido. O que aqui chamamos de luz não é, pois, senão o momento campal de cada coisa real que constitui "a" realidade. Trata-se de que é à luz da realidade campal da coisa anteriormente apreendida que se apreende o que uma coisa real é em realidade: igual, ou parecida, ou completamente diferente da anterior. Precisamente por isso, todo o processo da intelecção nesta linha está sempre lastrado com o peso do antigo. Porque o antigo torna possível apreender o que o novo é em realidade, mas tende excessivamente a assimilar o novo ao antigo.

Para evitar mal-entendidos, não será demasiado fixar brevemente o já dito. A apreensão primordial de uma coisa real e a apreensão do que esta coisa real é em realidade são duas apreensões; mas só esta segunda apreensão é, por sua vez, estritamente dual. Não confundamos, pois, os dois atos de apreensão (apreensão primordial e apreensão do que algo é em realidade) com a dualidade interna da segunda dessas duas apreensões.

Pois bem, isso nos leva à possibilidade de um logos.

1º Toda coisa real, além de individual, é "de seu" campal. E esta campalidade é que determina o campo de realidade em que a coisa mesma está incluída e que abarca todas as demais. Este campo foi portanto gerado pela realidade de cada coisa. O que significa, por sua vez, que a unidade do campal e do individual é uma unidade que constitui dentro da própria coisa uma espécie de *desdobramento* dos dois momentos na coisa mesma: sua "realidade" e seu "em realidade". O logos se baseia intrínseca e formalmente em que uma coisa real *remeta* campalmente, em abertura transcendental, a outra coisa real. O logos é uma intelecção remetente, é um modo de atualidade remetente da realidade de algo ao que este algo é em realidade.

2º Este desdobramento na coisa real é, por sua vez, o fundamento intrínseco e formal do âmbito de sua atualização em *dualidade intelectiva*. Ao remeter-nos a uma coisa anterior, fica constituído o âmbito em que o logos se vai constituir em intelecção dual. É o âmbito da inteligibilidade própria do logos.

3º Esta dualidade é o fundamento intrínseco e formal da *apreensão dos dois algos*, do algo que se diz (*tí*) e do algo de que se diz (*katà tinós*). Só porque somos remetidos a algo anterior podemos inteligir qual é este algo. O âmbito da dualidade intelectiva é o que torna possíveis as duas apreensões. Só porque há uma remissão intelectiva pode haver a apreensão de uma coisa anterior que nos ilumine. Com isso, o algo desta coisa anterior fica constituído em princípio de inteligibilidade da coisa real.

4º E estas duas apreensões são finalmente o fundamento intrínseco e formal que permite dizer, inteligir, um "algo" desde outro "algo determinado"; ou seja, é o fundamento do próprio logos, da intelecção do que algo real é em realidade. É a constituição formalmente dual do logos. O logos se baseia radicalmente, pois, numa modalização da apreensão primordial de realidade. Por isso, é um modo de intelecção senciente que, por sua vez, só se deve conceituar desde a intelecção, e não das duas apreensões que intervêm no dizer.

Eis pois o primeiro momento estrutural básico do logos: a dualidade. Mas há um segundo momento essencial, aquele momento segundo o qual se *vai* de uma coisa real a outra, anterior, e inversamente desta àquela. Este "ir" é evidentemente de índole dinâmica. O logos "diz" algo acerca de algo, e este dizer é um "ir", é uma intelecção dinâmica. A modalização em que o logos senciente consiste é modalização dinâmica. É o que temos de examinar.

II. *O dinamismo da intelecção* em que o logos senciente consiste. Como acabamos de dizer, no logos há dois "algos". E desses dois algos o logos "diz" em intelecção dual um acerca do outro. Este dizer tem enquanto tal sua estrutura básica essencial. O logos envolve uma dualidade, mas não se trata de uma dualidade estática, e sim de uma dualidade em que a intelecção senciente apreende uma coisa real indo de outra. O logos consiste, pois, numa dualidade em que os dois termos são dois momentos de um movimento unitário. É dualidade dinâmica. É o segundo momento estrutural básico do logos. Em que consiste?

1. Antes de tudo, este movimento parte da coisa já apreendida como real em apreensão primordial. Esta apreensão enquanto ponto de partida é uma apreensão em que já "estamos" no real. Que é este "estar"? Este estar é justamente o que constitui um *estado*. É um conceito essencial. A filosofia moderna escorregou, em geral, na realidade do estado. A meu ver, é preciso recuperá-lo. No nosso problema, estado não é um modo de afecção contraposto, por exemplo, aos atos. Se assim fosse, o estado assim entendido seria, com todas as suas necessárias matizações, um *estado psicológico*. Aqui não se trata disso, mas do estado em outro sentido: "estar" é um "ficar em" algo. Toda impressão tem, como já vimos na Primeira Parte, um momento de afecção. Mas toda impressão tem outro momento, o momento de alteridade, que consiste em que o presente na impressão não faz senão ficar presente segundo sua própria formalidade, seja de estímulo, seja de realidade. Aqui não nos interessa senão a formalidade de realidade: o ficar do apresentado como algo em próprio. E este ficar é aqui o essencial: é a essência mesma do "estar". Estado é, antes de tudo, um *ficar n*aquilo que fica. E este "ficar", aquilo em que tínhamos ficado, é o ponto de partida do movimento do logos.

Mas é preciso evitar algumas possíveis confusões. Sem dúvida, não é uma "relação", mas uma "respectividade", e ademais uma respectividade comum à intelecção impressiva do real e ao real mesmo. Este "ficar" não é algo estático. Ou seja, "ficar" não se opõe a "in-quietude". Porque ficar não é quietude nem inquietude. Esses dois caracteres competem não ao ficar, mas ao conteúdo da realidade tanto minha como das coisas. Mas "ficar" é algo que compete ao próprio modo como a realidade, seja quiescente ou inquieta, fica em minha impressão.

Em definitivo, estado é antes de tudo um "ficar em" como modo de estar, e um "estar" como modo de "ficar-em": é um "estar-ficando". E este estado é portanto um momento físico e real. Mas a apreensão primordial como ponto de partida da intelecção senciente em que o logos consiste não é um ficar qualquer.

Com o que foi dito pareceria, com efeito, que estado não fosse senão outra denominação da atualização. E não é assim. Porque, como ponto de partida do movimento, o ficar tem um preciso caráter formal que é essencial e decisivo. A impressão, com efeito, além do momento de afecção e do momento de alteridade, tem um terceiro momento, que chamei de força de imposição do real. Pois bem, como ponto de partida do movimento intelectivo, esta força de imposição do inteligido em apreensão primordial consiste em que o real apreendido, ao mover-nos para o que é em realidade, nos retém enquanto real. É a *retenção* do real. Estamos no real, ficamos no real, e ficamos retidos pelo real. Ficamos retidos não nesta cor vermelha enquanto vermelha, mas neste vermelho enquanto real. Pelo ficarmos no real como real, trata-se de um estado; pelo estarmos retidos nele, é um estado formalmente inicial. Retenção não é certeza nem nada parecido, porque toda certeza, e até toda intenção intelectiva, se funda numa prévia retenção. O real nos retém. Mas como?

2. Estamos retidos pelo real segundo todos os modos de realidade. Um deles é o "para" [*hacia*]. O "para" é um modo de o real mesmo se apresentar. Enquanto determina intelecção, tem

um caráter peculiar. Por um lado, vamos "para" aquilo que se apresenta como real em "para". Mas não vamos para fora do real, ao contrário, continuando retidos na realidade de que partimos, vamos para mais realidade. E nisto consiste o movimento intelectivo enquanto movimento: em estar-se movendo na própria realidade que nos retém e nos remete. Para quê? Para as diversas coisas reais "entre" as quais está o real que queremos inteligir. É um movimento concreto em razão da retência do ponto de partida e em razão do "entre" campal para o qual vamos. É um movimento na realidade. Por isso, é um movimento de caráter senciente, um movimento de intelecção senciente. O logos é logos senciente não só por ser dual, mas também por ser movimento na realidade campal. O logos não é simplesmente "ir" movendo-se, senão que já "aponta" para um termo que pode ser ignorado, e até vazio; é o próprio de um movimento senciente. Se não fosse senciente, não haveria movimento no logos.

3. Este movimento vai do que queremos inteligir para outro algo apreendido anteriormente no real mesmo, um segundo algo do qual, movendo-nos, queremos inteligir o primeiro algo. Em virtude disso, aquilo desde o qual vamos inteligir a coisa é algo diferente e distanciado dela. É o *distanciamento* na realidade campal. Não se trata de mera distinção, mas de distanciamento campal. Os dois momentos da formalidade de realidade, o momento individual e o momento campal, ficam de certo modo autonomizados na coisa real mesma. No campo estão incluídas as coisas, e o campo as abarca. Com o que o campo mesmo, como dissemos, adquire certa autonomia própria. E este campo "excedente" com respeito a cada coisa atualiza cada uma delas de modo muito preciso: em distanciamento. É uma rigorosa distância. Distância não é somente comprimento nem distinção. O comprimento é distância somente quando é ou deve ser percorrido. O movimento intelectivo percorre o "entre", e então a posição de umas coisas "entre" outras assume o caráter de distância. O movimento intelectivo é distancial, por assim dizer. A distância é a distinção *percorrida*.

4. Esta distância é percorrida de modo muito preciso. O ponto de partida em "para" [*hacia*] aponta para seu termo, para aquilo desde o qual se intelige. Com este termo não está univocamente fixado o próprio movimento, mas é preciso que o esteja. Daí que o movimento intelectivo distancial seja essencialmente movimento orientado. A orientação não é uma espécie de colocação extrínseca da inteligência para que se dispare seu movimento, mas é um caráter próprio da intelecção mesma enquanto tal. Toda e qualquer apreensão das coisas num campo leva no próprio inteligido a marca da orientação em que foram primordialmente inteligidas. A orientação não consiste tão somente em que já estejam fixados o "desde" e o "para" do movimento, mas em que, dentro ainda desta mesma fixação, caibam trajetórias diferentes de intelecção. Estas trajetórias expressam o que entendo aqui por orientação. Com o mesmo "desde" e com o mesmo "para" pode haver e há orientações diferentes para ir de uma coisa a outra. Esta diversidade de orientações é, no fundo, arbitrária: é resultado de uma opção intelectiva. Daí o caráter optativo da intelecção concreta em movimento. Aqui, naturalmente, não nos interessa o problema desta opção enquanto opção, mas tão só seu fundamento na realidade do inteligido. Este fundamento é justamente o caráter senciente da intelecção; é por ser senciente que esta intelecção é orientada.

5. Finalmente, a intelecção em distância não é definida tão só em razão da trajetória, mas também em razão do termo para o qual aponta o próprio "para" [*hacia*] do qual se parte. Posso, com efeito, escolher um pouco arbitrariamente aquilo em que vou apoiar-me para inteligir desde isso a coisa; posso ir para diferentes coisas mais ou menos arbitrariamente afastadas. O movimento que constitui a intelecção do que algo é em realidade não está univocamente determinado naquilo de que se parte. E esta falta de univocidade atualiza o campo de realidade justamente como *campo de liberdade*. Em grande parte, a intelecção diferencial do que algo é em realidade é uma intelecção livre. Com isso não me estou referindo a que essa intelecção seja um ato arbitrário da vontade, mas ao fato de que o movimento intelectivo

para a coisa, e para o que esta vai determinar na intelecção, é um movimento que não é univocamente determinado senão por um ato de liberdade.

Este movimento intelectivo, como vemos, não é algo primário da inteligência como pensou Hegel. O movimento intelectivo (dialética, como o chamava Hegel) não é a estrutura formal d*a* inteligência, mas *uma* determinação da inteligência segundo o modo diferencial de apresentação do real. Além disso, como esta diferencialidade é constituída pelo caráter da realidade impressivamente dada, sucede que o movimento intelectivo é uma determinação não d*a* inteligência, mas da *inteligência senciente*, e, ademais, desta inteligência enquanto atualização ulterior e campal da realidade. Por essas duas razões, digo, é falsa em sua própria raiz a ideia de Lógica de Hegel. Nenhuma dialética se ergue sobre si mesma.

6. Qual é o caráter deste movimento intelectivo? O real nos retém não tanto por seu conteúdo quanto por sua própria formalidade de realidade, como indiquei antes. Pois bem, já vimos que sentimos intelectivamente a formalidade de realidade como sendo "mais" que a realidade de cada coisa. Já o disse e repito para maior clareza neste outro contexto. O "mais" não é exterior à coisa real, mas um caráter intrínseco e formal da realidade de uma coisa: é justamente o momento campal de sua realidade. O real tem dois momentos de formalidade individual e campal, e esta formalidade em seus dois momentos é o que nos mantém retidos.

Esta retentividade ou retência tem por sua vez na realidade mesma dois momentos próprios. Em primeiro lugar, o real por ser campal nos retém de forma muito concreta: empurrando-nos para o campo de realidade. É o momento impelente da retenção do real, a *impelência* do real. O real da coisa é algo que nos impele a esse "mais" próprio da realidade.

Mas não nos tira dela: precisamente, retém-nos nela. O empurrar-nos impelentemente para aquele "mais" não é fazer-nos abandonar a coisa, mas justamente o contrário: toda impelência envolve por isso uma constitutiva *reversão* para a coisa. Não é estrita reversão porque não se saiu da realidade da coisa; é reversão justamente no sentido de uma constitutiva evitação da saída. E essa evitação é o que chamo de reversão: é a reversão do momento campal para o momento individual. Essa reversão é o que se expressa na frase: "Esta coisa é isto em realidade." Enquanto a impelência nos retém abrindo-nos da coisa para o campal, o campal nos retém levando-nos do campo para a coisa. Este momento de ir do campo para a coisa é o que chamo de *intentum*. Vou explicar-me, porque a meu ver é um conceito essencial.

O *intentum* é o que etimologicamente significa o próprio vocábulo: um "tender-a". Não é primariamente uma intenção – o que veremos em seguida –, mas um tender. Mas este tender não é uma "tendência" em sentido psicológico; é antes uma *tensão* estrutural, a tensão pela qual a realidade nos retém na coisa de que nos estávamos distanciando. Toda apreensão do real é, por este lado, tensiva. Delimitemos este conceito.

O *intentum* como tensão é, como diz o próprio vocábulo, um intento. Mas este intento tensivo não é um intento de chegar à realidade da coisa, dado que não saímos dela; é a retenção mesma da coisa que nos retém tensamente nela. Por isso, o intento em questão não é um *intentum de realidade*, mas *realidade em intentum*. A retenção é um *intentum* tensivo por parte da realidade. Se quisermos empregar a metáfora da luz, é a reversão da claridade para a própria luminária.

Tampouco é uma espécie de ensaio para apreender a coisa real. No espanhol, intento também quer dizer ensaio;[1] mas originalmente *intentum* não é ensaio, não é ensaio de ir à realidade, porque já estamos na realidade da coisa e não podemos deixá-la. Não tem sentido, pois, falar de ensaio. Justamente para não confundir intento com ensaio é que recorro ao vocábulo latino *intentum*.

---

[1] Não assim, porém, em português, em que o termo "tentativa" é que é sinônimo de "ensaio". (N. T.)

O *intentum* tampouco é formalmente intencionalidade. "Intencionalidade" é um vocábulo e um conceito que a filosofia usa há séculos. Em termos gerais é o ato ou ao menos o caráter do ato em que olhamos para algo, o inteligido. É a acepção de intenção volitiva transladada para o ato de intelecção. Esta intencionalidade tem pelo menos dois sentidos. Em sentido escolástico, intencionalidade é o caráter que tem o inteligido considerado apenas enquanto inteligido: enquanto inteligido, é termo de um olhar intelectivo. E, se algo não tem outra entidade além do ser inteligido em intenção, a escolástica dirá que tem somente existência intencional. Na filosofia atual, a ideia de intencionalidade não é exatamente esta. Para a fenomenologia, intencionalidade não é um caráter da entidade inteligida, mas um caráter do ato de consciência: a consciência é um "referir-se a" algo, uma *noese* que enquanto tal se refere a algo que é, portanto, seu *noema*. Pois bem, o *intentum* de que estou falando não é intencionalidade em nenhum desses sentidos. Ambos, com efeito, se apoiam no fato de a intelecção ser um olhar para algo. Mas o *intentum* não é isso. Porque esse olhar intencional supõe que, por sua própria índole, temos de ir "para" [*hacia*] a realidade, com o que a realidade seria algo para o qual é preciso ir: tratar-se-ia, em suma, de uma correlação. E isso é falso. Não vamos para a realidade, mas já estamos nela e retidos por ela. O *intentum* não é um "ir", mas um "estar" tensivamente na coisa real, retidos por ela. Só pode haver intencionalidade porque há basicamente um *intentum*. Vê-lo-emos em outro capítulo.

Daí que o *intentum* não tenha caráter intencional, mas "físico". Em primeiro lugar, a intencionalidade mesma não é algo puramente intencional, mas físico. É, a meu ver, um ato físico da inteligência, é a física referência ao inteligido, e é também e sobretudo o caráter estritamente físico do ato de intelecção: é a própria física da intelecção. Algo assim como a virtude. A virtude não é mero valor a que me determino a ir, mas o caráter físico do estar neste valor, o de tê-lo incorporado à minha física realidade. Não é um ato de vontade que aceita um valor como objeto, mas um caráter físico deste aceitar mesmo, um afetar valioso em si mesmo enquanto aceitação. A virtude é a "física moral". Pois bem, a intencionalidade é justamente o caráter físico do ato intelectivo. É um modo do *intentum*. Por isso é que eu disse, e repetirei mil vezes, que não há intencionalidade senão como modo do *intentum*. Já veremos qual é esse modo. Além disso, porém, o *intentum* é em si mesmo algo físico. Como já estamos no real, a reversão não é um "ir-para" [*ir-hacia*], mas um "estar-tenso-em". No *intentum* se funda tanto a *noese* quanto o *noema*. Mas o *Noûs* é um *érgon*. E esse *érgon* é o *intentum*. A estrutura primária da intelecção não é noética, mas noérgica. A rigor, noérgia não é um caráter exclusivo do *intentum*, porque o *intentum* é um momento ulterior da apreensão primordial de realidade. E é essa apreensão que constitutiva e formalmente é noérgica. Retidos pela realidade, somos impelidos fisicamente para o campal, e estamos também fisicamente tensos na coisa real. A atualidade física do real é fisicamente retentiva em seus dois momentos de impelência e de reversão.

Definitivamente, o real em impressão nos retém em seus dois aspectos, individual e campal, mas não como aspectos justapostos, e sim na unidade radical da impressão de realidade. Esta estrutura tem o duplo momento de impelência e de *intentum*. Não são algo adicionado à impressão de realidade, mas constituem a própria estrutura da impressão de realidade enquanto campal. Como intrínseca e formalmente campal, a impressão de realidade é *impelente* e é *intentum*. Reciprocamente, impelência e *intentum* são o que são tão somente como momentos estruturais da impressão de realidade enquanto campalmente estamos retidos nela.

7. Este movimento intelectivo, precisamente por seu momento de impelência, é um movimento em distância. E, enquanto *intentum*, tem caráter muito definido. É partindo "desde" uma coisa real anterior "para" [*hacia*] outra em movimento orientado através do campo de realidade que apreendemos o que é em realidade esta coisa real. Pois bem, como ainda não o

apreendemos, não temos ainda apreensão dual, mas movimento dual para ela: é a *expectação* no sentido mais etimológico do vocábulo, "olhar de longe" (donde derivou o sentido de esperar). O movimento intelectivo é formal e constitutivamente expectante. A expectação não é um estado psicológico de tensão geral de espera, mas um caráter intrínseco e constitutivo do movimento intelectivo enquanto intelectivo. Expectação é a intelecção do outro em seu primeiro apresentar-se como outro. É um modo de intelecção: inteligimos o que a coisa é em realidade em um movimento de longe; portanto, expectante. Facilmente se propenderia a pensar que isso significa que, no fundo, *nos estamos perguntando* pelo que a coisa é em realidade. Mas não é assim: perguntar não é senão a forma proposicional da expectação, e não o contrário. Perguntamos porque estamos intelectivamente expectantes. Mais ainda, em geral estamos expectantes sem perguntar nem nos perguntar nada: simplesmente "estamos". A pergunta é sempre algo intencional; a expectação, por sua vez, é algo noérgico. Expectação é a intelecção distante *in via* enquanto intelecção. O que expectamos é o que a coisa já apreendida como realidade é em realidade.

Este movimento intelectivo é aquilo em que consiste o "dizer" próprio do logos. Naturalmente não me refiro ao dizer mesmo enquanto tal, mas ao dito enquanto dito nesse dizer. O logos é intelecção senciente em que estamos retidos pelo real em seu momento campal, isto é, no "para" [*hacia*] da realidade. O termo desse "para" é um termo distanciado da coisa real que queremos inteligir. A esse termo somos impelidos pelo real, mas retidos por esse real para o qual, por isso mesmo, nos vemos revertidos. O logos não é somente uma intelecção dual, senão que esta dualidade é inteligida num transcurso, num movimento. A intelecção não é só dual, mas percorre esta distância do dual. E, nesse transcurso de um termo a outro, a intelecção é um movimento em que consiste o dizer de uma coisa desde outra o que aquela é em realidade. A estrutura radical básica do dizer é movimento. Portanto, não se trata tão só de que o ato da minha intelecção seja dinâmico, senão de que o real sencientemente atualizado esteja atualizado em dualidade dinâmica. É, repito, um momento intrínseco da atualidade senciente do real. E, como já vimos, esta atualização é o que torna possível o dizer. O dinamismo da dualidade intrínseca de cada coisa real é o que torna possível o movimento de dizer algo acerca de algo outro.

Mas há mais. Não só o logos de que aqui nos ocupamos tem dois algos e diz algo acerca de outro algo, mas este dizer tem um caráter sumamente preciso: é declarar. E esta declaração é um transcurso num meio de intelecção. É o terceiro momento estrutural do logos.

III. *A medialidade da intelecção* em que o logos senciente consiste. O dizer próprio do logos pode adotar, e adota efetivamente, formas muito diversas. Mas, para os fins da intelecção, trata-se somente de um dizer declarativo, *apophantikós*. É um movimento em que se intelige algo desde outro algo declarando o que o primeiro algo é em realidade. Qual é a estrutura radical básica da intelecção declarativa?

A intelecção do logos se move na dualidade de um campo de realidade. Mas relembremos o que é esse campo de realidade. Toda coisa real é, enquanto real, aberta a outras coisas reais: é o "para" [*hacia*] como abertura transcendental. Em virtude disso, toda e qualquer coisa real está entre outras coisas reais. Este "para" do "entre" é o que formalmente constitui o *campo de realidade*. Como este campo é o mesmo em todas as coisas que nele se incluem, sucede, como eu disse muitas vezes, que este campo adquire então certa autonomia própria. O campo não é um conceito nem uma relação. É um *momento físico* do real em sua atualidade. Por isso dizemos que "estamos" no campo de realidade. E neste campo em que já estamos pela apreensão primordial é que campalmente inteligimos o que uma coisa é em realidade.

O campo como realidade é aquilo "em" que o logos, "em" que a intelecção diferencial se move. Ou seja, o campo de realidade é um *campo de movimento*. Mas de que movimento? Não se trata de uma espécie de lugar vazio em que o movimento transcorre. Isso seria voltar à ideia de campo como espaço. E o campo não é um campo espacial, mas campo de realidade. Como campo de realidade, o "entre" tem muitos caracteres distintos. Pode ter, por exemplo, o caráter de entorno físico ou vital. Aqui não se trata disso, mas da unidade do "entre" como um "para" [*hacia*] de realidade. Em virtude disso, o campo não é um lugar nem mais uma coisa que contenha as coisas, mas algo essencialmente diferente: é um campo que ao ser percorrido, e em seu próprio percurso, constitui a intelecção; é *campo de intelecção*.

O campo é inteligido dinamicamente. Mas o assim inteligido não é como se fosse mais uma coisa. Acabamos de dizê-lo: o campo não é uma "coisa". E no entanto é algo inteligido. Como? Não como coisa ou objeto, e sim como algo cuja função não é ser visto em si mesmo, mas fazer ver em si mesmo as coisas: é "meio" de intelecção. Que é meio? E em que consiste seu caráter intelectivo?

1. Meio não é aqui aquilo *por meio* do qual vamos de uma coisa a outra, isto é, não é aquilo pelo qual inteligimos algo partindo de outro algo. Se assim fosse, toda intelecção do logos seria *mediata*, seria mediatizada por aquilo por meio do qual inteligimos. Que isso possa ocorrer assim é inegável. Mas como caráter formal do logos isso é falso: há também *logos imediato*. Se digo que este papel que vejo é em realidade branco, meu logos é imediato. O "meio" de que aqui tratamos é algo diferente. No meio mediatizante há duas apreensões: uma, a apreensão daquilo por meio do qual intelijo, e outra, a apreensão de sua função de mediatização em virtude da qual à visão da "coisa-meio" se agrega a apreensão daquilo a que este meio nos conduz mediatamente. Mas no meio que aqui me preocupa não se trata de algo que se apreende num ato diferente de sua função medial, senão que se apreende tão somente esta sua função mesma: não é algo que se vê, mas algo *em* que se vê, algo que permite ver. Assim a luz (deixemos de lado a psicologia), assim o espelho: não são coisas que se veem, mas coisas que fazem ver. Na verdade, este meio não é visto num ato diferente daquele em que vemos o que faz ver. Tanto é assim que,

para inteligir o meio como se fosse termo de intelecção, é preciso levar a efeito uma espécie de retorção sobre a coisa vista nele; para ver um espelho perfeito, é preciso um esforço especial de retorção para convertê-lo em coisa vista. Todo e qualquer logos é *mediado*, ainda que seja *imediato*.

Este conceito de meio é essencial em qualquer ordem de intelecção. A filosofia moderna considerou a intelecção das coisas como resultado de dois fatores, por assim dizer: como resultado da inteligência e da coisa. Mas isso é insuficiente. Porque é essencial considerar o meio de intelecção. Inteligir uma coisa de certo modo individualmente por ela mesma não é o mesmo que inteligi-la num meio social. Neste aspecto, a sociedade é um meio de intelecção. Não é algo que pertence ao inteligido, mas é sem dúvida algo que faz ver o inteligido de maneira peculiar. Mais ainda: em meios diferentes, as mesmas intelecções podem ter modalidades diferentes. E não me refiro somente ao meio social em geral, mas também a meios sociais especiais, como, por exemplo, um grêmio: o meio gremial faz ver as coisas de modo peculiar. Inteligir algo num meio social (geral ou especial) não é a mesma coisa que inteligir algo num meio religioso. A sociedade em suas diversas formas, a religião, etc., é deste ponto de vista não o que inteligimos, mas algo que nos faz inteligir as coisas. Em diferentes meios veem-se as coisas de maneira diferente. Por isso, digo que o meio é algo essencial para a intelecção em todas as ordens.

2. Mas, se isso é assim, se a índole do meio modula muito profundamente a intelecção das coisas, como se poderá falar da intelecção de uma coisa real, como fizemos até agora, a saber, como algo que é determinado no campo de realidade somente pela coisa mesma? Eis aqui um problema essencial.

Para responder a essa questão, basta considerar mais atentamente o que acabamos de dizer acerca do meio social, religioso, etc., da intelecção. Esses meios são meios porque vemos neles as coisas, mas as vemos de maneira diferente. Mas que coisas? As coisas reais como reais. Então, é claro que esses diferentes meios não são senão modalidades diferentes do que me faz ver as coisas como reais. Ver as coisas reais num meio individual ou social pressupõe ver medialmente as coisas como reais. Então, todos os diferentes meios remetem a um meio primeiro, a um meio básico que me faça inteligir o que as coisas como reais são em realidade. Qual é este meio?

Inteligir as coisas reais num movimento desde umas para outras é inteligi-las, como vimos, no campo de realidade. Isso significa que o campo de realidade, ou melhor, a realidade como campo é justamente aquilo em que inteligimos uma coisa desde outras. Quer dizer: a realidade campal enquanto realidade é o próprio meio de intelecção do logos. Eis o que procurávamos. Todos os demais meios são qualificações deste meio primário e básico: a realidade campal enquanto realidade. Por quê? A resposta é clara. Inteligir é a mera atualização do real como real. Na apreensão primordial de realidade, inteligimos a coisa real mesma. Mas a intelecção campal é uma modalização da intelecção primordial do real: inteligimos o que algo é em realidade de maneira não direta, mas mediada. Portanto, esta intelecção é justamente re-atualização. Donde resulta que o campo de realidade, no que concerne ao nosso problema, é um campo de atualidade, ou melhor, um campo de re-atualidade. A realidade campal nos faz ver a atualidade de uma coisa real desde outra, e com isso re-atualiza o real. É enquanto campo de atualização que a realidade campal constitui o meio primário e básico da intelecção do logos: é a *realidade como meio*.

O logos, portanto, não é só dual e dinâmico, mas também medial. Ver uma coisa real desde outra movendo-nos no campo de realidade é atualizar o real como fisicamente real no meio da realidade. E esta reatualização do real como real é justamente o que é sua "declaração", é o logos *apophantikós*. A intelecção medial é intelecção declarativa. O campo de realidade como meio de atualização é o fundamento medial da declaração. Tal é a estrutura do logos declarativo. Só a medialidade da realidade como campo é que torna possível o logos enquanto declarativo.

Em definitivo, o logos enquanto tal tem uma estrutura básica primária: o logos é uma intelecção campal de caráter dual, dinâmico e medial. O logos é uma intelecção senciente em que se declara dinamicamente, no meio da realidade campal, o que em realidade uma coisa é desde outra. Esta é sua estrutura básica. O logos é logos senciente precisamente porque é campal.

Suposto isso, perguntamo-nos agora qual é a *estrutura formal* e não só radical desta intelecção. Esta estrutura formal tem dois momentos: o momento dinâmico e o momento medial, porque a dualidade é, no fundo, um caráter destes dois momentos. O estudo desta estrutura formal em seus dois momentos constitui o tema das duas seções seguintes.

SEÇÃO II
ESTRUTURA FORMAL DO LOGOS SENCIENTE:
I. ESTRUTURA DINÂMICA

Ainda que à custa de repetições monótonas, retomemos o fio de nosso problema. A apreensão primordial de realidade tem, sem dúvida, os dois momentos de formalidade individual e de formalidade campal, dois momentos de uma só e mesma formalidade de realidade da coisa. A unidade desses dois momentos apreendida *explícita e formalmente* é o que constitui a intelecção do que a coisa é "em realidade". Na apreensão primordial de realidade, a unidade do momento individual e do momento campal é imediata: é por isso uma apreensão que poderíamos dizer compacta. Em atualização diferencial, a unidade em questão muda profundamente de caráter. Porque então se intelige uma coisa "entre" outras. O que significa que a coisa inteligida o é na distância que há entre esta coisa e as demais. Donde resulta que o campo d*a* realidade é o campo do distanciamento do "em realidade". Em atualização diferencial, a intelecção do que a coisa é em realidade é, pois, uma exibição *distanciada* pela apresentação de uma coisa "entre" outras.

Em virtude disso, a intelecção mesma do que algo é em realidade é um movimento intelectivo em duas fases.

Primeiramente, é a fase do *movimento de impelência* da coisa real para um campo, para o campo d*a* realidade. A impelência é distanciamento do que a coisa é em realidade. E, com efeito, para inteligir o que uma coisa entre outras é em realidade, a primeira coisa que se deve fazer é "parar para considerar" a coisa. E parar para considerar é antes de tudo uma espécie de suspensão intelectiva, é um *tomar distância* da coisa, mas nela e desde ela mesma.

Por outro lado, neste distanciamento a coisa real sempre nos retém tensos nela e, por conseguinte, revertidos para ela num *intentum* pela própria tensão da distância. É um *movimento do intentum* para inteligir desde o campo o que a coisa é em realidade. Portanto, é um referir-nos desde o campo para a coisa: é *intenção intelectiva*. O *intentum* tornou-se intenção. Tomada de distância e de intenção intelectiva: eis aqui os dois momentos do movimento intelectivo.

Para estudar a estrutura dinâmica desta apreensão dual, temos de examinar:

Capítulo 4: O que é *tomar distância* da coisa.

Capítulo 5: O que é *inteligir em distância* o que a coisa é em realidade.

4. Distanciamento da coisa

Nesta intelecção, a coisa nos remete a um campo de realidade para inteligir nele o que tal coisa é em realidade. Em outras palavras, como acabamos de dizer, é preciso tomar antes de tudo certa distância dela.

Devem-se examinar, então, três pontos:

1º O que é distância.

2º O que é "tomar distância".

3º Qual é a estrutura própria do apreendido neste ato de distanciamento.

§ 1. O que é distância

Vimos que toda e qualquer coisa real tem um momento individual e um momento campal: é a estrutura do desdobramento. Quando esta coisa real é apreendida em apreensão primordial, a diferença entre os dois momentos é de certo modo abolida: é justamente o que chamei compacção. Mas, quando a coisa é apreendida "entre" outras, então a unidade é somente dual. Pois bem, a unidade em desdobramento é o que formalmente constitui a distância. Distância, pois, não significa uma distância espacial, mas algo essencialmente diferente. Precisemos este conceito.

A) Antes de tudo, desdobramento não é distância da realidade. Se assim fosse, situar-nos-íamos "fora" da realidade, o que é impossível. A coisa real é termo de uma apreensão primordial de sua realidade; e é esta apreensão mesma o que, por ser de realidade (e, portanto, sem sairmos da formalidade de realidade), nos situa no campo da realidade como algo expressamente diferente da realidade individual. Esta instalação na realidade é obra da apreensão primordial de realidade, a qual é inamissível.

B) Mas "a" realidade não é um pélago em que cada coisa real está submersa. É só um momento próprio de cada coisa real. É um momento segundo o qual cada coisa real, por ser em e por si mesma real, é no entanto em e por si mesma algo "mais". Este caráter de "mais" não é um "para além dela", mas sim um "mais nela". Por conseguinte, distância é só um momento dentro da coisa mesma. Não saímos da coisa, mas estamos "nela". Não só não saímos da realidade, como não saímos nem da própria coisa real: a distância é um momento intrínseco da coisa, é algo nela mesma. Que é este momento?

C) Neste distanciamento, seus dois momentos não estão correlativamente distanciados. O que a coisa real individual é em realidade fica distanciado desta realidade como realidade individual. Ou seja, mantém-se a realidade da coisa individual tanto em sua formalidade de realidade como em seu conteúdo, mas nos distanciamos no que concerne ao que é "em realidade", quer dizer, fazemos do campo algo autônomo, um campo que deve ser percorrido. Neste distanciamento, fica instalada a coisa real individual no campo de realidade. Portanto, repito, não saímos da coisa real mesma nem do campo de realidade, mas ficamos em seu momento campal para inteligir desde ele o que é em realidade seu momento individual propriamente dito. Vamos então *na coisa real* desde seu momento campal para seu momento individual, inteligimo-la campalmente. Isto é, percorremos a distância como momento interno da coisa, percorremos a dualidade como unidade em desdobramento.

Sendo assim, fica claro que a coisa real apreendida entre outras coisas reais nos impele para o campo numa impelência que tem caráter muito preciso: impele-nos a "tomar" distância da coisa. Que é este "tomar" distância?

§ 2. O que é tomar distância

Naturalmente, é ser levado pela própria coisa em sua formalidade de realidade individual a seu momento campal diferencialmente autonomizado. Esta moção tem alguns traços importantes.

1) Antes de tudo, de que se toma distância? O que ficou distanciado da coisa no campo de realidade é o que aquela coisa real é em realidade. De que maneira? Afastando-nos de sua unidade com o momento campal da realidade.

2) A coisa real não fica, portanto, eliminada. Muito pelo contrário. Porque é a coisa real o que nos impele de sua realidade individual para o campo d*a* realidade. Portanto, esta impelência não consiste em abandonarmos a coisa real, e sim em nos mantermos *nela*, mas somente como ponto de apoio para um recolhimento intelectivo que deixe em suspenso o que essa coisa é "em realidade". Esta suspensão é um movimento próprio: é um esforço que chamo de *retração*. Retração é intelecção da coisa real deixando em suspenso o que é em realidade. Tomar distância é, pois, definitivamente, "movimento de retração". Sermos lançados pela coisa formalmente real para o campo d*a* realidade é deixar em suspenso *retrativamente* o que a coisa é em realidade.

3) Então é claro que a inteligência, sem deixar de estar na realidade e sem abandonar as coisas reais, situa-se certamente nelas, mas de certo modo "sobre" elas. Em "retração", a inteligência

situa-se "sobre" o que as coisas são em realidade. A articulação desses dois momentos, entre o momento de retração e o momento de estar sobre as coisas, é essencial. Seu desconhecimento foi fonte de um duplo erro. Em primeiro lugar, a inteligência não "está" sobre as coisas por si mesma – foi um erro de todo o idealismo desde Descartes até Schelling, e, no fundo, até Husserl e Heidegger –, mas "vem a estar" sobre as coisas por um movimento de retração em face delas. O "sobre" se funda na "retração". E, em segundo lugar, aquilo sobre o qual está a intelecção não é a pura e simples realidade, mas somente o que as coisas reais são "em realidade". Vimos que o que o movimento intelectivo inteligige não é o real enquanto real, mas o que isto, já inteligido como real, é "em realidade". Por isso, repito-o até a exaustão, é que todo e qualquer movimento intelectivo é tão só uma modalização da apreensão primordial de realidade.

4) Ou seja, na retração inteligimos "a" realidade como algo aberto ao que as coisas possam ser nela. Portanto, estar desta forma n*a* realidade é estar *liberto* por ora do que as coisas são em realidade. Mas isso, como já dissemos, não é abandoná-las. O que fazemos é inteligir o que são em realidade tão só como livre ponto terminal do que é "a" realidade, é inteligir que "a" realidade é esta coisa. Inteligido assim o que a coisa é em realidade, o ponto forte desta nova intelecção é "a" realidade, e o que é o real em cada caso não é senão mero ponto terminal d*a* realidade. Na retração, portanto, levamos a efeito uma libertação do "em realidade" apoiando-nos n*a* realidade. Ver o que as coisas são em realidade é inteligi-las liberadamente. A coisa como mero termo livre já não "é" o que a coisa é em realidade, mas somente o que "seria" em realidade. O "seria" é o modo próprio e formal como a coisa é mantida em retração. A realidade do terminal enquanto meramente terminal é a realidade "em seria". As coisas reais, presentes agora tão só como o terminal de uma apreensão retrativa, têm então uma intrínseca ambivalência. Por um lado pertencem à realidade e em virtude disso já são reais em sua realidade primordial. Mas, por outro

lado, o que são em realidade é momento meramente terminal de intelecção: é simplesmente o que "seriam" em realidade. Explicá-lo-ei em seguida.

5) Em que consistem, então, mais precisamente estas coisas em retração? Em impelência, a intelecção já não é *apreensão primordial* de realidade, mas *simples apreensão*, mero termo de intelecção. O que a coisa é "em realidade" é então, e por agora, simples apreensão. Simples significa agora ser mero termo de apreensão. Precisemos.

A filosofia clássica sempre conceituou: a) que a simples apreensão é apreensão de algo que formalmente não tem nenhum caráter de realidade, mas ao contrário prescinde deste caráter; b) que essa apreensão é o primeiro ato próprio de toda possível intelecção; c) que a intelecção de algo formalmente real é sempre uma intelecção ulterior: o juízo. O juízo é assim a única intelecção que envolve formalmente o momento de realidade. Mas essas três afirmações são, a meu ver, falsas.

Em primeiro lugar, a simples apreensão não prescinde formalmente do caráter de realidade, mas formalmente o mantém: é que o real apreendido é em verdade um momento terminal e só um momento terminal d*a* realidade. Em qualquer simples apreensão apreendemos a coisa formalmente como se fosse um momento de algo que real e efetivamente é uma realidade. Não se prescinde da realidade; é impossível. É a apreensão tão só do que seria a coisa "em realidade". Não se trata, pois, de uma retração do real enquanto real, mas de uma retração do que esta coisa, formalmente mantida como real, é "em realidade". E esta unidade de realidade e retração é o que constitui o "seria". Não é o "seria" de "realidade", mas o "seria" do "em realidade". A simples apreensão, portanto, envolve formalmente o caráter de realidade. A filosofia clássica fez da simples apreensão algo que repousa sobre si mesmo como material de que é composto o juízo. Ou seja, considerou a simples apreensão tão só como momento "material" do logos judicativo. Essa concepção é resultado da logificação da intelecção. Mas a simples apreensão envolve formalmente a realidade. Portanto, não se pode entender a simples apreensão como um momento da logificação da inteligência, senão que, ao contrário, o momento lógico da simples apreensão deve ser entendido como modo de atualização, isto é, como um modo de inteligização do logos.

Em segundo lugar, a simples apreensão não é o primeiro ato próprio de toda intelecção, senão que toda simples apreensão é, e somente é, uma simples apreensão por "retração": é uma apreensão "retraída" de uma apreensão primordial. Por conseguinte, o primeiro ato próprio de intelecção não é a simples apreensão, mas a apreensão primordial de realidade.

Finalmente, e em terceiro lugar, a realidade formal e efetiva não é patrimônio do juízo, mas da apreensão primordial de realidade. Já o vimos: a apreensão primordial de realidade é o que envolve formalmente o caráter de realidade anteriormente ao juízo. Se se trata de simples apreensão, o adjetivo "simples" denota que o que a coisa é "em realidade" fica apreendido como mero momento terminal da realidade: "a" realidade é aqui e agora, isto ou aquilo, "em realidade".

Qual é a estrutura própria do apreendido neste ato de distanciamento que é a simples apreensão?

§ 3. Estrutura do apreendido em distância

Esta estrutura apresenta três graves problemas. Já falei deles, mas convém destacá-los claramente: qual é a origem da simples apreensão, qual é a condição do simplesmente apreendido, quais são os modos da simples apreensão.

1) *A origem da simples apreensão*. Trata-se da simples apreensão enquanto tal. Não se trata do que classicamente foi chamado de origem das ideias, porque nem toda simples apreensão é

ideia. Deve-se encarar o problema da origem não na linha das ideias, mas na raiz primária da simples apreensão. Esta origem, já o vimos, é um *ato de retração* imposto pelo próprio real primordialmente apreendido: é sua dimensão campal o que nos impõe aquele ato.

A) Esta retração não consiste num simples "prescindir". Porque prescindir é sempre algo que afeta o conteúdo do apreendido, um conteúdo que compreende, como veremos em seguida, tanto o que classicamente foi chamado de essência como o que é chamado de existência. Mas a retração conserva todo o conteúdo da coisa como realidade, e o que deixa em suspenso não é "a realidade", mas o que a coisa é "em realidade". A realidade continua a ser o "de seu", mas não sabemos o que é em realidade este "de seu". E isso não é mera sutileza.

B) Somos lançados pelo momento campal do primordialmente apreendido para as outras coisas campais. Estas são certamente reais e são apreendidas em apreensão primordial; mas, pelo momento de retração, o conteúdo dessas coisas deixa de ser conteúdo "delas" e fica reduzido a ser *princípio de inteligibilidade* da coisa que remeteu a estas outras coisas campais. Ser princípio de inteligibilidade consiste em ser aquilo com respeito ao qual uma coisa real fica reatualizada. E isto é a simples apreensão: intelecção de um real princípio de inteligibilidade. O conteúdo destas coisas, pois, já não é conteúdo de coisa, mas somente princípio de inteligibilidade de outra ou de outras.

C) Este movimento, e portanto a simples apreensão, transcorrem dentro do campo físico de realidade. Mas o conteúdo do simplesmente apreendido neste movimento está no campo tão só como princípio de inteligibilidade. Enquanto tal, o conteúdo não "é" em si mesmo senão o que "seria" o conteúdo do que é em realidade a coisa que quero inteligir. O "seria" é o caráter do conteúdo das coisas reduzido a princípio de inteligibilidade. Essas coisas não ficam fora do campo de realidade, mas não estão nele como um conteúdo que "é", e sim como um princípio do que "seria" a coisa de que partimos. O princípio de inteligibilidade pertence ao campo de realidade: é nele que transcorre o movimento de retração e que se constitui o princípio de inteligibilidade. Se, ao ver um vulto em apreensão primordial, não sei o que é em realidade e me vejo impelido às coisas que há na paisagem, como, por exemplo, às árvores, estas árvores são apreendidas em apreensão primordial tal como o vulto mesmo, mas, consideradas como o que o vulto "seria" em realidade, ficaram convertidas em mero momento terminal da apreensão do que o vulto é "em realidade". Repito, não se trata de renunciar à realidade das coisas; trata-se da redução do conteúdo delas a princípio real de inteligibilidade. É uma nova condição do que antes era aquele conteúdo. Qual é esta condição?

2) *A condição do apreendido em simples apreensão enquanto tal.* O apreendido fica, como dissemos, em condição de mero termo de apreensão como princípio de inteligibilidade. Ser mero termo é ter ficado suspenso o conteúdo da realidade enquanto conteúdo, com o que este conteúdo já não é propriamente real, mas irreal. Em retração, o que as coisas são em realidade constitui por ora o orbe do irreal. Tudo depende, pois, de que se diga o que é irrealidade.

Irrealidade não é mero não ter realidade. Se a coisa irreal nada tivesse que ver com a realidade, a coisa não seria "irreal", mas "arreal". Ser irreal é, portanto, uma maneira de ter que ver com o real. O que é óbvio, dado que, como já dissemos, a simples apreensão se constitui formalmente no campo mesmo de realidade como realidade. Qual é essa maneira? Esta é a questão. A estrutura do irreal é constituída de três momentos.

a) Por ora, o irreal não repousa sobre si mesmo, mas sobre o real. Todo o irreal é constituído por "des-realização". E o "des" não é um momento puramente negativo: se assim fosse, repito, a coisa não seria irreal, mas arreal. Portanto, é um "des" positivo: é a positiva inclusão na realidade em forma de "des". É, por assim dizer, realização em forma de "des". Que é este "des" como forma de realização? Para entendê-lo, é preciso recordar o que é realidade. Poder-se-ia pensar, com efeito, que ser real é ser existente; donde resultaria que o irreal é o que não tem existência, sendo somente o que classicamente se costuma chamar de essência. O "des" seria nulidade de existência. Isso porém é impossível, porque realidade não é existência, mas ser "de seu". E ser "de seu" é uma formalidade para além da essência e da existência clássicas. O existente só é real quando a existência compete "de seu" à coisa. Se assim não fosse, a suposta existência não faria da coisa algo real (é o que chamei de espectro; é um problema em que aqui não posso entrar). Ser real é, pois, estruturalmente anterior a ser existente. Ainda assim, o irreal não tem essência clássica, porque a essência clássica é formalmente essência do que a coisa é "de seu". Em virtude disso, o "des" da desrealização abarca a coisa real inteira, tanto em sua existência como em sua essência clássicas. O irreal tem existência irreal e essência irreal. O caráter do "des" sai, portanto, intacto desta discussão. É que não se deve entender realidade como existência nem como essência, mas como ser "de seu". E então irrealidade consiste num "des" do "de seu". Que significa isso?

Distinguimos em toda coisa real, em todo "de seu", um aspecto de realidade individual e um aspecto de realidade campal que, autonomizado, chamamos de "a" realidade. É o desdobramento. Esses dois momentos são antes de tudo momentos físicos, e não só conceptivos. Como momentos, são diferentes. Na apreensão primordial da coisa real, nós os apreendemos unitariamente. Mas pela realidade aberta em seu modo de "para" [*hacia*] inteligimos a campalidade como momento diferente, com o qual a coisa real fica distanciada de outras coisas reais n*a* realidade. Isso significa que é possível manter-se no campo mesmo suspendendo a unidade deste com determinada formalidade individual. Então, temos "a" realidade como âmbito, mas sem uma realidade individual própria. Este "sem" é justamente o perfil negativo do positivo "des" da desrealização. A desrealização não afeta o campal, "a" realidade mesma, mas a coisa real em seu momento do que ela é "em realidade". Isto é, "a" realidade já não é forçosamente aqui e agora esta coisa real determinada. Desrealizar não é suspender "a" realidade, mas suspender o conteúdo que aqui e agora é real, suspender aquilo em que está realizada "a" realidade. Pois bem, realidade é o "de seu". Portanto, "a" realidade é um "de seu" que "de seu" pode realizar-se nesta coisa ou em outra. A coisa real já não é "de seu" aquilo em que "a" realidade se realiza "em realidade". Então surge a irrealidade. A irrealidade é o modo desrealizado de estar na realidade. É o primeiro momento da irrealidade. Segundo este momento, o irreal envolve "a" realidade. Primeiro, envolve-a formalmente: só pode ser irreal estando na realidade desrealizadamente, isto é, sem que esta tenha forçosamente um conteúdo determinado. E, segundo, envolve-a fisicamente: no irreal, "a" realidade é "a" realidade que fisicamente apreendemos na apreensão primordial de qualquer coisa real. "A" realidade não é um conceito ou uma ideia nem nada semelhante, mas é a física dimensão campal das coisas reais. É a mesma "realidade física" desta paisagem, desta pedra ou deste prado, é esta mesma realidade física, digo, a que se constitui campalmente em toda simples apreensão, de qualquer índole que seja: num centauro "a" realidade apreendida é a mesma que nesta pedra. O que não é o mesmo é o conteúdo. A simples apreensão não prescinde da realidade como se costuma dizer secularmente, mas a envolve formal e fisicamente como realidade sem conteúdo próprio.

b) Este âmbito de desrealização é um âmbito físico da apreensão. E nesta realidade como algo físico é que fica atualizado o conteúdo de toda apreensão intelectiva. A intelecção, na qual "a" realidade se atualiza, não é uma intelecção vazia, vã, mas é uma intelecção em que, à medida que se atualiza o âmbito, se vão elaborando nele uma ou várias simples apreensões. "A" realidade desrealizada de toda e qualquer coisa real individual fica atualizada nas simples apreensões de minha intelecção. É o segundo momento do irreal: o momento de *atualização* da realidade nas simples apreensões.

c) Mas então a simples apreensão fica n*a* realidade, mas livremente realizada e reduzida a princípio intelectivo do que "seria" o conteúdo d*a* realidade. Realização é atualização de algo como conteúdo d*a* realidade. É, pois, realização liberada. É como que o reverso daquela atualização d*a* realidade. É o terceiro momento da irrealidade. Por tratar-se de uma realização em "seria", é uma realização constitutivamente livre. O irreal não é uma coisa mental tratada como se fosse real, nem é uma coisa física: é *coisa livre*. Não se trata de que eu considere livremente que este conteúdo é real, mas de que, justamente ao contrário, eu considere livremente que a física realidade campal "é assim", isto é, tenha este conteúdo determinado. Por exemplo, o real na ficção não consiste em ser ficção de realidade, não consiste em fingir realidade, mas, como veremos em seguida, consiste em ser realidade em ficção; o que fingimos é o conteúdo da realidade. "A" realidade fica atualizada livremente em algo que se realiza nela. Está-se livre não d*a* realidade, mas de seu conteúdo determinado.

Atualização d*a* realidade e livre realização naquela do inteligido são os dois momentos que, intrinsecamente "unos", constituem positivamente o caráter de desrealização. Desses dois momentos positivos, o segundo é fundado no primeiro: o conteúdo fica realizado porque "a" realidade física se atualizou na intelecção sem conteúdo. Em virtude daquele primeiro momento, o apreendido, isto é, o irreal, é *realmente* irreal; em virtude do segundo momento, o irreal é *irrealmente* real. A unidade desses dois momentos é o que constitui o irreal que expressamos no "seria". "Seria" é a unidade de atualização desrealizada e de livre realização. Com isso fica constituído o domínio do irreal. O irreal é, pois, coisa livre, e portanto coisa criada. A criação não é criação da realidade, mas de seu conteúdo nela; ou seja, uma realização livre. Se quisermos falar de ideias (expressão vitanda, conquanto usual, como já disse), direi que criar não é dar realidade a minhas ideias, mas justamente o contrário: é dar minhas ideias à realidade. Daí toda a gravidade desta intelecção: está em jogo a física realidade mesma segundo seu conteúdo, quer dizer, está em jogo o que as coisas reais são em realidade. Atualizar a realidade física desrealizada num conteúdo livre: aí está a essência da criação.

Definitivamente: a apreensão do real em retração do conteúdo, isto é, em simples apreensão, tem caráter formal de irrealidade. A irrealidade é a unidade intrínseca e formal de atualização da realidade física e de realização livre de seu conteúdo: é o "seria". O "seria" é um *modo irreal*, não em sentido gramatical, mas no sentido da realidade em modo de livre conteúdo.

Suposto isso, perguntamo-nos quais são os modos da simples apreensão, isto é, quais são os modos estruturais da intelecção do irreal. É o terceiro ponto que queríamos examinar.

3) *Os modos estruturais da simples apreensão*. "A" realidade conserva-se física e formalmente como âmbito de livre criação do irreal. Mas tanto a desrealização como a criação não são absolutas. São um movimento que sempre se apoia na coisa real, mas que pode apoiar-se em diferentes momentos dimensionais dela. Naquele movimento atualizam-se estes momentos. Como momentos, competem a toda coisa real, mas o movimento desrealizador os atualiza explícita e formalmente na intelecção. E, segundo estes momentos, o movimento desrealizador confere à simples apreensão caracteres diferentes de irrealidade: há diferentes tipos de simples apreensão que não apenas são numericamente diferentes, mas são momentos estruturalmente diferentes da realidade como âmbito de livre criação. Aquelas dimensões são três e constituem positivamente em sua unidade radical a própria definição do que chamei de ser "em realidade". Estas dimensões da coisa real são, digo, três.

A) Antes de tudo, a primeira coisa que pode ficar desrealizada na retração libertadora é o conteúdo da coisa real inteira. Não é a coisa prescindindo da realidade, mas *a* realidade terminando livremente nesta coisa como aquilo que esta "seria" em realidade. Em virtude disso, fica atualizada a coisa real numa dimensão própria sua: ser "isto". Aqui, "isto" não significa "este", mas o que é o "este": é o "este" enquanto "isto". Apreender "esta" coisa é o que constitui a apreensão primordial de realidade, como, por exemplo, a percepção. Pois bem, o "isto" de "esta" coisa, desrealizado, é o "isto" já não "enquanto real", mas "enquanto percebido"; é o "isto" da coisa enquanto mero termo de percepção. O "isto" enquanto mero termo da percepção é o que chamarei de *percepto*. Reduzir o conteúdo da coisa real a percepto: aí está a primeira forma de simples apreensão. Não é percepto de realidade, mas "a" realidade em percepto. É *a* realidade terminando livremente n*isto*. É mister sublinhá-lo, porque a filosofia clássica, seja qual for sua ideia de simples apreensão, nunca incluiu entre as simples apreensões o percepto. A meu ver, não só se deve incluir o percepto entre as simples apreensões, mas o percepto é a forma primária e a própria possibilidade de todas as outras simples apreensões.

Este percepto enquanto tal é uma livre criação. Certamente, seu conteúdo me é dado. Mas reduzir este conteúdo a mero percepto é um ato meu de libertação. Libertei o "isto", libertei-o da coisa real enquanto real. Ademais, é uma libertação muito concreta.

Porque a redução libertadora não é um ato arbitrário no vazio, mas uma libertação levada a efeito *na* apreensão de uma primeira coisa real como real desde outra coisa a que me retraí. Só vista desta é que o conteúdo fica desrealizado. A libertação, e portanto a desrealização, só é possível numa atualização diferencial, e em virtude disso só é possível em função de determinadas coisas dentro da atualização campal; só é possível com uma coisa referida às demais. E esta referência tem sempre uma margem de liberdade, porque, se eu me tivesse movido para uma coisa diferente, o aspecto também poderia ser diferente. A simples apreensão de uma coisa real como mero percepto é: 1º um ato que livremente executo; e 2º o atualizado nele tem um intrínseco caráter de liberdade de "ad-speção" ou, se se quiser, de inspeção.

Este movimento não só é "livre": é uma livre "criação". Porque a coisa real certamente é um "isto", mas reduzir o "isto" a mero percepto é uma rigorosa criação. Toda livre "ad-speção", quer dizer, todo livre aspecto de um percepto é uma criação. Essa criação não concerne evidentemente ao conteúdo da coisa mesma enquanto real, mas a seu "isto" reduzido a percepto. Reduzido "este" conteúdo a percepto, o "isto" é uma estrita criação aspectual: é a criação perceptual do "isto".

Em suma: apreendida a distância em retração, a coisa é em realidade termo de uma simples apreensão que nos atualiza aquela como um "isto" num movimento livre e criador de redução desta coisa a seu "isto", a mero percepto. É o que "isto" seria em realidade.

B) Mas, na retração liberadora, a coisa fica em realidade desrealizada ainda em outra dimensão. Tudo "isto" é um sistema unitário de notas reais. Segundo este sistema unitário, a coisa não é mero complexo de notas reais quaisquer, mas dessas notas sistematizadas de certa "maneira"; de forma que, se estivessem de outra maneira, já não seriam a mesma coisa, mas justamente outra. Quer dizer, a coisa real em seu "isto" tem, além de suas notas, o "como" de sua sistematização. Reduzido o "isto" a percepto, conserva o "como perceptual". Pois bem, posso retrair-me liberando-me no "isto" mesmo de seu próprio "como". A simples apreensão fica então livre para criar o "como". É claro que não me limito a criar o "como" deixando intactas as notas, mas as notas oriundas de perceptos podem então ser livremente criadas para se fazer delas um novo "como". O termo deste movimento intelectivo criador do "como" é um "como" fingido: é um *ficto*, um *fictum*. O ficto é formalmente ficto de um "como". A simples apreensão da coisa como um "como" ficto é a ficção.

Precisemos algo. Antes de tudo, a ficção é algo irreal no sentido de desrealizado. Portanto, a ficção é uma coisa ficta, mas na realidade. Envolve formalmente o momento físico de realidade, esse momento apreendido em impressão de realidade. O ficto, como já disse, não é um "ficto de realidade", mas "realidade em ficção". Não se finge "a" realidade, finge-se tão somente que "a" realidade seja "assim". É o "como" seria "a" realidade, quer dizer, como seria a coisa em realidade.

Em segundo lugar, o ficto é algo livremente criado, mas é duplamente livre. O ficto tem um "isto" próprio que é também, como no percepto, algo irreal, algo desrealizado. Mas seu "isto" são somente as notas que o constituem. Essas notas estão dadas, mas reduzidas a mero "isto" perceptual. É o primeiro lado da irrealidade do ficto: a irrealidade de suas notas. Nisso convém com o percepto, mas só no que concerne às notas consideradas cada uma por si mesma: são "isto-notas" irreais. Ademais, o ficto criou livremente o "como", que não faz o percepto. O percepto é a coisa inteira dada e reduzida a percepto. No ficto, fica reduzido o próprio "como". É o segundo lado da irrealidade do ficto. É uma criação de segundo grau, por assim dizer. Irrealizam-se as notas, mas separadamente, e recompõem-se num "como" livre: é livre reconformação. Mas não é uma reconformação no vazio, senão que a mais livre das criações fictícias é sempre orientada pelo "como" das coisas reais para fingi-las como elas, ou diferentemente delas, ou a elas, etc. O que não se dá nem pode dar-se é um ficto que nada tenha que ver com algo apreendido anteriormente como real.

Em terceiro lugar, este ficto não é, como se poderia pensar e se costuma dizer, uma imagem produto da imaginação criadora. Imaginação criadora, também a têm os animais. O animal tem criações imaginárias estimúlicas. O que o animal não tem é a apreensão intelectiva da criação do imaginariamente criado. Falta-lhe o momento de realidade. O ficto é a "realidade em ficção", é "como" em realidade seria a coisa. Por isso, eu chamaria esta apreensão intelectiva de *fantasia*: é uma intelecção fantástica. O animal não tem fantasia neste sentido. O homem faz com suas imagens o que o animal não pode fazer: fantasiar. A essência da imaginação "humana" é a fantasia. Para opor neste sentido o ficto ao imaginado, reservo para o ficto o nome de *fantasma* em seu sentido etimológico.

É que, em quarto lugar, a simples apreensão da coisa real como ficta é um ato de estrita intelecção senciente. É *intelecção*: é a apreensão intelectiva de "como" seria a coisa em realidade. É *senciente*: a imagem é o momento senciente desta intelecção. Em sua unidade, esta intelecção senciente é a simples apreensão senciente da coisa segundo como seria em realidade: é o ficto, o fantasma.

A simples apreensão à distância nos atualiza, pois, duas dimensões da coisa real: o "isto" e o "como". A livre intelecção expectante tem respectivamente as duas formas de percepto e de ficto. São as duas primeiras formas de simples apreensão.

C) Mas ainda há mais. Na retração liberadora, ficam atualizados em distância não só o "isto" e o "como". Porque "isto" e "como" são duas dimensões do que, sem aderir a nenhuma ideia especial de nenhuma ordem, eu chamaria de configuração de uma coisa. Mas esta configuração remete a uma dimensão mais precisa: que é esta coisa assim configurada. O "quê" é a terceira dimensão das coisas atualizadas ao serem apreendidas à distância. Na retração fica atualizado agora o "quê" enquanto tal. Na apreensão primordial de realidade, há certamente um "quê", assim como há um "isto" e um "como". Mas essas três dimensões estão unitariamente compactas na coisa diretamente apreendida como real. Só na simples apreensão em distância ficam essas dimensões atualizadamente discriminadas: isto, como e quê. Pois bem, desrealizada a coisa por livre retração, seu "quê" fica irrealizado e reduzido a mero "quê" enquanto apreendido: é justamente o que chamamos de *conceito*. Conceito não é algo primariamente lógico, mas algo real: é o "quê-conceito". O conceito envolve formalmente e fisicamente o momento de realidade. O conceito é "a" realidade física mesma como se fosse este "quê": concebemos o que seria realmente a coisa, o que esta *seria* em realidade. "A" realidade, repito, não é um momento intencional, mas físico, o momento de realidade já apreendido em apreensão primordial. O conceito é, pois, a realidade terminada em livre "quê". Portanto, não é "conceito de realidade", mas "realidade em conceito". Então, a simples apreensão em caráter de intelecção à distância é *concepção*. O conceito é o concebido na concepção. Não é uma tautologia: o conceito é o "quê" da coisa reduzido a mero termo de concepção.

Este conceito é termo irreal (no sentido já explicado). É "a" realidade em seu mero "seria" terminal. E o movimento que desrealiza o "quê" e o reduz a mero conceito é um movimento livre e criador. Precisemos.

a) É antes de tudo um movimento liberador do "quê" irrealizado. Não nos diz o que é a coisa real, porque nossa intelecção é ainda uma tomada de distância. E nessa distância temos a inexorável liberdade de conceber os "quês" em e por si mesmos. Não se trata de tentear qual desses "quês" é o da coisa real dualmente apreendida. Isso virá depois. Agora estamos na simples apreensão concipiente desses "quês" enquanto termos de apreensão. No âmbito distanciado, concebemos livremente os "quês". Esses "quês" são, com efeito, o que "a" realidade "seria". É um movimento livre. Mas sua liberdade é delineada pela apreensão primordial de realidade da qual partimos na apreensão dual: concebemos sempre o "que" é em realidade uma coisa apreendida "desde" outra ou outras anteriormente apreendidas. É a primeira coisa real a que nos orienta "para" [*hacia*] a concepção do que "seria". Porque, apesar de ser livre, nenhuma concepção é um ato de liberdade vã no vazio. É uma liberdade que as coisas apreendidas nos dão em apreensão primordial de realidade para conceber as demais. E, portanto, é uma liberdade já delineada tanto no ponto de partida como no termo para o qual se aponta.

b) Este movimento liberador é criador. O que ele cria é a forma em que o campo de realidade se atualiza e a forma em que se realiza o que são as coisas reais nele. O "quê" reduzido a mero conceito é o "seria", e de duas formas.

Em primeiro lugar, é um "quê" *abstrato*. Neste aspecto, a desrealização da concepção é abstração. A abstração não deve ser confundida com uma extração. Um extrato não é um abstrato.

A extração é uma "divisão" em partes. O resultado é uma "coisa-extrata". A abstração não divide uma parte de outra, mas, ao inteligir uma ou várias, "prescinde" de outras. É uma "precisão" no sentido etimológico de prescindência. O resultado é então um "abstrato". Este movimento precisivo enquanto movimento é o essencial da abstração. Usualmente, ao se falar da abstração, costuma-se considerar tão só o resultado, o "abstrato"; e então se sublinha o negativo dele: é algo meramente prescindido. Mas não se considera a própria "abstração". Enquanto abstração, é um movimento essencialmente positivo e criador: é a criação do próprio âmbito do "abs" como âmbito de irrealidade. A forma como "a" realidade termina num "quê" reduzido a conceito é ser âmbito de "abs". O abstrato é resultado desta abstração. Este movimento abstrativo é livremente criador. Porque toda abstração necessita de uma direção e leva-se a efeito nela. E esta direção nunca é univocamente determinada. Ao abstrairmos, por exemplo, o que conceituamos ser o "quê" de um homem, podemos fazê-lo em muitas direções: na direção de sua figura animal, de suas funções psicoanimais (linguagem, etc.), de sua índole pessoal, do caráter de sua coletividade, etc. Em cada uma dessas linhas, o "quê" criado por abstração mostra-se formalmente diferente. A abstração envolve uma precisa direção intelectiva. O que esta direção faz é criar qualitativamente o âmbito do "abs". Não me é suficiente considerar o caráter abstrato de seu resultado. Este movimento abstrativo prescinde de notas, mas não prescinde da formalidade campal de realidade. Por isso o abstrato não é um "abstrato de realidade", mas "realidade em abstração".

Mas, em segundo lugar, o "quê-conceito" não é só abstrato: é também *constructo*. Emprego aqui este vocábulo não para designar o "estado constructo", mas como sinônimo corrente de algo construído. A filosofia corrente pensou sobretudo que os conceitos são abstratos, que são algo abstraído das coisas reais. O que é verdade. Mas a verdade é que a maioria dos conceitos, sobretudo os conceitos científicos, não é meramente abstraída, mas construída pela própria inteligência. A intelecção de conceitos é em si mesma intelecção construtiva. O "quê-conceito" é a realidade em *construção*. Já no ficto assistimos a uma primeira maneira de construção: a reconformação das notas num ficto. Mas aqui a construção tem outro aspecto. Porque não opera sobre notas separadas, mas só sobre notas "prescindidas", sobre notas abstratas. Com isso, o resultado já não é um ficto, mas um conceito, um "quê". É claro que essas duas maneiras de construção não são necessariamente independentes. Posso efetivamente construir um ficto em torno de um conceito constructo: é, por exemplo, o caso da construção físico-matemática. Não faço senão aludir ao problema sem me deter nele por ora.

No movimento de retração em que o real fica reduzido a mero conceito, temos a terceira forma de simples apreensão n*a* realidade.

Este movimento é um movimento livre e criador. Estamos habituados a ver os conceitos organizados, como se sua organização já estivesse logicamente prefixada. É, mais uma vez, a logificação da intelecção. Para compreendê-lo, basta considerar, por exemplo, a organização dos conceitos segundo gêneros, diferenças e espécies. Sua expressão é a definição. Dizer que o homem é animal "e" racional não é uma definição. Para que o seja, é preciso que o conceito de "animal" seja o gênero; que a diferença seja "racional" e que a "espécie" seja então o homem. Mas isso é uma livre construção. Para alcançá-lo, um homem que apreendemos em apreensão primordial de realidade nos remeteu a outras coisas igualmente apreendidas em apreensão primordial de realidade, e é desde estas outras coisas que vamos formando o conceito genérico. Pois bem, estas outras coisas são escolhidas livremente. Se escolho o "animal" como coisa para a qual me remete o homem apreendido em apreensão primordial, então evidentemente "animal" pode desempenhar a função de gênero. "Animal" seria um gênero que se diferencia em "irracional" e "racional". Mas esta escolha do "animal" é perfeitamente livre. Poderia escolher como gênero simplesmente "racional". Então, "racional" seria o gênero, enquanto "animal" seria simples diferença. O "racional" se dividiria em "animal" e "espiritual". Foi no fundo a concepção de Orígenes: o homem seria uma alma puramente espiritual que caiu em matéria animal. A conceituação estrita do que é o apreendido em apreensão primordial é, portanto, resultado de um movimento livre e criador.

Resumindo. Perguntamo-nos pelo modo de intelecção de uma coisa real na realidade, no campo da realidade. Esta intelecção tem o caráter de uma apreensão dual; portanto, um caráter fundado no desdobramento, dentro de cada coisa real, de sua "realidade" e de seu "em realidade". Formulamos, então, o problema da estrutura interna de uma intelecção em desdobramento. E a primeira coisa que se deve dizer é que se trata de um movimento de retração em que tomamos distância do que é em realidade a coisa apreendida em apreensão primordial. Nesta retração inteligimos numa simples apreensão o que a coisa seria. O que seria a coisa real em que "a" realidade termina é portanto a apreensão do real em irrealidade. Esta tomada de distância atualiza expressamente três dimensões de toda e qualquer coisa real: seu "isto", seu "como" e seu "quê". Estas três dimensões reduzidas da coisa real a termo de simples apreensão dão lugar a três formas de simples apreensão: percepto, ficto e conceito. O "isto" é apreendido em simples apreensão como "percepto"; o "como" é apreendido em simples apreensão como "ficto"; o "quê" é apreendido em simples apreensão como "conceito". São as três formas de intelecção de simples apreensão em distância, são as três formas de atualização impelente da intelecção diferencial do real.

Pois bem, o que insistentemente chamamos de ser "em realidade" consiste formal e precisamente na unidade do "isto", do "como" e do "quê". Eis o que a coisa é "em realidade", ou melhor, o que a coisa "seria" em realidade. O real é apreendido em apreensão primordial. O que seria a realidade é essa mesma realidade inteligida enquanto "isto, como, quê". Esta intelecção pode ser mera retração: é o que o "seria" expressa.

Mas, nesta distância e com este instrumental de perceptos, fictos e conceitos, a inteligência volta expectante de sua livre criação às coisas reais de que tomou distância, e tenta inteligi-las não como mero termo apreendido, isto é, não como mero termo do que "seria" a coisa real, mas como o que ela "é" em realidade. O *intentum* é então algo diferente da simples apreensão. Já não é criação; é uma afirmação. A expectação conduz distanciadamente, pelo rodeio da simples apreensão, a uma afirmação: é a intelecção do que a coisa real é em realidade, uma intelecção em distância. O *intentum* é agora uma intelecção afirmativa.

5. Intelecção distanciada do que a coisa real é em realidade

O movimento intelectivo, dizia eu, tem duas fases. Primeiramente, a fase do *movimento de impelência* da coisa real para um campo, para o campo da realidade, no qual o que tal coisa é em realidade fica distante, por uma retração desrealizadora: é o movimento em cuja intelecção inteligimos por simples apreensão o que a coisa real "seria" em realidade (percepto, ficto, conceito). O movimento intelectivo tem uma segunda fase. A coisa real que nos impeliu desde si mesma para "a" realidade campal retém-nos tensos nela: é a fase do movimento de reversão para a coisa real, o *intentum* para inteligir desde o campo o que esta coisa "é" em realidade desde o orbe do que "seria". Esta intelecção é, pois, por ora, um discernimento, um *krínein*, um julgar. A apreensão dual levou-nos a inteligir o que a coisa real é em realidade num movimento de retração para o que esta coisa "seria" em realidade, e num movimento reversivo que nos leva assim distanciadamente, e com discernimento, a inteligir o que a coisa efetivamente "é" em realidade: o juízo. Eis aqui o que agora temos de estudar: o juízo.

O juízo é uma "afirmação". O *intentum* desde o campo adquire o caráter de intenção afirmativa do que a coisa é ou não é em realidade. Este "em realidade" é a unidade do "isto, como e quê" que geralmente (ainda que nem sempre nem primariamente) se expressa no "é". Portanto, nosso problema é o estudo da estrutura da afirmação enquanto tal.

A afirmação, dizia eu, é uma intelecção em reversão distanciada do que a coisa real é em realidade. Não é mera reversão para a coisa real, como se esta tivesse ficado abandonada, mas um não abandono do real, e portanto se trata de uma reversão intelectiva *dentro do real mesmo*. Este "dentro" não é só um "dentro" material, por assim dizer. Não se trata de que efetivamente estejamos dentro do real, mas de um "dentro" *formalmente* tal; quer dizer, esta intelecção está inteligindo expressa e formalmente o real num movimento de reversão intelectiva para o que o real é em realidade, isto é, num *movimento formal* de realidade. A simples apreensão é uma intelecção *retrativa* do que a coisa "seria". Agora se trata, em contrapartida, de uma intelecção formalmente *reversiva* desde aquilo que o real "seria" para o que "é" em realidade. Mas sempre "na realidade".

Que é esta intelecção? A questão é mais complexa do que se poderia pensar, porque esta intelecção pode assumir formas diversas. Mais ainda, em cada uma dessas formas a afirmação pode ter modos diferentes de afirmar. Portanto, temos de formular três grupos de questões:

§ 1. O que é afirmar.

§ 2. Quais são as formas da afirmação.

§ 3. Quais são os modos de afirmação.

§ 1. O que é afirmar

Afirmação significa aqui uma intelecção "firme", diferente da intelecção "retraída" que constitui a simples apreensão. A distância distende, afrouxa, por assim dizer, a intelecção do que é o real. A afirmação é afirmarmo-nos intelectivamente no que é o real nessa distância, nessa distensão. Afirma-se sempre e somente o inteligido distanciadamente em reversão. Que é esta afirmação?

Da afirmação se deram dois conceitos, que a meu ver são falsos, se bem que por razões diferentes.

Em primeiro lugar, pensou-se, sobretudo desde Descartes, que afirmar algo é "crer" que o afirmado é assim. Afirmação seria crença. Esta concepção pode assumir diversos matizes, segundo o modo como se entenda a crença. Pode-se entender como mero *sentimento*: afirmar seria a expressão de um sentimento intelectual. Pode-se entender também que a crença não é um sentimento, mas uma decisão da vontade: afirmar seria a expressão de uma *volição*. Foi sobretudo a ideia de Descartes, para quem, por conseguinte, o problema da verdade não é senão o problema do bem da inteligência; a falsidade seria pecado de inteligência. Pode-se entender finalmente que a crença, sem chegar a ser um estrito ato de volição, é pelo menos um ato de *admissão*: afirmar seria admitir algo. Mas, em qualquer dessas três formas, esta concepção me parece inexata porque, em graus diferentes, todas essas concepções e seus afins minimizam o aspecto intelectivo da afirmação. E, ao se dizer que A "é", por exemplo, B, sempre se mostra inevitável a pergunta sobre o que é aquilo em que se crê, sobre o que é que se decide, e sobre o que é que se admite. A rigor, aquilo em que se crê ou aquilo que se decide ou se admite é que "algo A é B". Em virtude disso, anteriormente a toda essa gama de modos de crença, há aquilo em que se crê, aquilo que se decide ou aquilo que se admite: "algo é B". E neste "algo é B" em si mesmo é que consiste a afirmação. A afirmação não consiste em crer. Este "algo é B" é um ato formalmente intelectivo. Há sempre um grave equívoco quando se fala de juízo. Por um lado, julgar pode significar este ato psíquico, este ato mental que, para dizê-lo de alguma maneira, podemos chamar de *asseveração*. Neste sentido, julgar é asseverar. Mas há um sentido mais radical e profundo de julgar: o juízo é intenção afirmativa, *afirmação*. Asseveração e afirmação não são a mesma coisa. A asseveração é um ato mental meu, enquanto a afirmação é a intenção intelectiva independentemente de que seja ou não asseverada por mim. Mais ainda: a intenção afirmativa é a possibilidade da asseveração; só porque há uma afirmação, só porque há uma intenção afirmativa, pode haver uma asseveração. Efetivamente, uma mesma afirmação pode ser termo de diferentes modos de asseveração. Pois bem, aqui nos referimos tão só à afirmação enquanto intenção afirmativa. Empregarei, portanto, a palavra "afirmação" neste sentido, em contradistinção absoluta de asseveração. Em que consiste esta afirmação?

Aqui, deparamos com uma segunda concepção, muito mais generalizada que a anterior: afirmar é dizer "A é B". O B é o predicado; mas, como se sabe, posso e devo incluir o B no "é", e então o predicado é: "é B". Julgar seria predicar de A o "ser B". É a velha concepção de Aristóteles, que com variantes mais ou menos importantes percorreu toda a história. É, a meu ver, uma concepção também inadmissível. E por duas razões. Em primeiro lugar, pensa-se que afirmar é "dizer". Mas o que se entende por "dizer"? Certamente ninguém, nem sequer Aristóteles, pensa que "dizer" seja aqui expressar-se numa linguagem. Mas ainda permanece de pé a questão: qual é a índole intelectiva do dizer mesmo enquanto dizer? Então não há outra saída senão apelar para a afirmação enquanto intenção afirmativa: dizer seria ter "intenção afirmativa". E ela é conceituada como algo irredutível. Mas é realmente algo irredutível? E, sobretudo, em que consistiria sua irredutibilidade? O não se ter formulado com rigor este problema me parece um grave defeito desta concepção: admite-se pura e simplesmente que julgar é afirmar, mas sem se formular formalmente o que é o afirmar. Em segundo lugar, identifica-se a afirmação com a *predicação* "A é B". E isto, como logo veremos, e seja qual for a concepção que se tenha do predicado (ou "B" ou "é-B"), é formalmente falso: nem toda afirmação é predicativa. Mas este é um tema que concerne não à afirmação em si mesma, mas o que chamei de formas de afirmação, de que depois falarei.

Com isso, já estamos em condições de formular com precisão nosso problema. Em primeiro lugar, não se trata do que é *asseveração*, mas do que é *afirmação*. Mas, em segundo lugar, não se trata das diversas *afirmações concretas*, mas da *função de afirmar* enquanto tal. Assim como, ao tratar nos capítulos anteriores da intelecção, não me referia às diversas intelecções, mas somente a em que consiste inteligir, em que consiste a própria função de inteligir. Pois bem, agora nos perguntamos não pelas diversas afirmações concretas, mas pela *função de afirmar* enquanto tal.

Afirmar, como dissemos, é inteligir em movimento de reversão; isto é, a própria intelecção é agora formalmente dinâmica. Para o entendermos, temos de esclarecer dois pontos: em que consiste o movimento de afirmação enquanto movimento, e em que consiste a intelecção mesma neste movimento. São as duas questões essenciais: a afirmação enquanto *movimento* intelectivo, e o movimento intelectivo enquanto *afirmação*. A afirmação só é necessária e possível numa intelecção campal, isto é, em intelecção *senciente*. Uma inteligência não senciente apreenderia a verdade de um juízo nosso, mas não a apreenderia em forma de afirmação. O logos enquanto afirmação é constitutiva e essencialmente senciente: é *logos senciente*. Em seguida, falarei em geral da afirmação como logos senciente, prescindindo do fato de a simples apreensão pertencer ao logos mesmo; ou seja, falarei do logos tão somente como juízo.

1) Antes de tudo, portanto, o que é *a afirmação enquanto movimento*. Ainda que ao preço de repetir monotonamente a mesma ideia, digo por agora que a afirmação é um *intentum*. O *intentum* não é em si mesmo noético, mas noérgico: é a tensão dinâmica de reverter para o real, formalmente já dentro da realidade, dentro desta coisa real. Com isso, o *intentum* converteu-se de movimento em distância dentro da realidade, em movimento "para" [*hacia*] a coisa: é *intenção*. Esta intenção é, pois, um momento interno do *intentum*. Não há intenção senão como momento do *intentum*. Já não é um mero "estar tenso", mas um "movimento

para" o que a coisa real é em realidade. A intenção é um momento do *intentum* reversivo em distância, isto é, desde "a" realidade para o que distanciadamente é "em realidade". A intenção, portanto, não é algo puramente noético, porque é um momento do *intentum*, o qual é noérgico. A intencionalidade é então o *érgon* físico da intelecção em distância. O momento de reversão é um momento formalmente constitutivo da afirmação. A intelecção em distância há de preencher o distanciamento, e o preenche de modo sumamente preciso: por movimento. Toda distância, com efeito, deve ser percorrida. Do contrário, a distinção entre o que a coisa é como real e o que ela é em realidade não seria "distância"; seria no máximo mera separação. O que é falso.

Para a distância é formalmente constitutivo ser percorrida. Por isso (pela mesma razão), para a afirmação é formalmente constitutivo o percurso intelectivo da distância. Afirmar é "ir" de uma coisa a outra "entre" as demais. O "entre" da atualização diferencial do real é um "entre" distancial. Afirmar é chegar a inteligir o que uma coisa é em realidade, mas desde outras. É um "chegar" e não simplesmente um "estar" nisso. Mas evitemos um possível equívoco que seria muito grave. Não é um movimento que consiste em ir de uma intelecção a outra, mas um movimento que consiste no modo mesmo de estar inteligindo cada uma das coisas. Não é que seja um "chegar a afirmar", mas um "afirmar chegando" ou "chegar afirmando", um movimento que constitui a intelecção no próprio chegar. Dito em outras palavras, o movimento que constitui a intenção não é a intenção de dirigir-me a uma coisa depois da outra, mas o movimento intencional intelectivo do *intentum* de cada coisa. Não é intenção de intelecção, mas intenção intelectiva. O juízo é, portanto, de índole formalmente dinâmica enquanto intenção. A intenção mesma é formalmente dinâmica.

Não ter considerado formalmente o caráter dinâmico do próprio juízo é o que, a meu ver, constitui uma das falhas mais graves na filosofia da inteligência humana até Kant, inclusive. Esta filosofia só se perguntou sobre o dinamismo intelectivo ao referir-se ao dinamismo chamado dialético, ao raciocínio. Dialética é nessa filosofia o movimento que constitui o raciocinar. Ela constatou que a inteligência pode ir de umas intelecções a outras combinando-as adequadamente, e estabeleceu com todo o rigor as primeiras leis dialéticas deste movimento. Mas não se perguntou por que acontece isto. Trata-se de um simples fato? Não penso assim. Creio que o movimento intelectivo do raciocinar se funda em algo constitutivo de um modo de intelecção: é a intelecção enquanto distanciada e reversiva, isto é, a intelecção afirmativa. Por conseguinte, este movimento não é mero fato, mas algo ancorado num momento estrutural da afirmação: é o distanciamento. O distanciamento não é algo peculiar do raciocínio dialético, mas um momento estrutural de toda e qualquer afirmação em si mesma. Seria preciso fundamentar o movimento dialético do raciocínio na estrutura distancial da afirmação. E a filosofia aristotélica não questionou essa estrutura; escorregou com respeito a seu caráter distancial, isto é, à estrutura radical básica do logos. O dinâmico do raciocínio dialético baseia-se e é consequência do caráter dinâmico da afirmação. Dever-se-ia ter partido disto mesmo: não só a dialética, mas também a própria afirmação, é estruturalmente dinâmica. Certamente, Kant viu na dialética algo além de mera combinação de afirmações, mas para fazer dessa combinação um simples sistema lógico. Mas, no que concerne à nossa questão, a posição de Kant em face da afirmação enquanto tal é rigorosamente a mesma que a de Aristóteles.

Para outra filosofia, a de Hegel, o movimento dialético é mais que um fato: é a própria estrutura formal da intelecção enquanto tal. A dialética hegeliana não é o movimento de umas afirmações para outras, mas a estrutura dinâmica da intelecção enquanto tal. Mas isso é, a meu ver, tão inaceitável quanto a via do raciocínio dialético aristotélico, e pela mesma razão, ainda que esgrimida em direção diferente. Certamente, o movimento é um caráter estrutural da intelecção, não é mero fato. É caráter estrutural, porém, não da intelecção enquanto tal, mas somente da intelecção distanciada. Tal como em Aristóteles, falta em Hegel o momento de distanciamento. Este distanciamento, com efeito, não é um momento da intelecção em abstrato, mas algo que compete tão só a uma intelecção senciente. Pois bem, a intelecção senciente pode apreender o real em e por si mesmo sem distanciamento nenhum, e portanto sem movimento. Somente quando a intelecção senciente intelige em distância é que temos movimento. O dinamismo dialético é, portanto, um momento estrutural da intelecção, mas somente da intelecção afirmativa, porque esta, e somente esta, é intelecção distanciada. A intelecção em si mesma não é dinâmica.

Para Aristóteles, portanto, o dinamismo é somente um caráter do raciocínio, e não um momento estrutural da intelecção afirmativa. Para Hegel, o dinamismo é um momento estrutural da própria intelecção, mas da intelecção enquanto tal. Em ambas as concepções encontra-se ausente a ideia de distância, e por isso penso que não são aceitáveis. O distanciamento é um momento estrutural, mas somente da intelecção afirmativa.

Em que consiste agora esta intenção afirmativa não enquanto movimento, mas enquanto afirmação?

2) *O movimento intelectivo enquanto afirmação*. Este movimento é o logos. Repito: não se trata de afirmações concretas, mas da afirmação no sentido de função de afirmar enquanto tal. Costuma-se considerar o afirmar como algo "acrescentado", por assim dizer, à apreensão das coisas, e um adicionado que consistiria numa espécie de interno "arrebatamento" intelectual em que a inteligência se "decide" a afirmar algo como real. Pois bem, nenhum dos dois caracteres (ser adicionado e ser arrebatamento) descreve com rigor preciso o que é afirmar, o que é o movimento intelectivo enquanto afirmação.

A) Em primeiro lugar, o afirmar como "acrescentado" à apreensão das coisas. Mas de que apreensão se trata? Se se trata das simples apreensões, então afirmar é certamente algo "mais", é muito "mais" que a simples apreensão. Mas é que o juízo não se ergue primariamente sobre simples apreensão, mas sobre apreensão primordial do real. Pois bem, afirmar é "mais" que simples apreensão, mas é "menos", muito "menos", que apreensão primordial de realidade. Toda e qualquer intelecção é atualização intelectiva do real, e, como vimos no capítulo 1, na apreensão primordial não só apreendemos algo como se fosse real, mas algo que é formal e efetivamente real e que é apreendido como real. E neste ser "real" do inteligido numa apreensão primordial, numa apreensão anterior a toda e qualquer afirmação, nisto "real", digo, é que se move intelectivamente a afirmação enquanto tal. A afirmação, com efeito, não surge senão quando se distende em distância, no campo do real, o já apreendido como real. A afirmação envolve formalmente, mas também *constitutivamente*, a própria impressão de realidade. É logos senciente por ser básica e formalmente constituído por impressão de realidade. Portanto, a afirmação não só não acrescenta nada à apreensão primordial de realidade, como é um modo deficitário (por ser "fundado") de estar intelectivamente no que já se inteligiu como real. É um modo distendido do já estar no real. É uma modalização da apreensão primordial. Por isso a afirmação, que em certos aspectos é um desdobramento, uma expansão, da apreensão primordial do real, é, no entanto, tudo isso – e para poder sê-lo – como algo fundado numa "redução" da apreensão primordial do real, porque é um modo distenso de atualização intelectiva do real. É essencial, a meu ver, sublinhar muito energicamente este caráter reduzido, distenso, do afirmar como modo de estar intelectivamente no real. Afirmar é atualização intelectiva em que se intelige algo que é real, mas em distância reversiva. É por isso que, em última instância, são falsas as concepções do juízo como "relação". A relação acrescenta, mas a afirmação não acrescenta nada; ao contrário, move-se distendidamente naquilo em que intelectivamente já se está. A afirmação não só não acrescenta nada, mas de certo modo subtrai, nesse modo de subtração que é a distensão. Todas essas tentativas de caracterizar o afirmar como algo acrescentado à apreensão, e como algo irredutível a ela, são, portanto, a meu ver, viciadas desde a raiz. Já a simples apreensão é uma retração, não do real, mas no real; e afirmar é um estar no real, mas inteligido nesta mesma distância, um estar distendido, isto é, de forma reduzida. A afirmação é irredutível à simples apreensão, mas não só não é irredutível à apreensão primordial, como intelige nela distendidamente; distendidamente, mas *nela*. É um modo reduzido e distendido na apreensão primordial de realidade, isto é, em algo já inteligido em sua realidade. A afirmação, é verdade, está formalmente na realidade, mas não porque afirmar seja o modo primário e radical de estar intelectivamente na realidade, mas sim porque afirmar é um modo reduzido e distenso dentro de um prévio estar intelectivo na realidade. Com isso não quero dizer que determinado juízo seja uma espécie de "contração" do que seria "o" julgar, mas me estou referindo à própria função de julgar enquanto tal. Não é só "um juízo", mas "o julgar" enquanto tal, o afirmar enquanto tal, que é uma forma reduzida de intelecção, uma redução e uma modalização dessa forma radical e primária de intelecção que é a apreensão primordial de realidade.

B) Ademais, porém, esta intelecção não só não é um acréscimo, mas tampouco consiste numa espécie de "arrebatamento intelectivo" que "decide" o que é o real; não se trata de lançar-se na água, por assim dizer, para comprometer-se com o que se considera ser real. Muito pelo contrário. Pensemos, mais uma vez, que não nos estamos referindo a afirmações concretas, mas à função de afirmar enquanto tal. Pois bem, a inteligência já está *formalmente* na realidade; portanto, não tem de se lançar à realidade, mas já se está movendo intelectivamente nela. A afirmação não consiste em nos instalarmos na realidade afirmando que algo é real, mas consiste em já estarmos firmes na realidade e inteligirmos se esta realidade é "assim" em realidade. É estarmos na realidade discernidamente em intelecção senciente. Se necessito afirmar, é porque o real em que estou é inteligido reversivamente em distância, e só por isso. Esta necessidade é esse momento intelectivo que chamei de "retenção".

Distendido no real, estou porém sempre retido no real pelo real mesmo. Por isso é que afirmar o real não é uma decisão ou um arrebatamento meu, mas, ao contrário, é um transcorrer dentro do real já inteligido efetiva e formalmente como real. É justamente o contrário do arrebatamento: é a atualização do real em forma retentora. Não é um "ir" para inteligir o real, mas um "inteligir o real indo" de um ponto a outro no campo. Não é, já o dizia, um ir de uma intelecção a outra, não é *intenção de intelecção*, mas um modo desta intelecção, uma *intenção intelectiva*. Enquanto tal, o que a afirmação tem de afirmação, isto é, o afirmar enquanto tal, deve ser entendido desde a atualidade do real, e não ao contrário, a atualidade do real desde a afirmação. Não é tanto "eu afirmo", mas antes o contrário: "afirma-se o real" em minha intelecção. Explico-me.

Certamente, afirmar é um movimento meu. Mas movimento não significa atividade espontânea minha. Toda intelecção, mesmo a apreensão primordial de realidade, é intelecção minha, e neste sentido a afirmação é minha também pelo mero fato de ser intelecção. Mas isso não significa que o movimento intelectivo por ser movimento seja uma atividade *espontânea* minha, porque a intelecção é formalmente ato e não atividade. A asseveração, sim, é atividade espontânea. Mas a intenção afirmativa enquanto tal, o afirmar enquanto tal, não o é. É movimento, mas um movimento imposto à inteligência pelo distanciamento do real em atualização diferencial. Sou realmente levado pelo real a afirmar. Conceituar a afirmação como um arrebatamento, isto é, como uma atividade espontânea, é lançar sobre o afirmar o que é próprio tão somente do asseverar. E as duas coisas são muito diferentes. Como eu dizia, há muitas maneiras de asseverar uma mesma afirmação. Mais ainda, a asseveração enquanto tal é possibilitada pela afirmação enquanto tal. A intenção afirmativa é, com efeito, distanciada e distensa, e é por isso que abre o âmbito mental da asseveração, o âmbito de folga, por assim dizer, da asseveração. A asseveração é atitude espontânea minha, mas essa espontaneidade é possível pela folga da afirmação, e só por ela. O que levou à confusão entre asseverar e afirmar foi o caráter dinâmico do afirmar. É que o movimento afirmativo, o dinamismo afirmativo, tem um caráter preciso: é um movimento na realidade, mas um movimento em tenteio; um tenteio da realidade e do que a coisa é em realidade. Por isso, este movimento é tudo menos um arrebatamento, porque é tudo menos uma atividade espontânea minha. Certamente, enquanto tenteio, este movimento me pertence, e neste sentido pode-se dizer que sou eu quem afirma. Mas este tenteio, ainda que seja um dinamismo meu, é um dinamismo meramente tão receptivo como podem ser o olhar, o apalpar, o escutar, etc. É movimento de minha intelecção, é um dinamismo dela, mas não é uma ação cuja intencionalidade resulte de uma ação minha, e sim de uma intenção dinâmica em que se encontra minha inteligência, e *consecutivamente* – destaco o vocábulo – minha mente. Neste sentido é que digo que não é tanto que eu afirme, mas antes que eu me encontre em intenção afirmativa.

C) Este tenteio na realidade tem um caráter e um nome precisos: é *discernimento*. O tenteio discernente é uma intelecção que é determinada em minha inteligência pela atualidade distanciada do real. A distância determina a distensão, e a distensão determina o discernimento: é pura e simplesmente a retentividade do real. O discernimento não é o modo de estar inteligindo, nem o modo de vir a estar intelectivamente na realidade, mas, ao contrário, é uma maneira de mover-se na realidade em que intelectivamente *já se está*. O discernimento, o *krínein*, é algo fundado na apreensão primordial, isto é, na intelecção radical do real enquanto real. É verdade que muitas e muitas vezes a inteligência afirma sem discernimento suficiente. Mas isto é uma questão diferente: ao falar da suficiência do discernimento, refiro-me ao que numa parte posterior chamarei de exigência evidencial do real, uma exigência que admite muitos graus. Afirma-se às vezes sem discernimento precisamente porque primariamente o discernir já nos é dado pelo real em tenteio: é um momento de intelecção senciente.

Definitivamente, a afirmação tem quatro momentos constitutivos seus, e constitutivos que são formais.

1º Em primeiro lugar, afirmar é estar intelectivamente no real, inteligi-lo formal e precisamente como real. Não é só conceber nem nada parecido. Este momento vem para a afirmação da apreensão primordial de realidade, vem-lhe da impressão de realidade. Afirmar não é uma função autônoma da inteligência, mas uma modalização da função intelectiva enquanto tal. É um modo de intelecção do real em sua física e formal atualidade de real, formalidade já inteligida em apreensão primordial. A afirmação não inova, não é o momento que nos submerge na realidade, mas é tão só uma modalização da intelecção de realidade em que já estamos submersos na apreensão primordial.

2º Esta modalização é intelecção em distância reversiva. Intelige-se distanciadamente em *intentum* o que algo é em realidade. Nesta distância, a intelecção vai voltando à coisa, intelige reversivamente o que ela é em realidade. É uma modalização, pois, da função intelectiva enquanto tal: o intentum fica modalizado em *intencionalidade*. É a intelecção em *intentum*. O intentum é um "ir para" [*ir hacia*], e seu inteligir é intencionalidade. Só esta conceituação da intencionalidade afirmativa como momento de um intentum noérgico constitui, a meu ver, o conceito adequado da essência do movimento afirmativo enquanto afirmativo: é a modalização da apreensão primordial em intelecção afirmativa.

3º Esta modalização não a determino eu, mas a determina a índole formalmente senciente de minha intelecção. Só porque minha inteligência é senciente, é que apreendo o real em dois modos de atualização: a atualização unitária e a atualização diferencial. Só esta última faz surgir o afirmar. Essa determinação não consiste numa espécie de impulso por afirmar, mas consiste, ao contrário, na própria atualidade do real em atualização diferencial. Não necessitamos lançar-nos ao real, senão que na apreensão primordial própria da atualização unitária já estamos inteligindo o real em sua física e formal atualidade de real. Em atualização diferencial, portanto, já estou na realidade, e só variou o modo como a coisa real se faz atual para mim na inteligência senciente: este modo de atualidade é atualidade em distância reversiva. E a atualização em distância reversiva do que o real é em realidade é o que formalmente constitui o afirmar. Afirmar não é um ato meu, mas um modo de já estar no real. O que é meu de alguma maneira é o discernir o que se afirma. Não é uma função alcançada processualmente; é algo certamente adquirido, mas pelo modo de atualização intelectiva do real enquanto real. Em última instância, afirmar é uma modulação da impressão de realidade.

4º Esta intencionalidade se constitui em *discernimento*, mas o discernimento não é o constitutivo formal da afirmação. A afirmação é aquilo em que o discernimento se dá, e tem de dar-se, mas afirmar enquanto afirmar não é discernir.

Em suma, a afirmação tem quatro momentos constitutivos:

a) Tem um momento de realidade efetiva do que se afirma como sendo real. É um momento que vem para o juízo da impressão de realidade, é algo dado em impressão de realidade.

b) Tem o momento afirmativo enquanto tal: é o modo de inteligir a realidade em distância num movimento de reversão "para" [*hacia*] o real, em intelecção intencional.

c) Tem o momento de ser atualização diferencial da realidade dentro da realidade. Nunca se esteve formalmente fora do real. Portanto, afirmar não é ir do não real para o real, mas ir do *real* para o que é "em realidade" pelo rodeio da irrealidade, é estar reduzindo a redução retroativa mesma por reversão. Esta redução da redução consiste formalmente, como veremos, no que chamei de "realização". É a essência do afirmar.

d) Tem o momento de discernimento do afirmado, o discernimento entre os muitos "seria" daquilo que é "é".

Pois bem, diferentemente da apreensão primordial de realidade, toda e qualquer afirmação, por ser distanciada, é intelecção dual. Envolve, portanto, em primeiro lugar algo de que se julga ou afirma, e em segundo lugar há o que formalmente se julga no juízo. Examinemos rapidamente estes dois pontos: de que se julga, e que é que se julga.

1. De que se julga

À primeira vista poder-se-ia pensar que se julga ser real algo que em simples apreensão se apreendeu como irreal: pensar-se-ia que o que "seria" real se julga como algo que o "é". Portanto, aquilo de que se julga seria o conteúdo de uma simples apreensão, algo irreal. No entanto, isso não é exato. Aquilo sobre o que se julga é algo previamente apreendido como real. Precisamente por isso é que a intelecção afirmativa é constitutivamente dual. Pressupõe e leva em seu seio a intelecção de algo como já real. Que se afirma, então, se a coisa já é real? Vê-lo-emos em seguida. Mas, conquanto a filosofia habitualmente não tenha reparado nisso, é preciso entender que aquilo de que se afirma não é algo possível ou irreal, mas algo perfeitamente real.

Isso é evidente em afirmações que recaem sobre coisas reais. Por exemplo, ao dizer que esta água está quente ou ferve, pressupõe-se que aquilo de que se julga, esta água, é real. E isso é verdade mesmo quando se inteligem coisas-sentido. Coisa-sentido não é formalmente coisa-realidade, mas toda coisa-sentido leva em seu seio uma coisa-realidade. Uma mesa não é coisa real enquanto mesa, mas coisa-sentido. A mesa, porém, não seria mesa se não fosse mesa em e por uma coisa-realidade. Pois bem, posso emitir afirmações sobre a mesa, mas é graças ao fato de mesa ser o sentido de uma coisa-realidade, como, por exemplo, de uma coisa que tem determinado tamanho, determinada forma, etc. Dir-se-á que há muitíssimos juízos que não se enquadram neste caso porque recaem sobre coisas que não são reais: é o caso de todos os juízos da matemática, e também dos inumeráveis juízos que intervêm num relato de ficção, como, por exemplo, num romance. Todo e qualquer relato de ficção contém juízos, ainda que aquilo de que se afirmem seja fingido. Parece, pois, não ser evidente que aquilo de que se julga seja forçosamente uma realidade já apreendida em apreensão primordial. No entanto, nada disso invalida o que acabo de dizer. É verdade que um espaço geométrico ou Don Juan não são coisas reais da mesma forma que um copo d'água. Mas funcionam, por assim dizer, como algo pura e simplesmente não real? De maneira alguma. Examinemos os dois exemplos sucessivamente.

a) Comecemos pelo *espaço geométrico*. Nenhum espaço geométrico, a começar pelo próprio espaço euclidiano, é enquanto geométrico um espaço físico. No entanto, um espaço geométrico não é um mero conceito nem uma síntese de conceitos. Se assim fosse, esse espaço não passaria do que o espaço "seria". Pois bem, a matemática não trata de espaços que "seriam", mas de espaços que "são", e os estuda muito arduamente. Isso significa que os conceitos, simples apreensões do que os espaços "seriam", se tornam conceitos de algo que "é". Como? Os conceitos tornam-se conceitos de algo que "é" graças a um sistema de postulados.

Que são estes postulados, ou seja, o que é que os postulados postulam? Esta é a questão. A meu ver, os postulados não postulam "verdade", quer dizer, não pedem que se admita meramente sua verdade. Se assim fosse, a matemática seria pura e simplesmente uma combinação de verdades: no fundo, uma promoção da lógica. Assim pensaram mil vezes eminentes e até geniais matemáticos. Mas isto não obsta a que não seja assim. A matemática não é um sistema de verdades necessárias e meramente coerentes entre si de acordo com os "princípios" da lógica, mas um sistema de verdades necessárias acerca de um objeto que, a seu modo, tem realidade ante a inteligência. O que os postulados postulam não é "verdade", mas "realidade"; o postulado é a realidade do que se postula. Se se quiser falar de verdades, será preciso dizer que os postulados enunciam a "verdade real" do postulado. Ou seja, os postulados não são meros enunciados lógicos, mas enunciados dos caracteres que o "conteúdo" da "realidade" do postulado tem. A "postulação" funda-se no "seria" e consiste formalmente em sua transformação em "é" graças à postulação da realidade. Esta transformação, como veremos no Apêndice seguinte, é formalmente *construção*.

b) Consideremos agora o outro caso, os relatos de uma obra de ficção. Uma ficção, já o vimos, é como "seria" o real em realidade. Todavia, um romance, por exemplo, não nos diz o que "seria a realidade", mas a seu modo, romanceadamente, nos diz o que "é realidade". Por isso o romance está cheio de propriedades ou notas muito diferentes das que inicialmente se atribuíram a seus personagens ou a suas situações. É que o romanceado, pelo fato de ser romanceado *na realidade*, tem mais propriedades que as formalmente enunciadas a princípio. Assim, pode-se discutir perfeitamente sobre se esse personagem de ficção que é Don Juan é ou não um personagem afeminado. Em termos gerais, um romancista sente que seus personagens se impõem a ele, o conduzem, o impelem, etc., em virtude de propriedades que eles têm por terem sido realizados inicialmente em determinadas situações. O que nos indica que aquilo que os juízos de ficção julgam não é certamente determinada pessoa, como, por exemplo, um cidadão qualquer de Sevilha, mas algo para além do "como seria": "é assim". Este "é" expressa uma realidade não como a desta pedra, mas realidade. A esta realidade se referem todos os juízos do relato de ficção. Esta realidade é dada em impressão de realidade por esta mesma pedra. O romancista constrói por criação nesta realidade determinados "segundo fictos". Essa é toda a diferença entre romance e matemática. Ambos são construções de realidade, mas na matemática se constrói "segundo conceitos" (vê-lo-emos em seguida), enquanto no romance se constrói "segundo fictos e perceptos". Certamente o romance tem muitos conceitos, mas não é construído segundo conceitos. O romance enquanto tal não está formalmente na criação da realidade dos fictos, mas na construção do conteúdo n*a* realidade segundo esses fictos. O romance não se refere à ficção, mas à realidade construída segundo fictos.

c) Se tomarmos "ao mesmo tempo" os juízos da matemática e os juízos da literatura de ficção, facilmente conseguiremos ver que em todos eles aquilo de que se julga é "algo real". Os conceitos, os fictos e os perceptos são simples apreensões: expressam o que o real "seria", isto é, inscrevem-se formal e explicitamente n*a* realidade, mas n*a* realidade não enquanto termina em determinado conteúdo, mas enquanto terminaria nele, quer dizer, expressam não o que "é", mas o que "seria". Por isso dizemos que esta simples apreensão expressa algo irreal. Não necessito insistir mais nisso depois do dito páginas atrás. Pois bem, os juízos da matemática ou da literatura de ficção não recaem sobre algo formalmente "irreal"; recaem sobre algo irreal mas "realizado": consideram que a realidade termina efetivamente nisto ou naquilo. Este terminar "determinado" é o que de maneira unitária, usando um vocábulo tomado da matemática, chamo de postular. O irreal, sem deixar de sê-lo, adquire realidade postulada. Quando o modo de realização é construção, temos então a realidade tanto do matemático como do fictício. As afirmações da matemática e da literatura de ficção recaem, assim, sobre um irreal realizado por postulação construtiva, seja em forma de construção segundo conceitos (matemática), seja em forma de construção segundo perceptos e fictos (literatura de ficção). A inteligência não se limita, pois, a apreender o que "já está" nela, mas realiza nela, ou melhor, *diante d*ela, seus conceitos, seus fictos e seus perceptos. O inteligido não "está" então diante da inteligência, mas é algo "realizado" por ela diante dela. Certamente se pode realizar sem construir; é o caso da maioria dos juízos cujo conteúdo é realizado no real, mas sem construção. O que não se pode é construir sem realizar. Daí a inevitável consequência de o real, quando está postuladamente realizado, apesar de o estar segundo determinados conceitos ou fictos ou perceptos, ter, uma vez realizado (como veremos), mais notas próprias que as que estão incluídas *formalmente* nos conceitos, nos fictos e nos perceptos. Desta realidade realizada por postulação construtiva é que partem a matemática e a literatura de ficção para seus juízos.

Assim, portanto, todo juízo, toda afirmação o é de algo real pressuposto como tal para a afirmação mesma. Quando as coisas são reais em e por si mesmas, aquela pressuposição é formalmente a apreensão primordial de realidade. Quando as coisas são reais, mas realizadas construtivamente, então a pressuposição é formalmente postulação. A postulação só é possível por estar intrínseca e formalmente fundada na apreensão primordial de realidade. Portanto, a estrutura primária e radical do juízo é ser uma afirmação de uma coisa *já* apreendida como real (em apreensão primordial), mas segundo seu momento formalmente campal. Em virtude disso, um juízo não é uma intelecção imediata de algo real, mas uma intelecção modalizada daquela apreensão, daquela intelecção direta e imediata: é intelecção em reversão distanciada. Que se julga nesta intelecção?

Antes de entrar nesta questão, não será supérfluo conceituar com maior precisão o que é postuladamente esta realidade da matemática. O juízo pressupõe, portanto, a apreensão primordial de realidade. Mas, insisto, não se trata de uma pressuposição de índole processual, quer dizer, não se trata de que *antes* de se julgar se apreende realidade, mas de que esta realidade apreendida antes de se julgar se mantém como momento formalmente constitutivo do próprio juízo enquanto tal.

Apêndice
A realidade dos objetos matemáticos

Vimos que a matemática é composta de juízos que recaem sobre algo que é real por postulação. E então surge uma inevitável questão: que é o postular mesmo do real matemático? Eu antes dizia que a postulação é postulação de realidade; agora nos perguntamos em que consiste esta postulação mesma. Disso depende que tipo de realidade têm os objetos matemáticos.

Dito negativamente, a realidade dos objetos matemáticos não é, por exemplo, como a desta pedra, porque esta pedra é algo real em e por si mesma. Em contrapartida, um espaço não é real em e por si mesmo, mas nem por isso deixa de ser real. É que, como vimos detidamente, realidade e conteúdo não são a mesma coisa. Na atualização diferencial do real, o momento de formalidade da realidade campal é formalmente diferente do momento de conteúdo; no entanto, aquela formalidade é sempre realidade física: uma mesma formalidade de realidade pode alojar diferentes conteúdos não só simultaneamente, mas também sucessivamente. Assim, se a cor desta pedra muda, o conteúdo desta apreensão variou, mas seu momento de realidade conservou-se numericamente idêntico. Donde o evidenciar-se-nos que nestas condições "a" realidade física é um momento que não tem forçosamente tal conteúdo determinado. A realidade campal é, com efeito, como vimos, o "de seu" autonomizado. Não é um pélago em que estivessem submersas as coisas, mas é pura e simplesmente o momento campal próprio da formalidade de realidade de cada coisa real; e acabamos de ver que segundo este momento cada coisa real é mais do que ela é em razão de seu conteúdo. Este momento do "mais" é "a" realidade. "A" realidade, portanto, é um momento físico e não meramente conceptivo. Precisamente por ser "mais" é que pode não ter tal conteúdo determinado, isto é, pode ter outro. Nestas condições: 1º o "mais" fica *atualizado* nos conceitos, nas simples apreensões, e 2º estes conceitos ficam então *realizados* como conteúdo do "mais". A unidade desses dois momentos é, como vimos, o objeto irreal expresso no "seria". Pois bem, quando se postula que o objeto "é assim", então se passou *postuladamente* do "seria" para o "é". Temos "a" realidade atualizada na intelecção, e a realização do concebido, mas realizado como coisa livre. Coisa livre é a realidade física com um livre conteúdo postulado. Tais são os objetos matemáticos: são objetos reais constituídos no momento físico da realidade campal, a mesma realidade segundo a qual são reais as coisas como esta pedra. O momento de realidade é idêntico em ambos os casos; o que não é idêntico é seu conteúdo e seu modo de realidade. A pedra tem realidade em e por si mesma, enquanto o círculo tem realidade somente por postulação. No entanto, o momento de realidade é idêntico. A realidade dos objetos matemáticos é o "mais", esse mesmo "mais" de toda coisa real em e por si mesma. E precisamente por ser um "mais" é que se presta a ter livre conteúdo por postulação. Como são constituídos os objetos matemáticos por postulação, já o direi.

Agora urge recordar o que já expus na Primeira Parte da obra: realidade não é sinônimo de existência. Existência e notas pertencem tão somente ao conteúdo do real; em contrapartida, a formalidade de realidade consiste em que esse conteúdo existencial e de notas o seja "de seu". Uma existência que não concernisse "de seu" ao existente não faria dele algo real, mas espectral. Existência e notas, repito, pertencem somente ao conteúdo do real. Pois bem, o momento de realidade campal é o momento de formalidade do "de seu" autonomizado quando as coisas são apreendidas umas entre outras; quer dizer, o momento de realidade é então *âmbito de realidade*, um âmbito estrita e rigorosamente físico. "A" realidade campal é "física", mas não é formalmente existente. Certamente, se o conteúdo não fosse existente, o apreendido não seria real, mas tampouco o seria se não tivesse tais notas determinadas; quer dizer, não há realidade sem conteúdo (existencial e de notas). O que sucede é que há "realidade campal", um "de seu" campal, mas sem *este determinado* conteúdo, quer dizer, sem tais notas determinadas e sem sua determinada existência. O momento campal é o "de seu", mas de forma tal que o "si" deste "de seu" fica livre. Ficam livres tanto as notas como sua existência, mas *permanece* o "de seu" como momento formal de realidade. A impossibilidade de que sem existência haja realidade não significa que realidade seja existência; significa somente, como acabo de dizer, que, sendo "realidade" uma formalidade, não pode haver um "de seu" sem um conteúdo de notas e de existência. Estas notas e esta existência são o que o postulado postula para a realidade: são notas e existência realizadas tão só postuladamente na realidade. Em virtude disso, as notas ou propriedades, bem como sua existência, são notas e existência postuladas, mas estas notas e esta existência são reais tão só por livre postulação na realidade, no "de seu". Acrescento para maior clareza que, quando na matemática se formula um teorema de existência (por exemplo, a existência de uma raiz em toda equação algébrica, ou de uma integral em uma equação diferencial ordinária, ou a não existência de uma equação algébrica que tenha como raiz o número e), existência significa a nua realização de uma nota em virtude da realização de outras notas. Como a nua realização dessas notas envolve uma existência postulada, então é a nua realização do conteúdo o que com toda a razão é chamado de existência matemática. É sempre questão de realização, mas não no sentido de identificar realidade e existência física em e por si mesma.

Em conclusão, a atualização da realidade na intelecção deixa livre seu conteúdo. E então o que o postulado postula é que tal conteúdo determinado (por exemplo, o paralelismo euclidiano ou a topologia não arquimediana), tanto em suas notas como em sua existência, é o que se realiza na realidade, no "mais", nesta mesma realidade física segundo a qual esta pedra é real. Este conteúdo assim realizado é, como já dissemos, "coisa livre". O espaço geométrico é real com a mesma realidade segundo a qual esta pedra é real. Não é um mero conceito, mas é realidade livremente realizada: livre, mas real; real, mas livre. Esta postulação postula portanto que "a" realidade se realiza em tal conteúdo: postula-se esta realização.

O modo matemático desta postulação é o que aqui chamo de construção. O espaço geométrico não é um sistema de conceitos objetivos, mas *a construção realiza* postuladamente estes conceitos objetivos. Construir não é só fazer de algo termo intencional e irreal (isso seria questão de simples conteúdo), mas consiste em projetar esse irreal do conceito sobre "a" realidade "segundo conceitos". Portanto, construção é um modo de realização: é realizar segundo conceitos.

É preciso evitar aqui dois possíveis equívocos nesta ideia de construção: a construção no sentido de Gödel e a construção no sentido de Brouwer.

Gödel chama de construir um conjunto o gerá-lo segundo a aplicação iterada de certas operações axiomaticamente *definidas* nos axiomas de Zermelo-Fraenkel. É essencial sublinhar: trata-se de operações "definidas" como tais e não do procedimento para levá-las a efeito. Estes conjuntos são os que Gödel chamou de *construíveis*. Seu discípulo Cohen (1963) apoiou-se em conjuntos não construíveis neste sentido. Os elementos de todo conjunto têm, com efeito, duas classes de propriedades. Umas, que são *específicas*, as que correspondem aos postulados e axiomas operacionais a que acabo de me referir. Outras propriedades são antes *genéricas*, em virtude das quais formam um conjunto deixando indeterminadas as propriedades específicas, as quais "forçarão" as propriedades genéricas a especificar-se. Os conjuntos obtidos assim, com caracteres meramente genéricos, são por definição *não construídos*. Cohen se apoia (para sua sensacional descoberta da falsidade da hipótese do contínuo de Cantor) nestes conjuntos não construíveis. Isso parece contradizer o que acabo de expor ao afirmar que tudo na matemática é construído. No entanto, esta contradição não é senão aparente, porque o que aqui chamo de construção é algo diferente. Em primeiro lugar, porque o que Gödel e Cohen constroem é, no fundo, o *conceito objetivo* tanto específico quanto genérico. Mas, em contrapartida, a construção a que me refiro consiste em *realizar* diante de minha inteligência um conceito já construído objetivamente (tanto se é construível como se não é). E neste sentido a própria realização pode e deve chamar-se construção. É pois algo muito diferente da construção no sentido de Gödel e Cohen. Tanto os conjuntos construíveis quanto os não construíveis são construídos no sentido de realizados diante de minha inteligência. Em segundo lugar, esta realização é a construção de um conteúdo na realidade física, é uma realização intelectivamente livre na física realidade: é justamente postular. E esta construção assim postulada é construção do conteúdo na realidade física. Os conjuntos de Gödel e Cohen são construídos (em meu conceito de construção) na realidade física. Então, a construção mesma não concerne formalmente aos conceitos, não é uma construção "conceptiva"; é uma realização na realidade física, mas "segundo conceitos"; duas coisas completamente diferentes. E, neste sentido, todo e qualquer objeto matemático é construído postuladamente. Por isso é que o objeto assim construído é uma estrita realidade que pode ter propriedades ou notas "suas", "próprias", e não só propriedades "deduzidas" dos axiomas e postulados. Não se trata de propriedades deduzidas, mas de propriedades que já estão formalmente no objeto. Os objetos matemáticos têm suas propriedades "de seu", quer dizer, são reais. É que o objeto real postuladamente realizado segundo conceitos tem, por estar realizado, mais notas ou propriedades que as definidas em sua postulação. Por isso e só por isso é que apresenta problemas que podem não ser solúveis com o sistema finito de axiomas e postulados que definiram sua realização. O construído na realidade é, por estar realizado, algo mais que o postulado ao se realizar. É a meu ver o alcance do teorema de Gödel. Não se trata de uma limitação intrínseca às afirmações axiomáticas e postuladas enquanto afirmações – essa é a interpretação usual desse teorema –, mas sim de que evidencia diante da inteligência o caráter de realidade do construído segundo os axiomas e postulados em questão. Não é, portanto, a insuficiência intrínseca de um sistema de postulados, mas a radical originalidade do construído por ser real; uma realidade que não se esgota no que dela se postulou. Este objeto não é uma coisa real em e por si mesma, como o é esta pedra. Mas não é só o que o "real seria", e sim o que postulada e construidamente "é real". É, a meu ver, a interpretação do teorema de Gödel. Os juízos da matemática são portanto juízos de algo real, juízos do "real postulado". Não são juízos acerca do "ser possível", mas juízos acerca da "realidade postulada".

Esta conceituação da realidade matemática por construção não é, pois, um axiomatismo formalista, mas tampouco é, nem remotamente, o que se apresentou como oposição rigorosa a este axiomatismo: o intuicionismo, sobretudo o de Brouwer. É o outro conceito de construção que é preciso eliminar neste problema. Para o intuicionismo, construir matematicamente não é o mesmo que definir e construir conceitos. O intuicionismo rejeita a ideia de que a matemática se funda na lógica; uma demonstração que apela para o princípio lógico do *tertio excluso* não é para Brouwer uma demonstração matemática. A matemática não é um sistema de conceitos e de operações *definidas*. A operação, se há de ser matemática, há de ser operação *executada*, e portanto operação composta de passos finitos. Certamente a matemática não se ocupa unicamente de conjuntos finitos; ocupa-se, por exemplo, dos infinitos decimais que compõem um número real. É verdade que a matemática não pode executar de fato todas as operações necessárias para obter um número irracional, porque os passos que teria de dar teriam de ser infinitos. Mas pode dar-se, sim, e se dá, uma lei ou uma regra para se irem executando as operações "indefinidamente". O objeto da matemática seriam, portanto, os conjuntos finitos como termo de operações executadas sobre eles. O intuicionismo é radicalmente um finitismo. A maioria dos matemáticos rejeitou por isso a ideia de Brouwer, apesar de suas geniais contribuições para a topologia, porque amputar o infinito atual seria para eles anular um enorme pedaço do edifício matemático. Brouwer, diz-se-nos, se fosse consequente consigo mesmo, ver-se-ia forçado a dar por inválida uma parte enorme da análise infinitesimal. Mas não nos ocupemos deste aspecto da questão, porque no nosso problema o essencial está em que o intuicionismo pretende opor-se ao axiomatismo formalista opondo às definições axiomáticas as operações executadas. É, no fundo, a aplicação daquela ideia de Kronencker segundo a qual Deus criou o número inteiro, e o restante foi criado pelos homens. O número inteiro seria um dado da intuição, e por conseguinte construir se reduziria em última instância a contar o dado. Não basta definir.

Mas essa conceituação não é sustentável porque nem os conjuntos – por finitos que sejam – são formalmente intuitivos, nem as operações executadas sobre eles constituem o radical do que entendo por construção matemática.

Em primeiro lugar, o conjunto finito de Brouwer não é intuitivo. Deixando para outra parte do livro os problemas que a intuição apresenta, digamos desde já que intuição é a "visão" de algo dado imediatamente, diretamente, unitariamente. Na intuição tenho a diversidade qualitativa e quantitativa do dado, mas nunca tenho um conjunto. Não há estritos conjuntos intuitivos. Porque para ter um conjunto preciso considerar isoladamente, por assim dizer, os momentos da diversidade intuitiva como "elementos". Só então sua unidade constitui um conjunto. Conjunto matemático é sempre e somente conjunto de elementos. Mas então é claro que nenhum conjunto, nem sequer sendo finito, é intuitivo. Porque a intuição não dá senão "*diversidade de momentos*", mas jamais nos dá "*conjunto de elementos*". Para se ter um conjunto, é preciso um ato ulterior de intelecção que faça dos momentos elementos. É preciso, portanto, uma construção. O chamado conjunto finito, supostamente dado na intuição, não é senão a aplicação do conjunto já construído intelectivamente com a diversidade do dado. Esta aplicação é justamente uma postulação: postula-se que o dado se resolve num conjunto. Por conseguinte, rigorosamente falando, não se pode chamar de intuicionismo a matemática de Brouwer. O conjunto de Brouwer não é intuitivo; é o conteúdo objetivo de um conceito de conjunto que se "aplica" ao intuitivo.

Em segundo lugar, a própria construção do conjunto não é radicalmente um sistema de operações executadas. Digo "radicalmente" porque a execução de operações não é o primário do que chamei de construção. O conjunto finito é conteúdo de conceitos objetivos. Por isso as operações executadas sobre este conteúdo são operações tão executadas quanto se quiser, mas sempre executadas sobre conteúdos objetivos de conceitos. Finitos ou não, os conjuntos de que se ocupa a matemática de

Brouwer e as operações sobre eles executadas são conjuntos e operações conceptivas. E por isso não são suficientes, a meu ver, para fundamentar o objeto matemático: a matemática não trata de "conceitos objetivos", mas de "coisas que são assim". O que entendo por construção é algo diferente. Certamente não é uma construção de conceitos objetivos por mera definição, nem é uma série de operações executadas no sentido de Brouwer, porque essas operações de Brouwer, repito, são operações sobre conceitos objetivos. E neste ponto a matemática de Brouwer não difere da de Gödel e Cohen. Refiro-me a que construir não é executar operações objetivas, mas projetar diante de minha inteligência este conteúdo objetivo na realidade física. E esta realidade não é dada em intuição, mas em apreensão primordial de realidade; é dada impressivamente. Como esta realidade não tem conteúdo determinado, posso projetar livremente sobre ela o conteúdo do objetivamente construído operacionalmente. Esta projeção, e não a operação, é a construção matemática. O objeto matemático, ainda que seja finito, e ainda que a operação que objetivamente produza seu conteúdo seja executada, tem no entanto uma radical realidade própria, a realidade física impressivamente sentida em apreensão primordial. E isto é a construção. O conjunto finito de Brouwer não só não é intuitivo, mas é resultado de uma dupla postulação: o postulado de que ao intuitivamente dado é aplicável um conjunto de elementos, e o postulado de conferir à realidade o conteúdo do conceito objetivo (operacionalmente construído) de conjunto. O objeto matemático não é intuído, mas apreendido em apreensão primordial, duas coisas completamente diferentes como veremos. A livre criação projetada nessa dupla postulação é intrínseca e formalmente senciente. Só uma inteligência senciente pode, por exemplo, não sentir o conteúdo de um conjunto contínuo, isto é, o conjunto dos números irracionais, e no entanto realizar livremente este conteúdo (conceituado seja por meras definições, seja por operações executadas) de modo senciente. O objeto matemático, ainda que seja finito, e ainda que a operação que o produza seja executada, tem, repito, uma realidade própria, a realidade física impressivamente sentida em apreensão primordial. E isto é sua construção.

Definitivamente, ser construído: 1º não é ser *definido* no sentido de Gödel e Cohen, e 2º não é ser *executado* no sentido de Brouwer. A oposição entre o axiomatismo formalista e o intuicionismo é um problema interno à matemática, e como tal não concerne à filosofia. Para esta, o problema reside em conceituar a realidade do matemático. E deste ponto de vista axiomatismo formalista e intuicionismo não se opõem, porque ambos consistem tão somente na determinação de conteúdos objetivos de conceitos. Pois bem, construir é outra coisa; é criar, é projetar livremente n*a* realidade física um conteúdo segundo conceitos. Postular é postular realidade. Sem esta construção e postulação radical e primária, seriam impossíveis tanto os axiomas de Zermelo-Fraenkel e os conjuntos de Cohen como o intuicionismo de Brouwer.

A construção matemática é sempre, portanto, um ato de inteligência senciente. E, portanto, o objeto matemático tem realidade postulada. Não é um conceito objetivo de realidade, mas *realidade em conceito*. É, insisto, a realidade mesma de qualquer coisa real sencientemente apreendida, mas com um conteúdo livremente construído na referida realidade segundo conceitos. O postulado, repito, não são verdades lógicas nem operações executadas, mas o conteúdo do real (já definido ou executado) em construção e por construção postulada. O objeto matemático não é constituído pelos postulados, mas os postulados definem a "construção" ante a inteligência daquilo cuja realização se postula, e que por esta postulação adquire realidade.

Os objetos da matemática são "objetos reais", são objetos na realidade, nesta mesma realidade das pedras ou dos astros; a diferença está em que os objetos matemáticos são postuladamente construídos em seu conteúdo. A pedra é uma realidade em e por si mesma; um espaço geométrico ou um número irracional são realidade livremente postulada. É usual chamar o objeto da matemática de "objeto ideal". Mas não há objetos ideais; os objetos matemáticos são reais. Isso não significa, repito insistentemente, que os objetos matemáticos existam como existem as pedras, mas a diferença entre aqueles e estas concerne tão somente ao conteúdo, um conteúdo no primeiro caso dado, livremente postulado na realidade no segundo. Portanto, os objetos matemáticos não têm existência ideal, mas somente existência postulada; postulada, mas n*a* realidade. O que sucede é que seu conteúdo: 1º é construído e 2º é construído segundo conceitos. O que tão impropriamente é chamado de ideal é o real construído segundo conceitos. Tanto a existência quanto as propriedades são postuladamente construídas n*a* realidade. Portanto, um objeto matemático não é real por sua mera definição nem por sua execução, nem é um objeto real em e por si mesmo como as coisas apreendidas em impressão sensível. É algo real por um postulado que realiza um conteúdo (notas e existência) livremente determinado graças à postulação.

Como o momento de realidade é justamente o "mais" de cada coisa real sentida, sucede que todo e qualquer objeto matemático está inscrito na formalidade de realidade dada em impressão. Ou seja, é termo de uma intelecção senciente. Não se trata de que um espaço geométrico ou um número irracional sejam sentidos como se sente uma cor; esses objetos evidentemente não são *sensíveis*. Trata-se de que o modo de intelecção de um número irracional ou de um espaço geométrico é *senciente*. E assim o é: 1º porque se inteligem postuladamente num campo de realidade, isto é, na formalidade dada em impressão de realidade; e 2º porque sua própria construção não é mera conceituação, mas realização, quer dizer, algo levado a cabo sencientemente. Sem que se sinta o objeto matemático, não se pode construir a matemática. Aqui se toca com o dedo em toda a diferença entre inteligência sensível e inteligência senciente de que falei extensamente na Primeira Parte desta obra. A inteligência sensível intelige apoiada nos sentidos; a inteligência senciente intelige sencientemente tudo, tanto o sensível como o não sensível. O objeto matemático é real com um conteúdo livremente construído na realidade física dada em impressão, e esta sua construção é a postulação.

A própria ciência matemática enunciou entre outras coisas dois teoremas cuja essência, a meu ver, é, como eu disse, a anterioridade da realidade com respeito à verdade. O teorema de Gödel, segundo o qual o construído por postulação tem "de seu" mais propriedades do que as formalmente postuladas, expressa a meu ver que o postulado é antes realidade que verdade. E o teorema (chamemos desse modo a teoria não cantoriana de conjuntos) de Cohen: os conjuntos não são somente sistemas de elementos determinados por postulação precisa, senão que há, antes disso, conjuntos que ele chama de genéricos e que a meu ver não são genéricos, mas a simples realização do conjunto, sem as propriedades específicas determinadas pela postulação. As propriedades postuladas mesmas são então antes reais que verdadeiras. A especificação não é aqui uma diferença lógica, mas uma determinação real. É a realidade do conjunto antes que a verdade axiomática postulada. A meu ver, este é o sentido essencial dos teoremas de Gödel e Cohen: a anterioridade do real sobre o verdadeiro na matemática.

2. O que se julga

Em qualquer juízo, como vimos, julga-se sobre a coisa real, e julga-se dela na realidade. Dizia eu que a afirmação é uma intelecção dual porque a mesma coisa real é inteligida duas vezes: uma, como aquilo de que se julga, e outra, como aquilo que dela se afirma. Esta dualidade da intelecção afirmativa se apoia numa dimensão mais profunda. Como toda e qualquer coisa real tem um momento de realidade individual e um momento de realidade campal, quando se intelige uma coisa real "entre" outras, esses dois momentos ficam diferenciados e de certo modo distanciados: é uma dimensão da dualidade do próprio inteligido. O que nos impele e situa no campo da realidade é justamente a apreensão primordial de realidade daquilo de que se julga.

E é neste campo que transcorre o movimento intelectivo. Aquilo de que neste movimento se afirma é a coisa real já apreendida em apreensão primordial de realidade. Aquilo em que se move a afirmação é "a" realidade (é o meio da afirmação). Ao contrário do que se costuma dizer monotonamente, julgar não é afirmar *a* realidade, mas afirmar *na* realidade. Antes de julgarmos e para podermos julgar, já estamos intelectivamente n*a* realidade. A função d*a* realidade não é parte constitutiva do próprio juízo, porque *a* realidade também é, como vimos, um momento da simples apreensão. "A" realidade é anterior a qualquer movimento intelectivo tanto de simples apreensão como de afirmação. "A" realidade não é, pois, um correlato da afirmação, mas formalidade de toda e qualquer apreensão intelectiva, seja ou não judicante. A intelecção judicante é movimento intelectivo, e este movimento intelectivo n*a* realidade é "realização". Ao se julgar, realiza-se "a" realidade na coisa real já apreendida, quer dizer, julga-se da terminação d*a* realidade nesta coisa: julga-se aquilo que é o real. Pois bem, com isso "a" realidade se reintegra, de certo modo contra toda e qualquer distância, à coisa real, à sua formalidade individual de realidade. Portanto, esta reintegração é o estabelecimento *formal* da unidade do campal e do individual. E esta unidade formal é justamente o que a coisa já apreendida como real é "em realidade": a saber, seu "isto, como, quê". Portanto, aquilo que se julga é o que a coisa real já apreendida como real é em realidade. Julgar é afirmar o que a coisa já apreendida como real é em realidade.

Suposto isso, insistamos um pouco mais detidamente nesta intenção afirmativa do juízo. O que se afirma, digo, é a realização (de algo simplesmente apreendido) nesta coisa real como real; isto é, volta-se à coisa real n*a* realidade. Pois bem, "a" realidade é aquilo a que, impelidos pela coisa real já apreendida em apreensão primordial, fomos em retração elaborando uma simples apreensão. Portanto, "a" realidade tem todo o conteúdo irreal do simplesmente apreendido. Em virtude disso, realização na coisa real é realização nela do simplesmente apreendido como irreal.

O que a coisa real é "em realidade" vem expresso pela realização da simples apreensão na coisa real.

O impropriamente chamado "sujeito" do juízo é aquilo real de que se julga. Não é propriamente "sujeito", mas "objeto" do juízo. O que se julga é a realização da simples apreensão no objeto, isto é, no real. Julgar não é, portanto, atribuir um conceito a outro, mas realizar um conceito, um ficto ou um percepto na coisa real já apreendida como real em apreensão primordial. Afirmação é a fase do movimento intelectivo oposta à retração. Na retração vai-se dentro do real dado para o irreal apreendido em simples apreensão, para o que a coisa real "seria" em realidade. Na afirmação vai-se do que a coisa "seria" para o que a coisa "é". Agora, não se trata de uma realização em postulação construtiva, mas de uma realização da simples apreensão enquanto tal na apreensão primordial. Esta realização é o juízo. Julgar não é, por exemplo, apreender que é real esta coisa que chamamos de um homem, nem é apreender o que é esse homem (o que não é senão apreender o que "seria" esta coisa); julgar é afirmar que o que "seria" ser homem está realizado nesta coisa real que chamamos de homem, quer dizer, esta coisa real que chamamos de homem é em realidade o que entendemos por homem. E isto não é uma tautologia. Porque o conceito de homem não é unívoco, mas depende daquele, livremente escolhido, de que se parte para concebê-lo. Não é a mesma coisa partir da escala zoológica e partir da capacidade fabril (por exemplo, do australopiteco ou do *homo habilis*), nem partir da organização social e partir dos modos e das formas gerais do real, etc. Daí que o que em realidade é esta coisa que chamamos de homem, por ser realização de um conceito, é novamente inteligido com respeito à apreensão primordial de realidade em cada caso.

Toda afirmação é intelecção dinâmica reversiva do distanciamento de algo já apreendido numa apreensão primordial, um dinamismo que transcorre na realidade e cujo termo consiste em inteligir que é em realidade isso que já havíamos inteligido como real.

Isso nos esclarece bastante dois pontos. Primeiramente, o mundo real, isto é, o sistema de coisas reais enquanto reais, não consiste em ser o sistema de que os juízos verdadeiros afirmam. O sistema das coisas reais enquanto reais não consiste em ser correlato do afirmado, mas é o sistema inteligido em minhas apreensões primordiais de realidade, o sistema dado nelas. A realidade é sempre anterior à afirmação. E, segundo, o afirmar enquanto tal é a intelecção distensa e reversiva do real desde o campo de realidade.

Esta estrutura faz do julgar algo essencialmente dependente da forma como a apreensão primordial se faz termo da afirmação. A maneira como a apreensão primordial fica constituída em termo da afirmação é o que chamo de forma de afirmação. Depois de termos visto o que é afirmar, perguntamo-nos agora, portanto, quais são as formas da afirmação enquanto tal.

§ 2. Formas da afirmação

Ao falar de formas do juízo, não me refiro à divisão clássica dos juízos segundo a qualidade, a quantidade, a relação ou a modalidade, divisão canonizada por Kant. Porque todos esses tipos de juízo não são senão formas de um só tipo de juízo, a saber, o juízo como predicação. Pois bem, a afirmação enquanto tal não é predicação. Há, como veremos, formas de juízo rigorosamente antepredicativas. No juízo predicativo, aquilo de que se julga desempenha uma função precisa: a de ser sujeito do juízo. Mas não é esta a função única, nem sequer a função primária da realidade de que se julga. Chamo aqui de formas de juízo a diversidade de juízos segundo a função que neles desempenha aquilo de que se julga, isto é, as diversas formas segundo as quais a coisa já apreendida é termo da intelecção afirmativa. A função predicativa é somente uma delas. Mas há outras: há juízos em que a coisa julgada é proposta à afirmação, mas não como um sujeito dela: são juízos proposicionais, mas antepredicativos. Também há, porém, juízos em que a coisa julgada não está nem proposta, mas meramente posta diante do juízo. Nestes juízos a afirmação não só é antepredicativa, mas também anteproposicional; são juízos meramente posicionais. Cada uma destas formas se apoia na anterior: a afirmação proposicional se apoia na afirmação posicional, e por sua vez a afirmação predicativa se apoia na afirmação proposicional. Qual é a estrutura destas três formas de afirmação?

1º O juízo é antes de tudo o que chamo de *afirmação posicional*. Comecemos por dar alguns exemplos. Abro a janela e exclamo: "Fogo!", ou digo simplesmente "chuva, sol", etc. Há aqui algo apreendido em apreensão primordial de realidade: o que apreendo ao abrir a janela. E apreendo-o em todas as suas notas. Isto já apreendido, apreendo-o com apreensão primordial, como algo real, em toda a sua riqueza e variedade de notas, mas sem inteligir o que é "em realidade". Inteligi-lo como fogo, chuva, etc., é justamente a afirmação própria do juízo, a saber, o que é em realidade o apreendido. Estes nomes, como meros nomes, são simples apreensões (perceptos, fictos ou conceitos). Mas em conotação afirmativa expressam que o simplesmente apreendido se realiza no que apreendi primordialmente, e é o que este é em realidade. Se eu não tivesse essas simples apreensões, não haveria juízo, eu não poderia dizer "Fogo!"; eu não teria senão a apreensão primordial desta realidade ígnea, que, sem saber o que é em realidade, apreendo primordialmente ao abrir a janela. Neste sentido digo que esta afirmação é posicional. Porque a coisa de que se julga não está previamente apreendida, por sua vez, numa simples apreensão que a qualifica, como acontece em outras formas de juízo. Se digo que o fogo queima, o sujeito já está qualificado como fogo numa simples apreensão prévia. Mas, quando exclamo "Fogo!", o que apreendo não está inteligido previamente como fogo. Precisamente por isso, o que vejo ao abrir a janela não é designado por nenhuma denominação *prévia*. Porque toda e qualquer denominação o é de algo já simplesmente apreendido, e aqui o apreendido ao abrir a janela é termo de apreensão primordial de realidade, mas sem qualificação, sem denominação prévia. Em qualquer juízo, a apreensão primordial daquilo de que se julga é anterior ao próprio julgar. Mas isto não significa que isso real já esteja previamente qualificado em função de uma simples apreensão anterior. No juízo posicional o real não está já qualificado por uma simples apreensão, mas há uma só simples apreensão, a do fogo, que faz parte não do sujeito, mas do predicado, e cuja realização se afirma, por assim dizer, em bloco, globalmente. Por isso é um juízo posicional. Tenho nele, de um lado, a apreensão primordial de realidade sem denominação. Tenho, por outro lado, a denominação. Sua identificação no que é em realidade o que apreendi primordialmente é justamente o juízo posicional. Por isso é que não há duas denominações como em outros tipos de juízo; uma, a denominação do que vejo, e outra, a denominação do que afirmo como realizado no que vejo. Não há aqui senão uma só denominação, e o denominado é posto como realidade. Não há senão a realização total, global, desta única simples apreensão na apreensão primordial de realidade. É, se não se insiste demasiadamente no rigor da expressão, a identidade ou identificação com a simples apreensão, ou, visto desde a simples apreensão, a realização integral dela no real. Repito que não digo "isto é fogo", mas simplesmente "Fogo!". O juízo posicional, de certo modo, não é a denominação, mas sim a afirmação denominativa do real apreendido em sua totalidade. Ao dizer "Fogo!", tenho evidentemente uma simples apreensão, a do fogo. Do contrário não poderia dizer "Fogo!". Mas aquilo que vejo ao abrir a janela é posto diretamente como realização global desta simples apreensão, sem haver sido previamente qualificado por outra simples apreensão. Aqui a função da coisa real de que se julga é o ser "posta" para uma denominação ou identificação minha como real.

Insisto em que isto é uma afirmação, e não uma apreensão primordial de realidade. Na apreensão primordial de realidade não temos senão o real apreendido, e este real preenche imediatamente o campo da realidade. Mas no juízo posicional este real é inteligido como realização de algo já apreendido em simples apreensão, como realização do fogo. Inteligimos o apreendido fazendo o rodeio de *identificá-lo* com o que é, como, por exemplo, o fogo simplesmente apreendido. A apreensão primordial de realidade é imediata, e por isso é mais que juízo: é apreensão da coisa real em e por si mesma como real, sem necessidade de afirmação, sem necessidade de juízo. Em contrapartida, no juízo posicional o real é inteligido como realização do fogo ou da chuva, etc. Nesta intelecção, o que se afirma é justamente o que é em realidade aquilo que apreendemos como real ao abrir a janela. Nesta "posição" se "põe" o real apreendido inteiro como realização. Por isso é que o chamo de juízo posicional. O momento afirmativo deste juízo não se expressa por um nome novo, mas por *um só nome* substantivo em conotação afirmativa. E esta conotação se expressa na entonação, por exemplo, exclamativa. Em contrapartida, na apreensão primordial de realidade não há nome nenhum: é a mera apreensão da realidade do real. O juízo posicional é, pois, antepredicativo, mas é também, como direi em seguida, anteproposicional: o real apreendido não é sujeito do juízo nem é proposto ao juízo: está simplesmente "posto".

2º Há uma segunda forma de juízo: é o *juízo proposicional*. Nele o real já apreendido não está apreendido só como real, mas já está apreendido como algo que, por seu lado, já está qualificado desde uma simples apreensão. Aquilo de que se julga é, por exemplo, A. O A não é só algo que apreendo como real, mas como algo que já é A. E por isso, ao vir a ser termo de uma afirmação, esse A não está simplesmente "posto" no juízo, mas "proposto" a ele, isto é, já posto "como realidade" para uma *posição ulterior* do que é "em realidade". A proposição é uma forma especial de posição. É o juízo proposicional. Explico-me.

Demos alguns exemplos comuns para ter um ponto de referência. "A corrupção do melhor, a pior" (*corruptio optimi pessima*); "Todo o excelente, raro" (*omnia praeclara, rara*); "Os homens, todos iguais"; "A mulher, sempre volúvel" (*varium et mutabile semper femina*); "gênio e figura, até a sepultura"; "o tempo, senhor da razão"; "este, o meu papel"; "Vós, o único Santo, o único Senhor"; "Vós, meu Deus"; "Vós, Senhor".

Em todas essas afirmações há algo, A, que já está posto como real, mas não simplesmente como real, também como algo real já qualificado em simples apreensão prévia: a corrupção do melhor, o excelente, a mulher, Vós, etc. Mas a afirmação se constitui em B ou, se se quiser, no A não como meramente real, mas como realização da simples apreensão B: a pior, meu Deus, volúvel, todos iguais, etc.

Nesta afirmação o afirmado tem claramente dois momentos. Um, o momento *pro*-posto A. Este momento não é só real, senão que sua realidade já está qualificada e proposta como termo de uma ulterior posição. Há, ademais, aquilo que desta coisa real se afirma, B. Em si mesmo, B não é algo real, mas por ora é uma simples apreensão irreal. Por ser, porém, a determinação de algo já real, de A, sucede que B é realizado em e por A. Ou seja, pôs-se a realidade de B enquanto o é de A, ou, o que dá no mesmo, se pôs a realidade de A não em si mesma (pois se propôs como algo já real), mas enquanto B. Por isso, repito, é uma posição pro-posicional. Que é esta posição de B em A? Esta é a questão essencial.

Naturalmente, não é uma posição "posicional" no sentido explicado acima, pois, se o fosse, o afirmado seriam duas realidades, a realidade de A "e" a realidade de B, mas não "uma" realidade, a saber, a realidade de A como B. Mas tampouco é uma posição "atributiva": não afirmo que A "é" B. O juízo proposicional é antepredicativo. A força da afirmação não recai sobre algo que se atribui a A. Certamente, A e B não são idênticos. Mas:

a) B "se funda" em A, não se atribui B a A de fora, mas B pertence a A de modo, por assim dizer, intrínseco a A.

b) Este fundamento é formal: é a própria "índole" de A, sua índole constitucional, por assim dizer, o que funda B. Não afirmo simplesmente que a mulher tem volubilidade, mas que é volúvel por sua própria índole, enquanto mulher. Aqui "índole" tem uma conotação deliberadamente vaga. Não concerne à realidade em si, como se fosse sua natureza ou sua essência, mas à realidade enquanto é apreendida em apreensão primordial.

c) Não só este B é determinado intrinsecamente pela realidade de A, mas também a própria determinação, isto é, B, tem realidade, mas "na realidade mesma de A". Não se trata somente de que a mulher por sua própria índole determine uma volubilidade, mas de que o determinado, esta volubilidade, é um momento de sua própria realidade feminil: B é um momento da realidade de A.

A realidade de A envolve, pois, *por sua própria índole*, a realidade de B em A: aí está o que o juízo proposicional afirma. Pois bem, a unidade dos três momentos: fundar-se em A, fundar-se na índole de A e ser um momento da própria realidade de A, a unidade desses três momentos, digo, é o que chamo de *unidade de complexão*: "AB". Não é unidade de atribuição, mas unidade de complexão. E esta unidade é aquilo que A é "em realidade".

Daí as duas partes desta afirmação. Antes de tudo, há aquilo que se afirma. O que se afirma aqui não é uma coisa, quer dizer, não se afirmam A nem B (não se afirma A, senão que está pressuposto qualificativamente), mas a unidade complexiva "AB". A segunda parte é a própria afirmação. Como afirmação, consiste em pôr n*a* realidade a unidade complexiva. É esta unidade que se afirma ser real, ou melhor, é esta unidade aquilo em que A consiste em realidade: A é em realidade não só "A", mas "AB". O *intentum* ficou assim duplamente modificado. Em primeiro lugar, já está modificado por ser uma afirmação, por ser uma intenção: é um *intentum* de intelecção de realidade distanciada, isto é, desde a simples apreensão; é um juízo. Mas, em segundo lugar, a afirmação proposicional é uma modificação da afirmação posicional. Quando o posto não é formalmente uma coisa, mas uma complexão, então a posição é complexiva. A afirmação proposicional é, pois, *posição complexiva*, uma afirmação do que a coisa é complexivamente em realidade.

A expressão do juízo proposicional ou complexivo é a frase *nominal*. Basta voltar aos exemplos citados para descobrir neles dois aspectos essenciais. A frase nominal, antes de tudo, carece de verbo. É uma afirmação a-verbal; não tem mais que nomes. Não se trata de uma elipse verbal, mas de um modo próprio e originário de frase "averbal". Mas, diferentemente da afirmação posicional, que só tem um nome, a frase nominal tem ao menos dois nomes. Esses dois nomes não designam um sujeito e um predicado, mas uma só realidade complexa. A frase nominal é proposicional, mas é antepredicativa. Por outro lado, esta frase expressa o momento afirmativo de um modo que lhe é próprio: na "pausa" entre os dois nomes. A pausa é a expressão da afirmação complexiva enquanto tal. Não é mera posição, mas tampouco é atribuição copulativa. Este aspecto é o que a pausa expressa. Esta frase nominal se usa geralmente em sentenças, em invocações, mas não exclusivamente nelas. O problema que aqui me interessa não é o de quando e como se usa esta frase, um uso qualitativa e numericamente variável segundo as línguas, mas o da índole da afirmação enunciada nela: é uma afirmação proposicional.

Este juízo proposicional não é a única forma de juízo não posicional. Há outra forma, que provisoriamente chamarei de *juízo predicativo*. Assim, temos as três formas de juízo: a afirmação posicional, a afirmação proposicional e a afirmação predicativa. Em que consiste esta última?

3º A terceira forma do juízo, digo, é o *juízo predicativo*. No momento, e atendo-me à denominação tomada da lógica formal clássica, diremos que é o juízo cujo esquema é "A é B". Só por me haver referido à lógica formal clássica, é que chamei as duas formas anteriores de juízo de antepredicativas. Os linguistas chamam de predicado tudo o que se diz de algo: o predicado seria "é-B", e o A seria o sujeito. Mas isto, sendo embora verdadeiro, oculta porém o caráter próprio do que neste juízo se afirma. Porque um de seus momentos essenciais para este juízo é que a afirmação se faça mediante um verbo, que no esquema citado é a forma verbal "é". E outro momento que é preciso destacar. No fundo, trata-se, mais que de uma afirmação predicativa, de uma *afirmação copulativa*: o verbo "ser", com efeito, desempenha aí a função de cópula. Com o que fica de certo modo justificado chamar de predicado somente B, com relação ao qual A seria o sujeito. Feito este esclarecimento inicial, ao qual voltaremos em seguida, e sem entrarmos no momento em mais detalhes, falemos promiscuamente de juízo predicativo no sentido de afirmação copulativa.

Esta afirmação é, antes de tudo, pro-posicional, no sentido antes explicado. O *intentum* recai, com efeito, sobre um A que previamente está posto como real. E esta realidade já posta, A, fica posta por sua vez para uma determinação ulterior, B. Por conseguinte, A é uma realidade pro-posta para ser afirmada enquanto B. Neste aspecto, a afirmação copulativa é rigorosamente proposicional. Por sê-lo, a afirmação copulativa põe a realidade de B enquanto B como um momento de A. E esse B é em si mesmo o termo de uma simples apreensão (percepto, ficto ou conceito), cuja realidade se afirma ao ser posta num A real. Por isso, em toda afirmação proposicional o movimento intelectivo é, por um lado, a posição de A enquanto B, e por outro a posição de B na realidade de A. São dois aspectos de um mesmo movimento.

Até aqui, a afirmação predicativa é somente uma afirmação proposicional. Mas o próprio da afirmação predicativa está no modo mesmo de posição de A como B, ou, o que dá no mesmo, de B em A. De que posição se trata?

Certamente não é uma posição posicional do A nem do B. Isto não seria "uma" afirmação, mas "duas". Tampouco é uma posição complexiva. Porque B está certamente fundado em A, mas não forçosamente na índole própria da realidade de A. E aqui está a diferença entre a afirmação predicativa ou copulativa e a afirmação meramente proposicional. Por ora, uma coisa está clara: a afirmação predicativa é uma modificação da afirmação proposicional, assim como esta última é uma modificação da afirmação posicional. Qual é esta modificação predicativa?

A modificação própria da predicação consiste em que B, como digo, está fundado em A, mas de forma tal que este fundamento da realidade de B em A não é forçosamente, como na afirmação proposicional, a "índole" mesma da realidade de A, senão que, mesmo estando B em A, este seu "estar" é só o "mero estar". Aqui não se trata do estar diferentemente do ser, mas do estar como sinônimo de "realizar" algo, independentemente do caráter dessa realização. No juízo proposicional, o que se afirma é que essa realização o é na "índole" de algo. Mas aqui se trata de uma realização em que se prescinde de seu modo, seja necessário ou não necessário. A e B têm cada um sua entidade própria, e sua unidade consiste em que B está meramente realizado em A. Dessa forma, a realidade de B em A, ou a realidade de A como B, envolve dois momentos. Por um lado, efetivamente B está em A. Mas, por outro lado, embora B adquira sua realidade de estar posto em A, esta realidade de B, no entanto, se mantém de certo modo como realidade própria dentro da realidade de A, e, portanto, ainda que esteja em A, é de certo modo diferente de A. Portanto, entre B e A há uma unidade certamente, mas uma unidade que mantém dentro de A certa distinção entre a realidade de A e a realidade de B. Portanto, não é simples complexão. A *complexão* não só põe B em A, como põe este B na própria "índole" da realidade de A, ao passo que agora se põe B em A, mas como algo formalmente diferente de A. A é certamente B, mas não consiste em ser B, nem ser B consiste em ser A. Já não é complexão: é o que chamarei de *conexão*. Há uma grande diferença entre complexão e conexão. A conexão é tanto união como distinção. União e separação são os dois aspectos da unidade de conexão. Esta conexão pode ser de caracteres muito diferentes: pode ser necessária ou ser só de fato. Mas sempre se trata de uma conexão "derivada" da realidade de A. Em contrapartida, na unidade de complexão, mais que de uma "necessidade de A", tratava-se da própria "índole" de A. A complexão é por isso mais que necessária, é de certo modo constituinte. Ao se dizer "a mulher, volúvel", afirma-se que a mulher é volúvel por ser mulher. Mesmo ao se dizer "este papel, branco", aquilo em que se está pensando, a saber, "este papel", é branco precisamente por ser "este", ou seja, pensa-se de algum modo na índole d*este*. Mas, ao se dizer "esta mulher é volúvel" ou "este papel é branco", não se afirma que "esta" mulher consista em ser volúvel, nem que "este" papel consista em sua brancura. No juízo proposicional, pensa-se mais na índole de A que na realidade de "outra coisa", B. No juízo predicativo, há a realidade de A e a realização de B em A, mas num A que como tal tem sua índole independente de B; por isso é que há conexão. Já não é "AB", mas "A-B". É a afirmação conectiva ou copulativa.

Vê-se imediatamente que esta afirmação é uma modificação da afirmação proposicional. A afirmação proposicional põe a realidade de B como momento da índole da realidade de A. Mas agora B está de certo modo mais descolado da realidade de A. Em lugar de complexão temos conexão; e em lugar de afirmação proposicional, afirmação predicativa.

Esta conexão não é propriamente uma "relação". Porque toda e qualquer relação pressupõe seus dois relatos. E na conexão não se pressupõe a realidade de B, senão que, ao contrário, o que se faz é pôr B na realidade de A; portanto, é B que recebe sua realidade de A. Dessa forma, a suposta relação é *consecutiva* à conexão, mas não é o formalmente essencial dessa conexão. E isso nos leva precisamente à questão das partes em que consiste esta afirmação predicativa.

Aparentemente, esta afirmação consiste em três "partes": A, B, é. Com o que sucederia que a cópula "é" faria expressar a relação entre B e A. Mas tudo isso é um conjunto de ingentes inexatidões, para não dizer algo mais grave. Para uma análise correta da afirmação copulativa, é preciso manter inflexivelmente que a afirmação tem somente duas partes: o afirmado e a afirmação propriamente dita.

Em primeiro lugar, o que é o afirmado? É a unidade conectiva de B e A. Isto é, no afirmado entram A e B, e o afirmado deles é sua conexão. Temos, antes de tudo, A e B. Pensa-se que A e B são duas variáveis de mesmo caráter e que sua diferença é meramente *funcional*: A desempenha a função de sujeito, e B a função de predicado. Precisamente por isso poder-se-ia permutar sua posição funcional e fazer de B sujeito e de A predicado: é a chamada "conversão" das proposições em lógica formal: "Todos os homens são mortais" e por conversão "alguns mortais são homens". Afora a quantificação, A e B não diferiam em ambos os casos senão por sua posição funcional. Mas isso é inexato. A rigor, A não é uma parte do afirmado, mas simplesmente "o" proposto ao afirmado. Portanto, mais que parte do juízo, é um suposto dele. Costuma-se chamar este suposto de "sujeito", mas a rigor não é sujeito: é antes "objeto" (*sit venia verbo*) sobre o qual se julga. A função do já apreendido é agora ser pro-posto como "sujeito". Esta interpretação do proposto ao juízo como sujeito seu é certamente uma conceituação muito discutível. Depende do conceito que se tenha da estrutura da unidade das coisas e de suas notas. Conceituar a coisa como um sujeito de seus acidentes inerentes não passa de teoria. A meu ver, é inaceitável. Mas não é isso o que agora nos importa. O que agora nos importa não é o conceito ulterior da conexão, mas o mero caráter conectivo de B com A, tenha ou não tenha esta conexão caráter sujeitual. E, só para aclarar a expressão, chamarei A de sujeito: é a realidade já apreendida como algo que não é "sujeito-de" B, mas "sujeito-a" uma conexão.

Por outro lado, B não é algo que está em pé de igualdade, por assim dizer, com A. Porque em si mesmo B é termo proposto não como real, senão que é algo irreal, termo de simples apreensão (percepto, ficto ou conceito). Portanto, sua conexão com A tem todo o caráter de "realização" de B em A. Identificar A e B simplesmente com duas magnitudes comutáveis entre si, como dois termos homogêneos, é um contrassenso. O sujeito é realidade, e o predicado é realização. Não funcionam, pois, em pé de igualdade. Mesmo quando levo a efeito a chamada "conversão" de um juízo, a diferença essencial não está na quantificação de A e B, mas em que no segundo juízo A é por si mesmo agora uma simples apreensão realizada em B, ao contrário do que antes acontecia. Não estão portanto A e B formalmente em pé de igualdade. A diferença de A e B não é diferença de colocação no juízo, mas uma diferença de caráter essencial. A e B podem intercambiar-se, e ser A algumas vezes sujeito e outras predicado. Mas sua diferença formal é sempre essencial e não comutável. O sujeito é sempre realidade proposta, e o predicado é sempre um irreal realizado. É o mesmo que acontece em todo e qualquer juízo proposicional: não tem sentido converter a proposição nominal "toda mulher, volúvel" em "algo volúvel, mulher".

De A e B o que se afirma é sua "conexão". Já vimos que esta conexão não é relação, senão que a "relação" é algo consecutivo à "conexão" e se funda nesta. A conexão estabelece B em A. A relação entre B e A existe, mas depois de estabelecido o B em A, quer dizer, depois da conexão. A relação, se de relação se quer falar, é o que resulta da realização de B em A, ou seja, é resultado da conexão. A conceituação formal de A e B se refere a essa relação, que pressupõe sua diferença conectiva essencial. Por isso, a chamada *lógica formal* se apoia na relação *resultante* da afirmação conectiva. Agora vemos que esta lógica não é o primário, porque a relação formal entre A e B se funda na afirmação conectiva de realização de B em A. Isto é, toda *lógica formal* se funda numa lógica mais radical, na *lógica da afirmação*. A "lógica formal" é o jogo de duas variáveis homogêneas. Ao passo que a "lógica da afirmação" é a intelecção da realização de algo irreal (B) em algo já real (A). E isto é o essencial: a lógica da intelecção afirmativa do real. Como o nosso tema não é a lógica, basta-nos ter indicado esta ideia que considero essencial: não se trata de invalidar a moderna lógica formal, mas de fundá-la na lógica da afirmação.

O afirmado é, pois, a realização de B em A de forma conectiva. Assim, A é realidade proposta, e B é algo irreal realizado em A, e esta realização é de caráter conectivo. Que é a afirmação?

A afirmação mesma não consiste em conectar B com A, mas em pôr a unidade conectiva "A-B" n*a* realidade. Se se quiser continuar falando de relação, será preciso dizer que a afirmação não consiste em afirmar a relação de B com A, nem de A com B, mas consiste em pôr esta relação n*a* realidade. A unidade de B em A se move numa linha de relação. Em contrapartida, a afirmação se move numa linha de certo modo ortogonal à anterior. Quer dizer, na afirmação não se vai de B para A nem de A para B, mas de "A-B" para a realidade do primordialmente apreendido. No juízo proposicional, a afirmação é ortogonal à complexão. No juízo predicativo, a afirmação é ortogonal à conexão.

Com isso se vê que o juízo predicativo é uma modificação do *intentum*, mas uma modificação tripla. O *intentum* modificado tornou-se *intentum* de juízo, isto é, intenção afirmativa. Em segundo lugar, o juízo predicativo já envolve uma intenção proposicional, que já é uma segunda modificação da intenção absoluta. E, em terceiro lugar, o juízo proposicional tornou-se intenção predicativa.

A expressão gramatical desta afirmação predicativa requer algumas considerações especiais. É a expressão pelo "é". Este "é" desempenha, a meu ver, não uma função dupla, mas uma tripla função:

a) Expressa uma *afirmação*; como tal, significa a "realidade" da conexão "A-B"; esta conexão se dá n*a* realidade.

b) Expressa a própria *conexão* de B com A, isto é, expressa a "unidade conectiva" "A-B"; e o que A é "em realidade".

c) Expressa a *relação* que nesta conexão, e por ela, fica estabelecida entre A e B. Neste aspecto, a função do "é" é ser cópula. É a "relação copulativa".

São as três funções de "realidade", "unidade conectiva" e "relação copulativa" da forma verbal "é". Pois bem, essas três funções têm uma precisa ordem de fundamentação: sem dúvida, a relação copulativa se funda na unidade conectiva, e esta por sua vez se funda na afirmação da realidade. Esta ordem é essencial. Não se pode inverter e pensar que a primeira função do "é" é ser cópula, que a conexão é mera relação e que essa relação constitui o juízo. Tal concepção é absolutamente insustentável. Para vê-lo, basta recorrer a considerações linguísticas. Elas nos mostram com total evidência o fato de que o verbo "ser" (*est, esti, asti*, etc.) não constitui em nenhum aspecto um verbo especial. Em primeiro lugar, *todo verbo*, e não só o verbo "ser", tem as duas primeiras funções. Se digo "o pássaro canta, o cavalo corre, o homem fala", etc., os verbos "corre, canta, fala" têm as duas funções: expressam uma afirmação, isto é, a posição de algo n*a* realidade, e também uma conexão entre o cavalo, o pássaro, o homem e alguns estados ou ações ou qualidades suas (pouco importa o vocábulo que aqui empreguemos). Daí o grave erro de pensar que a afirmação predicativa é necessariamente da forma "A é B". O juízo "o pássaro canta" é tão predicativo quanto o juízo "A é B". E isso não porque "canta" seja equivalente a "é cantador", o que é absurdo, tão absurdo quanto dizer que na frase nominal há uma elipse do verbo "ser". O juízo afirma a unidade conectiva do pássaro e seu cantar. Por isso é que eu disse no começo que expressava o juízo predicativo na forma "A é B" apenas provisoriamente. Pois bem, neste mesmo caso está o próprio verbo "ser". Originalmente foi um verbo substantivo como todos os demais. E, como eles, expressa a afirmação de uma unidade conectiva de A e B. Além disso, porém, nem todos os verbos, mas sim muitos verbos antigos, como, por exemplo, em grego e latim, têm, além de seu sentido verbal designado por sua raiz, um caráter copulativo que foram adquirindo gradual e lentamente. Assim, *méno, auxánomai, hypárkho, pélo, gígnesthai, phýo*, etc., etc., etc., etc. Entre eles há um que merece menção especial porque diz respeito ao espanhol.[1]

---

[1] E também ao português. (N. T.)

Da raiz indo-europeia *sta deriva o verbo grego *hístemi*, que como intransitivo significa estar firme de pé. Seu composto *kathístemi* tem no aoristo primitivo *katésten* o sentido de estar estabelecido, constituído, instalado, etc. E esse aoristo adquiriu, facilmente se compreende, sentido copulativo. De "estar estabelecido", etc., o verbo passou a significar "é". Da mesma raiz deriva o latim *stare*. Já em época clássica, teve às vezes este verbo sentido de cópula como sinônimo forte de *esse*. Passou como tal para algumas línguas românicas, e para o espanhol[2] como verbo "estar", que une a seu sentido "substantivo" seu sentido copulativo fundado naquele. Mais adiante me deterei no que, a meu ver, constitui a diferença entre ser e estar. Em todos estes verbos a "conexão" empalideceu em "relação". Pois bem, também o verbo "ser" passou de verbo substantivo a cópula. O sentido copulativo destes verbos foi, portanto, adquirido, e sua aquisição se fundou no prévio sentido substantivo, por assim dizer, destes verbos. Mais ainda, o sentido copulativo não só foi adquirido, mas foi sempre secundário. Definitivamente, as três funções se fundam na forma dita anteriormente, e nenhuma é exclusiva do verbo "ser", sobretudo se se recorda que há muitíssimas línguas que carecem deste verbo.

Se para maior simplicidade voltarmos ao juízo predicativo tal como se costuma usar na lógica formal, será preciso distinguir, portanto, em todo e qualquer juízo predicativo, como escrevi já faz sessenta anos, sua estrutura gramatical e sua estrutura intelectiva. Gramaticalmente, o sujeito é o objeto expresso tão somente em algum aspecto seu (A, esta mesa, etc.). O predicado é outro aspecto do mesmo objeto, aspecto designado como B. A cópula é o verbo "ser", que designa a unidade tanto conectiva como relacional desses dois aspectos. Mas, do ponto de vista de sua estrutura intelectiva, o sujeito é o objeto real proposto, com todas as suas propriedades reais (a propriedade de ser A e todas as demais propriedades). O predicado é uma simples apreensão intencional irreal de uma ou várias notas do objeto, realizadas

---

[2] E para o português. (N. T.)

neste de forma conectiva. A cópula é a afirmação de que esta unidade conectiva pertence à realidade, ou melhor, ao que A é "em realidade".

Esta estrutura é essencial por duas razões. Primeiro, porque nos mostra a estrutura da afirmação predicativa; e, segundo, porque põe diante dos olhos algo decisivo, a saber, que o "é", o "ser", não repousa sobre si mesmo, mas sobre a realidade. Ou seja, a realidade não é um modo do ser, senão que o ser se funda na realidade. Já o vimos na Primeira Parte, e voltaremos a vê-lo detidamente em outra seção.

Resumamos. A afirmação é um momento do movimento intelectivo que intelige o que a coisa, já apreendida como real, é "em realidade". Movendo-se no campo da realidade, a inteligência toma antes de tudo distância da coisa real numa retração em que intelige o que a coisa "seria" em realidade: é a simples apreensão (percepto, ficto, conceito). Agora, continuando no campo da realidade, a inteligência volta nele à coisa real para inteligir neste distanciamento o que é esta coisa em realidade. E esta intelecção é, como vimos, a afirmação. A afirmação é o *intentum* "distanciado" da coisa. Aquilo de que se julga é algo já apreendido como realidade, e aquilo que desta coisa se julga é o que ela é "em realidade". Para isso, a coisa de que se julga pode ter três funções: a função de mera posição, a função de pro-posição, a função de sujeito de predicação. E cada uma dessas funções constitui uma forma de afirmação.

Esta diferença entre as três funções do real na afirmação é de caráter formalmente senciente. Só porque há impressão de realidade há campo de realidade, um campo do "de seu". As três funções se encontram fundadas na impressão de realidade e estabelecidas por ela. É sencientemente que me vejo distanciado do que algo já apreendido como real é em realidade, e é sencientemente que me acho retido pelo real apreendido e reverto para ele: é o logos senciente. Nesta reversão, o logos intelige a realização da simples apreensão irreal e a intelige por uma determinação do já previamente apreendido. Esta determinação está certamente ancorada no fato de que é a minha intelecção que, por ser senciente, está distanciada, e que por assim estar reverte para o real de três diferentes formas: posicional, proposicional e predicativa. Mas é porque o real, ao impelir-me impressivamente a tomar distância, me abre as três possibilidades de determinação: posicional, complexiva, conectiva. São, pois, três formas de percorrer reversivamente a distância do irreal para o que o real é em realidade. São três formas do *intentum*. Uma intelecção não senciente não está distanciada, nem, portanto, o real poderia ter nela as três funções, posicional, complexiva e conectiva, nem poderia inteligir na tripla intencionalidade posicional, proposicional e predicativa. O logos nasce da impressão de realidade e volta a ela destas três formas, fundadas nas três formas determinadas pelo real apreendido primordialmente. Pois bem, em que reside formalmente a diferença entre estas três funções? Inteligir o que algo é em realidade é inteligir a unidade do momento campal e do momento individual do real. Estes dois momentos são momentos da formalidade de realidade impressivamente dada nela. Donde resulta que as três funções são três formas de unidade do campal e do individual, isto é, três formas de unidade da formalidade de realidade. Nesta unidade patenteia-se algo que podemos chamar de força da realidade, não no sentido de força de imposição do real, mas no sentido de força da unidade do momento campal e do momento individual, isto é, *força de realização*. A unidade mais forte é a forma posicional; é a forma suprema de inteligir com o logos o que algo é em realidade. Menos forte é a forma proposicional ou complexiva: afirma-se a unidade como complexão. Finalmente, na afirmação predicativa afirma-se a unidade do real como conexão: é a afirmação menos forte da realidade: são três graus de força de realização, três graus de inteligir o que algo é em realidade.

Mas em cada uma dessas formas a afirmação pode ter diferentes modos. O problema das formas de afirmação leva assim ao terceiro problema. Depois de termos examinado o que é afirmar, e depois de examinarmos quais são as formas de afirmação, temos de nos enfrentar agora com o problema dos modos de afirmação.

§ 3. Os modos da afirmação

Dizia eu que as formas da afirmação se distinguem segundo a função que na afirmação desempenha a coisa de que se julga. Em contrapartida, o que chamo de modos da afirmação concerne à própria intenção afirmativa enquanto afirmativa. Este é o nosso atual problema.

Precisemos novamente as ideias. A intenção afirmativa ou juízo é uma intelecção em distância do que a coisa, já apreendida como real, é em realidade. Esta intelecção tem caracteres próprios.

É antes de tudo, como eu disse, uma intelecção em movimento, um movimento que consiste em percorrer intelectivamente a distância em que estamos com respeito ao que a coisa é em realidade. Este movimento intelectivo é, portanto, dual. Por sê-lo, o movimento intelectivo que está inteligindo que a coisa é real não está inteligindo ainda o que esta coisa real é em realidade. Neste sentido, o movimento intelectivo é antes de tudo uma *carência* de intelecção do que a coisa é em realidade. Mas não é um movimento meramente carencial. Porque é o movimento de uma intelecção dual, na qual, portanto, o movimento é dirigido para um ponto determinado, para o que a coisa já real é em realidade. A dualidade imprime assim ao movimento um caráter próprio: o que ainda não é inteligido vai ser inteligido, ou ao menos se vai tentar inteligir. Daí resulta que esse movimento não é mera carência, mas algo essencialmente diferente: é uma *privação*. A privação é o caráter que a dualidade imprime ao movimento intelectivo enquanto movimento. Esta unidade intrínseca de movimento e dualidade é o que constitui a *expectação*. O movimento de privação enquanto tal é o que constitui a expectação. Reciprocamente, a expectação consiste formalmente em movimento intelectivo privacional. Expectação é a intelecção do outro em seu primeiro apresentar-se como "outro". O conceito já nos apareceu páginas atrás ao falarmos do conceito de movimento intelectivo.

Agora me importa voltar a dizer que a expectação é o que corresponde a seu sentido etimológico de "olhar de longe". Não se trata, porém, de um estado psicológico de espera, mas de um caráter intrínseco do movimento intelectivo enquanto tal. Qual é este caráter? Poder-se-ia pensar que consiste nesse movimento intelectivo que é "perguntar". Já vimos que não é assim: a pergunta se funda na expectação, e na maioria das vezes até estamos em expectação intelectiva sem perguntar-nos nada.

Que é que nesta expectação expectamos? Já o dissemos mil vezes. Não expectamos a pura e simples realidade, porque a pura e simples realidade já nos está dada em apreensão primordial anteriormente a todo e qualquer juízo; só por isso é possível e necessário o juízo. O que expectamos não é "realidade", mas o que o real é "em realidade".

Este movimento expectante transcorre em distância. E neste mover-se distanciado esta intelecção tem, como vimos, caráter próprio: é *intenção* intelectiva. É necessário sublinhar energicamente que toda e qualquer intenção, e precisamente para poder sê-lo, é em si mesma formal e constitutivamente expectante. Penso que é essencial esta conceituação. Não se trata de que seja preciso expectar uma afirmação, mas de que a intenção mesma é o momento própria e formalmente intelectivo da expectação. Se é preciso inteligir que A é B, não só tenho a intencionalidade de B em A, como, precisamente porque parto de A, este ponto de partida constitui uma expectação do que será intencionalmente A. Toda e qualquer intenção é, portanto, formal e constitutivamente expectante. E reciprocamente toda e qualquer expectação, como caráter do movimento intelectivo, é formal e constitutivamente intencional. O movimento intelectivo é um movimento "desde-para" [*desde-hacia*]. Neste movimento posso considerar somente aquilo "para" [*hacia*] o que se vai. É a única coisa que comumente se considerou: no conceito clássico de intenção, considera-se tão só que a intenção "intende" seu termo, um termo que por isso se costuma chamar de intencional. Mas penso que isso não é suficiente. É que se pode e deve considerar a própria intenção não só como "indo para", mas também como "partindo desde". E então a intenção é expectação. Expectação e intencionalidade, portanto, são somente dois aspectos intrinsecamente "unos" de um só movimento intelectivo, que é portanto "intenção expectante" ou "expectação intencional". Disso resulta que o movimento intelectivo em que inteligimos o que a coisa já apreendida como real é em realidade é, repito, expectação intencional ou intenção expectante.

Suposto isso, precisamos perguntar-nos *como* se resolve esta expectação intencional. Resolução é a afirmação em que a expectação se plasma; é a própria intelecção como afirmação. Mas não confundamos. Há, por um lado, a própria *intenção intelectiva* enquanto intenção; e esta intenção é intrinsecamente expectante. Mas, por outro lado, há a afirmação em que esta intenção se plasma. Como é intenção plasmada, chamei e seguirei chamando a afirmação de *intenção afirmativa*. Não confundamos, pois, a própria intenção intelectiva com a intenção afirmativa. Esta última é a resolução da primeira, é a resolução da intenção expectante. Como se resolve, portanto, a expectação intencional em intenção afirmativa?

A intenção afirmativa, como intelecção que é, é uma atualidade intelectiva do real. Pois bem, esta atualidade do real tem diferentes modos; e estes diferentes modos de atualidade do real determinam diferentes modos de afirmação. Cada modo de afirmação depende, assim, essencial e constitutivamente, do modo segundo o qual a atualização do real determina ou resolve a expectação intencional. Explico-me.

a) Antes de tudo, é uma atualização intelectiva do real, mas do real já apreendido como real; é portanto reatualização. E esta reatualização o é em ordem às simples apreensões com que tentamos inteligir o que o real é em realidade. Trata-se, pois, da realização de uma simples apreensão no já atualizado como real. Pois bem, esta realização depende em primeira instância dos caracteres, dos traços que já estão dados na atualização primordial da coisa como real. Digo que os traços estão "dados". É neste momento uma expressão deliberadamente neutra, porque o real enquanto reatualização apresenta duas questões. Uma, qual é o modo segundo o qual esta coisa real determina a realização nela da simples apreensão. Outra é a questão de averiguar em que consiste o próprio determinar, em que consiste o real enquanto princípio determinante dessa reatualização em todos os seus modos. Desta segunda questão nos ocuparemos na Terceira Seção. Agora, não nos concentramos senão na primeira questão, nos diversos modos segundo os quais o real determina sua reatualização, quer dizer, os diversos modos segundo os quais os traços dados do real determinam a realização ou não realização do simplesmente apreendido. E é por isso que digo somente que os traços estão dados em reatualização. Para simplificar a frase, em lugar de reatualização falarei neste problema simplesmente de atualização de traços dados em ordem à realização de simples apreensões. Não se confunda a atualização e a realização do simplesmente apreendido na realidade com esta atualização da coisa real em ordem às simples apreensões e com a realização destas simples apreensões na coisa dada. Pois bem, as simples apreensões se realizam de diversos modos segundo a índole da atualização do real.

b) Pois bem, esta atualização é determinante intrínseca dos modos de resolução da expectação intencional. Assim, se os traços do real em ordem ao que é em realidade são inteligidos de modo confuso, ambíguo, etc., a resolução da expectação intencional assume caracteres diferentes. E em virtude disso estes modos de resolução são os que se expressam nos modos da própria intelecção enquanto intenção afirmativa. Assim, a ambiguidade, como veremos, é um modo próprio de atualização dos traços do real com respeito às simples apreensões; e segundo este modo de atualização a intenção afirmativa, a afirmação, tem esse modo que constitui a dúvida. Para evitar qualquer confusão, quero insistir tematicamente nas duas ideias que acabo de indicar.

Primeiramente, todos estes modos de afirmar dependem essencial e constitutivamente dos modos de reatualização do real em ordem às simples apreensões. A ambiguidade, por exemplo, é um modo desta atualização. É o próprio real enquanto atualiza de modo ambíguo seus traços em ordem às simples apreensões, em ordem, portanto, ao que o real é em realidade. É um caráter prévio a toda e qualquer afirmação: é, repetimos, o modo de atualizar os traços do real em ordem ao que esta coisa é em realidade, em ordem às simples apreensões *de que disponho*.

Em segundo lugar, estes diversos modos de atualização definem diversos modos de afirmação, de intenção afirmativa: por exemplo, a atualização ambígua do real determina a afirmação ou a intenção afirmativa dubitativa, a dúvida propriamente dita. Nestes modos, como, por exemplo, no modo-dúvida, não se trata primariamente de um estado de insegurança em que ficamos afetados pela ambiguidade, diferentemente de outros possíveis estados, como, por exemplo, a segurança. Não se trata de estados, mas de modos formais de intenção afirmativa. Não se trata de que ao afirmar o ambíguo eu fique em estado de dúvida, mas de que dúvida é a afirmação ambígua mesma do ambíguo enquanto ambíguo. É a própria intenção afirmativa que é intrínseca e formalmente dubitativa. O ambíguo não é somente aquilo sobre o qual recai esta intenção afirmativa, não é somente um caráter do inteligido, mas é "ao mesmo tempo" um caráter da própria intelecção, da própria afirmação. A dúvida não é só uma "intenção afirmativa sobre o ambíguo", mas é uma "intenção afirmativa ambígua em si mesma", determinada pela ambiguidade da atualização da coisa real. Dúvida é, portanto, um modo de afirmação, não um estado consecutivo à afirmação. A prova está em que ambos os momentos podem ser muito díspares. Posso ficar em estado de insegurança com respeito a uma afirmação dubitativa. Neste caso, estou seguro de que a afirmação é duvidosa, estou seguro de que a coisa é em realidade duvidosa. O mesmo acontece com a certeza e com todos os demais modos de afirmação, como veremos em seguida.

Portanto, o que chamamos de modos de afirmação consiste formalmente nos modos como diversas atualizações dos traços do real determinam a resolução de expectação intencional.

Em que consiste esta modalidade enquanto tal? Já vimos que a afirmação é uma intelecção senciente em distância. E sua índole senciente mostra que a reversão ao real tem o caráter de força, *força de realização*. Esta força tem três diferentes graus, segundo se trate de afirmação posicional, proposicional ou predicativa. Mas esta força enquanto tal tem não somente graus, mas também uma qualidade que podemos chamar de *firmeza*. É justamente o que o vocábulo e o conceito de "a-firmação" expressam. Grau de realização não é o mesmo que firmeza. Cada um dos três graus da força de realização pode exercitar-se com firmeza diferente. A diferença, por exemplo, entre dúvida e certeza não concerne à força de realização, mas à firmeza com que esta força atua. Posso duvidar ou estar certo de que "toda mulher, volúvel", ou de que "A é B". A primeira frase é nominal (complexão), a segunda é predicativa (conexão): são dois graus de força de realização. Mas a dúvida e a certeza residem na firmeza com que se realiza a complexão ou a conexão. Todo e qualquer logos é senciente, e o é segundo dois momentos: porque intelige sencientemente o que algo é em realidade como *força de realização*, e porque intelige sencientemente com diferente *firmeza*. Ou seja, há força e há firmeza. A firmeza é o próprio modo da afirmação. Pois bem, as diferenças de firmeza são os diferentes modos de afirmação.

Suposto isso, a modalização da afirmação tem uma clara estrutura. Antes de tudo, temos o real atualizado com seus traços em apreensão primordial. Estes traços são notas do real de caráter muito diverso tanto em qualidade como em intensidade, como em posição, etc. Mas a este real, agora o fazemos termo de uma segunda intelecção: da intelecção do que é em realidade. Então a intelecção assume enquanto ato um caráter próprio: é expectação intencional do que aquilo que já havíamos apreendido como real é em realidade. A resolução desta expectação tem três momentos:

a) É antes de tudo o *momento de aporte de nossas simples apreensões*, ou, dito mais correntemente, ainda que com muito menos exatidão, é o aporte de nossas ideias. Só em função de nossas simples apreensões podemos inteligir o que o real é em realidade.

b) Com respeito a estas simples apreensões, os traços do real ficam atualizados de maneiras diversas: é o *momento de reatualização*. Estes traços como momentos do real e simplesmente real são o que são em si e por si, e nada mais. Mas, com respeito às simples apreensões, podem assumir um modo diferente de atualização. Um vulto distante é apreendido na apreensão primordial de realidade como um vulto distante e nada mais; em si mesmo é algo atualizado como real e nada mais. Mas, se hei de inteligir o que esse vulto é em realidade, aporto minhas simples apreensões, como, por exemplo, a de arbusto, a de homem, a de cão, etc. Este vulto é arbusto, é homem, é cão, etc.? Com respeito a estas simples apreensões, e só com respeito a elas, é que os traços do vulto distante assumem uma reatualização, porque tento inteligir se esse vulto realiza os caracteres da simples apreensão do homem, do arbusto, do cão, etc. É portanto uma segunda atualização, mas – insisto morosamente nisto – somente com respeito à realização das simples apreensões. A reatualização é a intelecção levada a efeito à luz de simples apreensões. A reatualização é uma segunda intelecção; e esta segunda intelecção se distingue da primeira por ser intelecção à luz de simples apreensões. Nisto consiste o caráter secundário da segunda intelecção: em ser intelecção qualificada por simples apreensões. As simples apreensões não são somente termo de uma intelecção, mas são também e formalmente qualificação intrínseca de intelecção. A simples apreensão é o momento qualificante da segunda intelecção em si. A segunda intelecção é intelecção em distância, e em virtude disso se intelige somente à luz qualificada por simples apreensões. Um traço perfeitamente determinado na apreensão primordial pode ser então, como veremos, pouco determinado com respeito à realização de uma simples apreensão; porque reatualização é atualização do real como realização de uma simples apreensão. E esta reatualização é que tem modos diversos: o vulto pode reatualizar os caracteres do arbusto, do homem, do cão, etc., e atualizá-los de modo mais ou menos vago, etc.

c) Intelijo estes diversos modos de reatualização e os afirmo em ordem à sua própria realização: é o momento de *intenção afirmativa*, o momento de afirmação. Conforme tenham sido os modos de reatualização no segundo momento, a afirmação assume modalidades diferentes: toda e qualquer afirmação é em si mesma modal. É claro que esta modalidade nada tem que ver com o que em lógica foi chamado classicamente de modalidade, a saber, a diferença da conexão do predicado com o sujeito segundo seja, por exemplo, contingente, necessária, etc. Aqui não se trata da conexão de um predicado com seu sujeito, mas do modo como afirme e segundo seja a atualização das notas do real.

Tal é a estrutura dos modos de intelecção em distância.

Seu estudo pode ser feito de diferentes pontos de vista. Estes modos, com efeito, se encontram apoiados entre si. E este apoio é sumamente importante em nossa análise. Mas é essencial fixar bem as ideias. Porque este apoio pode ser de diferentes índoles. Apoio pode significar o modo como uma afirmação se apoia em outras conforme se vão produzindo na mente. O apoio é então um fato psicogenético. Mas não é esta conexão psicogenética o que aqui nos importa. O único fator decisivo neste ponto é a estrutura interna de cada modo de afirmação. E é esta estrutura que se encontra apoiada, enquanto estrutura, em outras afirmações.

Assim, é possível que uma afirmação seja duvidosa, comparada com uma afirmação, por exemplo, certa. Mas isso pode significar duas coisas. Pode significar que a afirmação começou por uma dúvida e ensejou uma afirmação certa. É a conexão psicogenética. Mas pode significar também que, como modo de afirmação, a estrutura da afirmação duvidosa ocupa uma posição bem determinada com respeito à afirmação certa. É um nexo ou apoio estrutural. Os dois tipos de apoio são muito diferentes. Nossa afirmação certa quase nunca é precedida de uma dúvida, mas se produz por outros fatores. No entanto, sempre e em todo o caso, a estrutura da certeza, a estrutura do que é a certeza, apoia-se sempre constitucionalmente na estrutura do que é a dúvida. O que aqui se tenta conceituar não é uma psicogênese de nossas afirmações, mas o espectro intelectivo, por assim dizer, de suas diversas estruturas. E somente a este apoio de índole estrutural é que me refiro quando falo de que uns modos de afirmação se apoiam em outros.

Quais são estes modos? Este é o nosso atual problema.

1º Na parte inferior do espectro de estruturas afirmativas, encontramos um peculiar modo de afirmação. Temos uma coisa apreendida como real e tentamos inteligir o que ela é em realidade. Pode suceder que não consigamos esta intelecção. Dizemos então que a afirmação é afirmação de nossa *ignorância*; como se costuma dizer, não sabemos o que a coisa é em realidade.

Mas esta descrição é radicalmente equívoca e insuficiente. Por ora, emprega-se o verbo "saber". Pois bem, ainda não falamos nem remotamente do que é "saber", tema de que nos ocuparemos somente em outro lugar. Até agora não falei senão de inteligir e de intelecção. Mas, deixando de lado por ora esta observação, essencial em seu momento como veremos, empreguemos o verbo "saber" como sinônimo de intelecção. Pois bem, ainda assim a descrição anterior é radicalmente equívoca. Com efeito, o que é isso de não saber o que algo é em realidade? O pitecantropo de Java, por exemplo, não sabia o que é em realidade a pedra. Diremos então que ignorava o que a pedra é em realidade? A meu ver, não. Porque ignorar o que algo é em realidade é um modo de intelecção de algo que já se tem apreendido em apreensão primordial de realidade. Toda e qualquer ignorância é por isso, sempre e somente, ignorância de algo já apreendido como real. Inteligimos a realidade da "coisa-pedra", mas ignoramos o que é em realidade. Pois bem, o pitecantropo não tinha a apreensão primordial da "realidade-pedra". Portanto, seu não saber o que a pedra é em realidade não é ignorância: é *necedade*. O pitecantropo não tinha a menor atualidade intelectiva da coisa que chamamos de pedra. O "não saber" aqui é "não intelecção". É "carência" de intelecção. Em contrapartida, na ignorância tem-se a intelecção do real, mas não se tem ainda a intelecção do que esse real é em realidade. Portanto, não é "carência" de intelecção, mas "privação" de intelecção. A ignorância é privação de intelecção do que é em realidade algo que já se apreendeu como real, e não mera carência de intelecção. A rigor, quando se ignora algo, sabe-se sobre o que recai a ignorância. O termo formal da ignorância é o "em realidade" de algo já apreendido como real. É claro que há ignorâncias que se referem à mera realidade de algo. Mas nenhuma realidade é inteligida como meramente real sem se fundar (da forma que for, não é nosso problema) em algo já inteligido como real, e cuja intelecção do que é "em realidade" reclama a mera realidade de algo outro. E pode suceder que ignoremos esta realidade. Mas então é claro que, em sua última raiz, a ignorância concerne formalmente ao "em realidade" de algo já apreendido como "real". Se não fosse assim, recairíamos no que dissemos anteriormente: nossa não intelecção da mera realidade não seria ignorância, mas necedade. Seria o não ter, como correntemente se diz, a menor ideia dessa realidade. Mas isso não é ignorância: é mais que ignorância; é necedade. A ignorância não é pois necedade, mas um positivo caráter da intelecção afirmativa. Qual?

Voltemos ao nosso modesto ponto de partida. Temos intelecção de certa coisa real e tentamos inteligir o que é em realidade. A intelecção é então um movimento de expectação intencional que há de resolver-se. E a resolução dessa expectação tem três momentos.

a) Antes de tudo, lançamos mão de nossas simples apreensões, e com elas tentamos inteligir sua possível atualização no já inteligido como real: o vulto atualiza a simples apreensão do homem, do arbusto ou de alguma outra coisa? Então surgem na intelecção os outros dois momentos essenciais.

b) A intelecção da realização das simples apreensões (de que dispomos) no real já apreendido como tal é o segundo momento essencial. Esta realização pode ter diferentes modos, que são, por assim dizer, diferentes graus de suficiência.

Há um grau ínfimo: com respeito às simples apreensões de que dispomos, pode ser que o real não realize nenhuma. A coisa é real, mas não ficou atualizada em ordem a nenhuma das simples apreensões: é o que chamo de *atualização indeterminada*. E este modo de atualização modal constitui um modo de realização da ordem das simples apreensões na coisa real. E esta realização é justamente indeterminada também. Que é esta indeterminação? Certamente, não é "carência" de atualização, mas uma positiva "privação" da atualização "entendida". Em que consiste esta privação?

Recordemos o que é inteligir o que algo é "em realidade". Toda coisa real apreendida em sua formalidade de realidade tem dois momentos: o momento de realidade individual e o momento de realidade campal. E justamente sua intrínseca unidade é o que constitui formalmente o que a coisa real é "em realidade". Pois bem, como eu já disse, quando se inteligem uma coisa real "entre" outras, esses dois momentos ficam de certo modo funcionalmente diferenciados, pois o campo abarca não uma, mas muitas coisas. Daí que a unidade do campal e do individual não seja imediata. É mediada pelas simples apreensões no campo d*a* realidade. É a realização dessas simples apreensões o que preenche o momento campal e sua unidade com a realidade individual; a mediação é a atualização da coisa real individual nas simples apreensões. Pois bem, pode ocorrer que a realidade individual não se atualize positivamente em nenhuma dessas simples apreensões que fornecemos. Então há uma peculiar atualização: é a atualização do campal da coisa real como campo vazio. A coisa real fica então inscrita somente na vacuidade do campo. Disso resulta que a unidade da coisa individual e do campo fica suspensa. Isto é, fica em suspenso o que esta coisa é em realidade. Esta suspensão não é mera carência, não é um vazio de determinação, mas um positivo modo de atualização: é *"determinação privacional"*. É a positiva atualização do "em realidade", mas de modo privativo. É, portanto, a atualidade privativa de uma vacuidade; e esta atualidade privacional de toda determinação é justamente a "indeterminação". Indeterminado, portanto, não significa aqui indefinido, porque ser indefinido é um modo de determinação. Indeterminação significa, por enquanto, "não definido". "Não definido" não é o mesmo que "indefinido". Em virtude desse caráter, o âmbito do indeterminado é constitutivamente aberto sem limites: está aberto a tudo o mais. "O mais" não são aqui as demais coisas, mas o que em realidade seria a coisa "não definidamente". É "o mais" do "em realidade". O que é não definido é o modo de unidade do individual e do campal, quer dizer, o que a coisa é em realidade. Como é a não definição de algo já definido como real na apreensão primordial, sucede que esta não definição é privação. A privação é a atualidade da vacuidade do individual no campo: é o "em realidade" em suspenso. São as simples apreensões que determinam a atualidade do indeterminado.

E aqui se vê a diferença entre os traços da coisa em e por si mesmos e os traços da coisa em ordem à segunda atualização. Os traços da coisa real em e por si mesma podem estar perfeitamente determinados em sua realidade individual, e no entanto sua intrínseca unidade com o campal pode ser indeterminada. A coisa real é determinada, mas é indeterminado o que ela é em realidade.

c) Esta atualidade do indeterminado, esta atualidade da vacuidade vã do campo da realidade individual, define por sua vez um modo próprio de afirmação intelectiva, porque define um modo próprio de realizar algo na simples apreensão. Todo movimento intelectivo é, como dissemos, expectação intencional. E por isso, enquanto mera intelecção, aquele movimento é uma intenção privacional: é nisso justamente que consiste seu caráter expectante. Esta expectação intencional privacional se resolve numa afirmação cujo modo é determinado pelo modo da atualização. Quando a atualização é uma vacuidade privacional, então a afirmação se reveste de um modo peculiar. Toda intenção expectante é em si mesma privacional; quando a atualidade do expectado é a indeterminação (no sentido explicado), sucede então que a privação intencional se torna caráter da afirmação: é o privacional da intenção plasmado como modo de afirmação. Não é privação de intenção; isso seria mera deficiência intelectiva. Tampouco é a própria intenção como privada de termo positivo, porque isso seria mera constatação. É uma intenção que consiste no próprio modo de afirmar: é a própria afirmação como privacional. A privacionalidade do próprio ato de afirmação é afirmação vácua. Pois bem, este modo de afirmar é justamente o que formalmente constitui a *ignorância*. Ignorar é afirmar "privacionalmente" o "em realidade". É uma afirmação suspensiva em si mesma como afirmação. É um modo positivo de afirmação. Um modo de afirmação tal, que a intenção afirmativa fica como que recolhida em si mesma numa própria vacuidade intencional: a intenção afirmativa vã como modo de afirmar é aquilo em que consiste a ignorância. É algo assim como um salto no vazio. É, portanto, em primeiro lugar uma vacuidade, mas em segundo lugar uma vacuidade do que o real é em realidade. A vacuidade é então um positivo âmbito afirmativo; uma positiva afirmação em vacuidade, uma afirmação indeterminada. A intenção privacional expectante fica recolhida em si mesma, plasmada em afirmação suspensiva. É a suspensividade como modo mesmo de afirmação, não é mera suspensão do afirmado. É a essência da ignorância: a afirmação suspensiva, vácua, do indeterminado enquanto tal.

Precisamente porque a ignorância é um modo de intelecção afirmativa, o homem não só tem de ir aprendendo o que as coisas são em realidade, mas também tem de aprender a ignorar. Só assim pode criar novas simples apreensões que em sua hora podem conduzir da ignorância a outros modos de intelecção afirmativa. O acesso à ignorância, à margem e por sobre a necedade, é um duro movimento intelectivo.

A realização das simples apreensões não é, portanto, tarefa simples. À medida que essa realização vai progredindo, as coisas reais atualizam seus traços de maneira mais definida: é o orto estrutural de outros modos de intelecção afirmativa.

2º O que a coisa é em realidade pode começar a atualizar e realizar mais os traços em ordem às simples apreensões.

a) A atualização nestas simples apreensões da coisa real já não é pura e simplesmente indeterminada. A atualização, com efeito, passa por um momento mais ou menos vago, às vezes fugaz, outras vezes penosamente duradouro. É o momento em que começa a apontar vagamente o anúncio de uma determinação. É um momento puramente auroral ou incoativo. Mas é um apontar que não é mais que mero apontar, pois, assim que a atualização apontou, os traços voltam a sumir como invalidados. É o que chamarei de "apontar derrogado". Pois bem, o apontar derrogado constitui formalmente esse modo próprio de atualização que é o *indício*. Não é a mera indeterminação, mas ainda não é determinação: é o alvor de determinação derrogada; é o mero surgir de uma possível determinação, o primeiro apontar dela. O indício é um modo de atualizar a coisa real em ordem ao que é em realidade, isto é, em ordem às simples apreensões com que tentamos inteligi-la. Os traços da coisa real jamais são indícios; são o que são e nada mais. Em contrapartida, o indício é sempre e somente indício de algo, e este algo é o apreendido em simples apreensão. É pois tão somente indício do que a coisa real é em realidade.

b) Este modo de atualização e realização plasma a afirmação segundo um modo próprio de intenção: a intenção afirmativa do indício enquanto tal é o *barrunto*. Barrunto é um modo de afirmação. Não se trata de barruntar uma afirmação, mas de afirmar barruntativamente, por assim dizer. A vacuidade da intenção, isto é, da ignorância, cede lugar agora ao barruntante da intenção. É a intelecção do primeiro apontar para a determinação em ordem ao que a coisa real é em realidade. Tão somente se barrunta o que a coisa é em realidade, porque ela nos está atualizada como indício.

Esta intelecção admite naturalmente muitos graus. O mero apontar para a determinação pode ser um apontar para o qual vai fazer-se claridade. Mas é um apontar rapidamente derrogado. Este modo de indício é o que chamo de *clarescência*: é o mero romper da claridade ao alvorecer. O próprio barruntar da intenção afirmativa do clarescente é o *vislumbre*: é o vislumbre do clarescente. O indício pode ser mais que mera clarescência. No apontar derrogado do indício, pode atualizar-se não só a luz que alvorece, mas também alguns traços da coisa. Mas esses traços, logo derrogados, atualizam a coisa como algo que é em realidade indiferente. Esta atualização do indício é o que chamo de *borroso*.[3] O *borroso* consiste em que os traços estejam atualizados "desdesenhadamente"[4] em ordem ao que a coisa é em realidade. Não se trata de uma espécie de mistura de traços, mas de rigoroso "desdesenhamento". O "desdesenhamento" não é uma privação completa de desenho, nem é um desenho preciso. O "des" expressa justamente a derrogação.

---

[3] Pela inexistência de equivalente preciso em português, preferimos manter o adjetivo espanhol *borroso* (que se diz daquilo cujos traços aparecem desvanecidos e confusos) e seu derivado *borrosidad*. Poder-se-ia traduzi-lo por "impreciso", mas lembremo-nos de que Zubiri já recorreu ao conceito de *imprecisión* ("imprecisão") no primeiro livro desta trilogia. (N. T.)

[4] Quando, em espanhol, se diz que algo é ou está *desdibujado*, quer-se dizer que é ou está malconformado ou, especificamente em caso de desenho, mal delineado, delineado com traços borrosos. Pois bem, tivemos de incorporar o termo (e correlatos) como neologismo, sem o que não se entenderia toda esta passagem, como imediatamente se verá. (N. T.)

A derrogação atualiza os traços como não sendo determinadamente da coisa tal como é simplesmente apreendida. E este "não" atualiza a coisa não como indeterminada, mas como "desdesenhada". A derrogação "desdesenha" os traços da coisa atualizada em simples apreensão. Nada é *borroso* em si mesmo, mas só o é em ordem às simples apreensões. E neste "desdesenhamento" é que consiste formalmente o *borroso*. Pois bem, a intenção afirmativa, a realização do *borroso* enquanto *borroso* é a *confusão*. Não se trata de confusão de "ideias" nem nada parecido, mas é um modo mesmo de afirmar: é afirmar confusamente o que se atualiza como *borroso*, afirmar confusamente que a coisa é em realidade *borroso*. Barruntamos confusamente o que a coisa é em realidade. Finalmente, neste repetido surgir e sumir de traços atualizados, há alguns que já não apontam, que ficam como que definitivamente derrogados; enquanto outros vão apontando com insistente atualidade. O *borroso* vai então acusando vagamente seus traços. O indício é então mais que o "desdesenhado" do *borroso*: é a realização como *indicação*. É um "apontar acusado", mas que fica derrogado assim que aponta. Por isso dizemos que os traços não ficam senão indicados. Há somente uma indicação do que a coisa é em realidade. Pois bem, a intenção afirmativa do indicado, realizado como tal, é o que chamamos de *suspeita*. É um modo de intenção afirmativa: afirma-se suspeitadamente o tão somente indicado. É suspeita do que a coisa é em realidade.

Em definitivo, o indício pode apresentar três qualidades: clarescência, *borrosidad* e indicação. A intenção intelectiva do indício enquanto tal, o barrunto, possui então três qualidades determinadas pelo indício: o vislumbre do clarescente, a confusão do *borroso* e a suspeita do indicado.

Mas esta última qualidade, a suspeita, já é a transição incoada para um modo de afirmação diferente.

3º O auge da indicação, com efeito, vem delimitar um conjunto de traços com respeito às simples apreensões. Nelas se atualiza a coisa real de modo diferente e superior ao indício, e esta atualização determina uma intenção afirmativa superior ao barrunto.

a) Qual é esta atualização? Recordemos antes de tudo que na atualização de indeterminação e de indício a multiplicidade de traços é sempre uma multiplicidade aberta: a vacuidade e a derrogação deixam aberta a multiplicidade de traços atualizáveis. Mas agora os traços não ficam derrogados nem meramente acusados; ficam, ao contrário, *sustentados*. Antes, mesmo acusados, não passavam de indícios, dado que imediatamente seriam derrogados. Mas agora o acusado já não se derroga. Então, os traços acusados se tornam sustentados. Que são estes traços sustentados? Formam uma multiplicidade de caráter muito preciso. Antes de tudo, é uma multiplicidade de traços muito fixa: a coisa real tem tais ou quais traços, como, por exemplo, os traços de arbusto ou de cão, mas não os de homem. A coisa é em realidade somente cão ou arbusto. Nisso é que consiste formalmente a sustentação. Por não serem derrogados, os traços constituem uma multiplicidade não aberta, mas, ao contrário, uma multiplicidade fechada, uma *multiplicidade delimitada*. Certamente, os traços não estão determinados, mas tampouco são quaisquer: o âmbito de sua não determinação é um âmbito delimitado. Ademais, porém, esta multiplicidade não é só delimitada, é uma *multiplicidade definida*: são traços de cão, de arbusto, etc. A indeterminação fica não só delimitada, mas também definida. A delimitação da área da indeterminação e a definição dos traços constituem um passo decisivo para além da mera indeterminação.

Aí estão os traços que a coisa real atualiza agora em ordem às simples apreensões. Mas é preciso dar mais um passo. Que é que sustenta estes traços? A própria coisa real. Não basta dizer que os traços constituem uma multiplicidade delimitada e definida; é necessário dizer em que consiste a própria sustentação. A sustentação é certamente o modo de atualização da coisa real em ordem às simples apreensões de cão e de arbusto. Portanto, é preciso dizer em que consiste a sustentação como atualização. Quando a coisa atualiza seus traços sustentadamente, dizemos que a coisa real poderia ser não um ou outro, e sim que poderia ser tanto um como outro. Sustentação não é mera insistência, mas este modo de atualização do "tanto-como". Pois bem, estes traços pertencem à coisa real. É a coisa real que sustenta os traços do cão ou do arbusto. Então esta coisa já não é indeterminada nem indicial. Já não é um ou outro, mas tanto um como outro: é *ambígua*. O modo de atualização do que a coisa real é em realidade tem agora modo de ambiguidade. Na sustentação de traços múltiplos de uma multiplicidade delimitada e definida, a coisa é em realidade ambígua. O delimitado e o definido da multiplicidade concernem aos traços; a ambiguidade concerne à sua sustentação, à sua atualização, é um modo intrínseco de atualização. Junto ao modo de atualização de indeterminação e de indício, temos agora um terceiro modo de atualização: a ambiguidade. É a própria coisa real que em realidade se atualiza ambiguamente com respeito às simples apreensões.

b) Pois bem, a atualização da coisa real como ambígua se plasma num modo próprio de realização de intenção afirmativa: é a *dúvida*. Dúvida é formalmente a afirmação do real ambíguo enquanto ambíguo. Dúvida é etimologicamente um modo de *duplicidade*. Mas aqui não se trata da *dualidade* da intelecção em distância; trata-se do caráter duplo da própria atualização do real. É este modo especial de dualidade que constitui a ambiguidade. Diga-se de passagem que, ao se falar de dúvida e de ambiguidade, não é forçoso que haja somente dois termos (cão, arbusto); poderia haver uma multiplicidade mais ampla, mas limito-me, para maior clareza, à multiplicidade dual da ambiguidade. E isto é o essencial. A dúvida não se funda numa disjunção: não se funda em que a coisa real é em realidade ou cão ou arbusto. A dúvida funda-se, ao contrário, numa conjunção: a coisa pode ser tanto cão como arbusto, isto é, funda-se em ambiguidade. E, como modo de afirmação, a dúvida não é uma espécie de oscilação ou vacilação entre duas afirmações. É, ao contrário, um modo de afirmar o que a coisa real é ambiguamente em realidade. Vacilamos porque há afirmação duvidosa, mas não há afirmação duvidosa porque vacilamos. A dúvida é um modo de afirmação, não é um conflito entre duas afirmações. Afirmamos dubitativamente a ambiguidade do que a coisa real é em realidade. Não é um não saber que decisão tomar, mas um saber que a coisa é em realidade ambígua. Subentenda-se, naturalmente, que a coisa é realmente ambígua com respeito a minhas simples apreensões. Nada é ambíguo em si mesmo.

Eis o terceiro modo de afirmação: a dúvida. Ela constitui uma estrutura apoiada na estrutura da ignorância e do barrunto. A vacuidade da indeterminação se plasma no barrunto do indício. E este barrunto vai progredindo: o vislumbre do clarescente torna-se a confusão do *borroso*, e esta confusão se torna precisa na suspeita do indicado. Pois bem, a suspeita do indicado fica precisada na dúvida do ambíguo. Na redução da indeterminação a indício e do indício à ambiguidade, vai-se estreitando, por assim dizer, o círculo do que a coisa real é em realidade. Mais um passo e este círculo assume um modo qualitativamente diferente, que determina por sua vez um modo diferente de intelecção afirmativa.

4º Pode suceder, com efeito, que a coisa que está presente, sem deixar de ser ambígua, se ache mais próxima de um dos dois termos da ambiguidade que do outro. Esta aproximação não é meramente gradual, mas a expressão de um modo novo de atualização do que a coisa é em realidade, um modo que determina por sua vez um novo modo de afirmação, de realização.

a) Como atualização com respeito a simples apreensões, a coisa real está mais próxima de uma delas que da outra. Que é esta proximidade? Na ambiguidade, trata-se de que a multiplicidade é delimitada e definida. Mas agora aparece um novo caráter: o caráter de "peso", *pondus*. A atualização tem certo peso. Não é mera metáfora introduzida *ad hoc*. É algo sumamente preciso, que se expressa num vocábulo: é *pre-ponderância*. O caráter intrínseco da atualidade é mais que simples ambiguidade, é preponderância. É preponderante a atualização dos traços segundo uma simples apreensão. A aproximação pertence intrinsecamente à atualização da coisa, e esta intrínseca aproximação é o que constitui a preponderância. Em virtude disso, a atualidade da coisa inclui, tal como na ambiguidade, dois termos delimitados e definidos, mas sustenta mais um que o outro. Portanto, a coisa já não é "tanto um como outro", mas "mais um que outro". O "mais que" é a preponderância. Na ambiguidade, fica oculto este caráter de ponderância. Deste ponto de vista, a ambiguidade seria uma equiponderância. Mas a recíproca não é verdadeira: a ambiguidade é um modo próprio de atualidade intrinsecamente diferente e independente de toda e qualquer ponderância. A continuidade da transição de um modo de atualidade para o outro não pode desvirtuar sua intrínseca irredutibilidade.

b) Pois bem, a atualização do preponderante enquanto tal determina um modo próprio de realização, de intenção afirmativa: é a *opinião*. Opinião é formalmente um modo de afirmação; é afirmar não vacuamente, nem barruntantemente, nem dubitativamente, mas afirmar opinantemente. Não se trata de uma opinião que se tenha acerca de uma possível afirmação, mas de um modo de afirmação. O que a coisa é em realidade preponderantemente é, por exemplo, cão; e o modo da afirmação do preponderante enquanto tal é formalmente a opinião. A expectação intencional plasmou-se agora em opinião. Nada é preponderante, nem portanto opinável, em e por si mesmo, mas ser preponderante, opinável, é sê-lo tão só como atualidade com respeito a simples apreensões. Em e por si mesmo, o vulto distante tem todos os traços de um vulto distante, e nada mais. Mas, com respeito a minhas simples apreensões, este vulto distante tem traços de cão mais que de arbusto. A afirmação como modo intencional do "mais que" é uma afirmação intrinsecamente opinativa. Só como termo desta afirmação é que se pode chamar o preponderante de opinável.

Como modo de afirmação, a opinião pode ter caracteres diferentes segundo o peso dos traços atualizados. A preponderância, a atualidade preponderante, pode ser às vezes tão somente um leve *clinâmen*. É uma espécie de gravitação meramente incoada. A intenção afirmativa do atual como *clinâmen* é essa intenção que chamamos de *inclinação*. É um vocábulo certamente equívoco. Pode sugerir, com efeito, a ideia de uma tendência ou algo semelhante, como sucede ao se falar de boas ou más inclinações. Mas aqui significa tão só e formalmente a inclinação como modo intrínseco de afirmar. Acontece com este vocábulo o mesmo que com o vocábulo "intenção". De significar a intenção de um ato de vontade, passou a significar a intencionalidade própria da intelecção. Penso que é preciso levar a efeito com o vocábulo "inclinação" a mesma coisa que já há séculos se fez com o vocábulo "intenção". A inclinação é uma modalização desta intenção: é o modo de afirmar, de realizar a atualidade como *clinâmen*.

Mais um passo e a forma em que se atualizam os traços preponderantes não é mero *clinâmen*, senão que estes traços "carregam" francamente mais de um lado que de outro. Poderíamos chamar este modo de atualidade de *gravidade*, uma gravitação não meramente incoada, mas de certo modo macroscópica. A intenção afirmativa do gravemente preponderante é a *probabilidade*. Aqui me refiro à probabilidade como modo de afirmação. Não se trata da probabilidade como caráter real da realidade física. O que a física entende por probabilidade é a meu ver o que poderíamos chamar de medida da possibilidade. Todos os estados físicos de um elétron, descritos por sua função de ondas, são possíveis. Mas nem todos são igualmente possíveis. A estrutura quantitativa desta possibilidade é o que a meu ver constitui a probabilidade real. Mas aqui não se trata disso. Não se trata de medida do real, e sim de modos de afirmação: afirmo provavelmente que a coisa é isto ou aquilo em realidade. A modalização da preponderância segundo a gravidade constitui uma intenção provável como modo de intenção.

Finalmente, pode ser que certos traços tenham tanto "peso" que sua carga já vença francamente por um lado. É a atualidade do preponderante como *vencimento*. O modo de afirmação, de realização, do vencimento é justamente *convicção*. Dizemos que os traços nos arrastam para uma afirmação. O estar em intenção arrastada é esse modo de intenção afirmativa que constitui a convicção. O "vencer" dentro da coisa é "ao mesmo tempo" o "con-vencer" da intenção.

Definitivamente, o peso, a preponderância, tem três qualidades de atualidade: clinâmen, gravidade, vencimento. E estas qualidades determinam três qualidades da afirmação: a inclinação, a probabilidade, a convicção. São os três modos de opinião.

Mas, por mais que os traços arrastem e determinem a convicção do inteligir, estes traços não estão mais que apontados. Um ponto mais de constrição nesta estrutura nos leva a um modo de intenção afirmativa diferente da opinião.

5º Pode acontecer, com efeito, que a coisa se atualize em traços perfeita e univocamente determinados, que porém não são forçosamente o que a coisa é em realidade, mas constituem somente, por assim dizer, a casca do que é em realidade. Isso determina um modo próprio de intenção afirmativa.

a) Qual é este modo de atualidade? Um vulto ao longe tem todos os traços próprios de um cão. Aqui, portanto, não nos movemos em ambiguidade nenhuma, nem em preponderância nenhuma. Os traços não são ambíguos nem preponderantes; são, ao contrário, univocamente determinados. Dizemos então, e com razão, que vemos um cão. Mas é isso a mesma coisa que acontece quando vejo um cão em minha casa? Também em minha casa vejo um cão, mas há uma diferença essencial entre essas duas apreensões. Em minha casa, vejo algo que efetivamente "é" um cão, ao passo que ao longe vejo algo que, conquanto tenha todos os caracteres caninos perfeitamente definidos, tão somente os "tem". Este "ter" designa exatamente a diferença de atualização do real em ordem aos traços da simples apreensão de cão. Que é o tido, em que consiste o próprio ter, e qual é o modo da atualização da coisa real segundo o tido? Esta é a questão.

Em primeiro lugar, o "ter" designa certa diferença entre o que a coisa real é em realidade e seus traços. Do contrário, o verbo "ter" careceria de sentido. Não se trata de ambiguidade nem de preponderância. Porque a ambiguidade e a preponderância concernem aos traços da coisa, mas aqui estes traços estão univocamente determinados. A diferença que marca o "ter" concerne a uma dimensão distinta: o volume efetivo da coisa. Explico-me. Os traços atualizados estão univocamente determinados, mas não constituem senão a superfície – a "superfácies" – do volume real da coisa. Pois bem, o volume, enquanto circunscrito por essa fácies, tem esse modo de atualidade que é o *aspecto*. Aqui, aspecto não significa algo mais ou menos impreciso, algo variável, efêmero e circunstancial. Ao contrário, o aspecto é aqui algo perfeitamente preciso. E, nesta sua precisão, o aspecto pertence intrínseca, real e determinadamente à coisa. Mas pertence a ela de modo especial. O aspecto é só um modo de atualização do que a coisa é em realidade. Não se trata, repito, de ambiguidade nem de preponderância de traços, mas de que em sua própria precisão este quadro de traços constitui o aspecto do que a coisa é em realidade. O que o vulto distante tem é justamente o aspecto de cão.

Em segundo lugar, o que é este ter em si mesmo? O aspecto não é formalmente o que a coisa real é em realidade, mas é aspecto *da* coisa. Este "de" é um genitivo de um pertencer intrínseco. Em virtude disso, o aspecto é algo como um envolvente ou uma projeção externa do que a coisa é em realidade. Este envolver não é uma espécie de encapsulamento, porque então o aspecto não seria intrínseco à coisa real, mas a conteria. Pois bem, ter não é conter. O vulto ao longe tem todos os traços de cão. No entanto, não é senão aspecto dele. O pertencer do aspecto à coisa real é uma espécie de força de pressão, segundo a qual o aspecto está mais ou menos "colado" ao que a coisa é em realidade. O que a coisa é em realidade se projeta, por assim dizer, em seus traços, que são então "ex-pressão" sua. A unidade do aspecto com o qual a coisa é em realidade é unidade de "ex-pressão".

E esta expressão é manifestação, portanto, da coisa. Ter é, enquanto tal, manifestar. O aspecto é o âmbito de *manifestação* do que a coisa é em realidade. Aqui se vê claramente a diferença entre a manifestação, a ambiguidade e a preponderância. O ambíguo e o preponderante se constituem no que "está" manifesto. Por sua vez, no aspecto não se trata do que já está manifesto, mas do manifestar mesmo enquanto tal.

Em terceiro lugar, qual é o modo de atualização aspectual e manifestativa do que a coisa é em realidade? Quando apreendo um cão em minha casa, apreendo o cão e nele a manifestação de seus traços, seu aspecto; por isso digo que é efetivamente um cão. Mas, quando vejo ao longe um vulto que tem aspecto de cão, faço a operação inversa: apreendo o aspecto e intelijo nele a atualização do que a coisa é em realidade: vou do aspecto para o cão. A primeira coisa que nesta atualização me vem ao encontro é o aspecto do cão. E ir ao encontro é justamente o que etimologicamente constitui a *obviedade*. No óbvio fica atualizada a coisa real meramente como aspecto. E, ao ir do aspecto para a coisa, é óbvio que esta se manifestou no aspecto: a coisa é obviamente o manifestado em seu aspecto. Precisamente por isso não ocorreria a ninguém dizer simplesmente que o apreendido não é um cão. Mas é cão tão só obviamente. O óbvio é, por um lado, o aspecto como sendo *da* coisa; por outro lado, este "de" admite graus de pressão. E em virtude disso o aspecto está, de certo modo, "colado" à coisa, mas com *lassitude*. Lassitude é o caráter formal do mero ter. A lassitude da determinação é unívoca, mas o "de" mesmo é lasso; a rigor, a coisa poderia ser em realidade diferente de seu aspecto. A atualização tem, portanto, agora um modo preciso: é aspecto que manifesta como óbvio o que a coisa real é em realidade. A *obviedade*: aí está o novo modo de atualização. Como todos os demais, este modo o é tão só com respeito à simples apreensão. Nada é óbvio em si mesmo, mas somente com respeito a uma simples apreensão. A realização da simples apreensão como aspecto é agora tão somente óbvia.

b) Pois bem, a atualização da coisa como algo óbvio determina um modo próprio de intenção afirmativa de realização: é a *plausibilidade*. Plausibilidade é formalmente afirmação do óbvio. É um modo de afirmar: é afirmar plausivelmente que a coisa é em realidade tal como o manifesta seu aspecto. A plausibilidade é um modo de afirmar, e o afirmado desse modo é o óbvio. Mas, como o óbvio é o que nos vem ao encontro, sucede que a plausibilidade é a forma em que se plasma agora a expectação intencional da intelecção em distância. A simples apreensão se afirma plausivelmente como realizada na coisa. O plausível, precisamente por sê-lo, é o que a coisa é em realidade até prova em contrário, como se diz correntemente. Este "até" expressa ao mesmo tempo o caráter de realidade óbvia do aspecto e o caráter plausível de sua afirmação.

Esta ideia do óbvio e do plausível é a meu ver o que constitui a *dóxa* de Parmênides. A mente se aferra ao que lhe aparece ao apreender as coisas segundo sua *forma* e segundo os *nomes*. *Ónoma* e *morphé* são o modo como as coisas nos aparecem. *Námarupa* – diziam igualmente alguns *Upanishads*. Formas e nomes são o aspecto óbvio da coisa. E afirmar que as coisas são assim em realidade é justamente o plausível: é a *dóxa*. Não é questão de meras aparências fenomênicas, nem de percepções sensíveis, nem muito menos de entes concretos, diferentes do ser enquanto tal. A meu ver, é questão de obviedade e plausibilidade. Todo e qualquer afirmar a multiplicidade concreta das coisas mesmas é simplesmente afirmar o óbvio, afirmar que as coisas são segundo o aspecto que delas nos vem ao encontro. Por isso esta afirmação é tão somente plausível. Para Parmênides, o filósofo vai além do óbvio e do plausível, vai ao ser verdadeiro das coisas. Para Parmênides e os mais importantes filósofos do Vedanta, nossa ciência e nossa filosofia seriam tão somente ciência e filosofia do aspectual. Esta implicação entre aspecto, obviedade e plausibilidade é, a meu ver, a interpretação tanto do eleatismo como de algumas linhas vedantistas.

O que a coisa real é em realidade está agora, portanto, univocamente determinado, mas apenas lassamente. A coisa "tem" em realidade este aspecto, e por isso é obviamente assim. A afirmação do óbvio enquanto tal é a plausibilidade. O plausível é o modo de afirmar a "coisa real-manifesta", mas nada mais.

Mas com isso ainda não terminamos.

6º Suponhamos, com efeito, que não apreendo a coisa em questão ao longe, mas em proximidade; por exemplo, em minha casa. Apreendo que a coisa é um cão. Então, não digo que a coisa tem aspecto de cão, mas que é um cão. Qual é este modo de atualização da coisa e qual é o modo de sua afirmação?

a) Antes de tudo, não tem sentido primário a diferença entre o cão e o aspecto canino. Esta diferença será sempre posterior à apreensão intelectiva do próprio cão e, portanto, se funda na intelecção deste. A aspectualidade se acha então fundada na própria atualização do que a coisa é em realidade, e não ao contrário, como acontecia antes. Nesta atualização, o que antes chamamos de aspecto não é propriamente aspecto, mas um momento incorporado à própria coisa. O aspecto é agora o que dá corpo à coisa. A coisa não é mero volume, mas corpo. A incorporação é o primeiro caráter do novo modo de atualização. O que antes chamávamos de aspecto é somente a própria forma de atualidade do que a coisa real é em realidade. E, como tal, devemos chamá-la de *corporeidade*. Não me refiro somente ao corpo como organismo nem nada semelhante, mas ao corpo como mero momento de atualidade da coisa real mesma. É o momento de atualidade da simples apreensão na coisa real mesma.

Em segundo lugar, precisamente por isso, esta atualização significa que é a própria coisa, e não só sua manifestação, o que realiza a simples apreensão. Esta coisa é o que realiza a simples apreensão do cão. A simples apreensão não está atualizada somente no aspecto; não é atualização aspectual, mas atualização do que a coisa mesma é em realidade. Quer dizer, o realizado da simples apreensão constitui um momento da coisa real mesma em sua realidade. É o caráter de *constituição* desta nova atualização. Aqui, constituição não é um caráter da realidade da coisa, mas apenas da atualização intelectiva do que ela é em realidade. Constitutivo significa aqui que pertence ao que a coisa é em realidade; não é um caráter dentro da coisa real pelo qual nesta se distingue de outros caracteres seus, como, por exemplo, do adventício. Um traço que pertence ao que a coisa é em realidade é um traço que constitui este "em realidade" dela. Aqui, o genitivo "de" não significa ter, mas constituir. A simples apreensão de cão não é tida por esta coisa, mas constitui o que ela é em realidade: cão. A lassitude deu lugar à constituição.

Então, qual é o modo do atualizar mesmo dos traços univocamente determinados da coisa como momentos constitutivos de sua atualização? A resposta é simples: os traços que incorporam o que a coisa é em realidade, e que pertencem, portanto, à constituição de sua atualidade, são traços do que efetivamente é a coisa em realidade. *Efetividade*: aí está o novo modo de atualização. Não se trata de que esses traços *manifestem* o que a coisa é em realidade, mas de que são traços que *efetivamente* são dela. Não é o aspecto que a coisa tem, mas um constitutivo do que ela é em realidade.

Corporeidade, constituição, efetividade são três conceitos que, bem pensados, são neste problema, se não perfeitamente idênticos, ao menos três conceitos que se recobrem de forma tal, que os vocábulos que os designam são no fundo de acepção sinônima. Para nos entendermos, chamarei de efetividade este modo de atualizar-se.

Aqui é preciso que nos detenhamos um pouco. Porque estas ideias de constituição e corporeidade parecem ser as mesmas que caracterizam a apreensão primordial do real. A coisa real apreendida em e por si mesma é compacta; parece, portanto, que o que dizemos da atualização da coisa real no movimento intelectivo é apenas uma nova designação da compacção. Mas não é assim nem remotamente. Porque a intelecção afirmativa é uma intelecção em distância de caráter mediado; não é intelecção da coisa em e por si mesma. No movimento intelectivo, distanciamo-nos da coisa e voltamos a ela para inteligi-la numa reatualização. Esta reatualização, por mais atualização que seja, é somente "re". Que significa este "re"? Certamente não é a compacção primeira e primária. O que chamamos de constituição não é a compacção, mas algo que a recobre; é mais uma *re-constituição*. Ao nos distanciarmos da coisa real, fiquei distanciado não de minha intelecção de realidade, mas do que a coisa real é em realidade: a compacção ficou rompida em incompacção. Pois bem, na efetividade, na constituição da atualidade, fica atualizado o que a coisa é em realidade não de modo compacto, mas de modo reconstituído. Ver este papel branco é uma apreensão primordial de realidade. Atualizá-lo como um papel que "é branco" é uma reconstituição. Por sê-lo, a constituição é o sucedâneo da compacção. É, se se quiser, o modo como o incompacto se torna de certo modo compacto. Este tornar-se é a reatualização.

A efetividade é constituinte da atualidade do que a coisa é em realidade. É um novo modo de atualidade: não é indeterminação, nem indício, nem ambiguidade, nem preponderância, nem obviedade, mas efetividade univocamente determinada.

b) Este modo de atualização determina um modo de intenção afirmativa: é a *certeza*. A efetividade da constituição determina a firmeza certa da afirmação. A certeza, radicalmente considerada, não é um estado mental meu. Não se trata de estar seguro; trata-se de que a coisa apreendida é assim com firmeza total. O vocábulo "certeza", portanto, é tomado em seu sentido etimológico. Certo é o já fixado, a própria fixidez da coisa. É um adjetivo do verbo *cerno*, que significa escolher com firmeza, crivar. Em espanhol[5] temos o derivado "acertar", que não significa estar seguro, mas significa atingir o ponto preciso para o qual se aponta: "estar no certo" não é uma segurança, mas o alvo, por assim dizer, alcançado. Daí o vocábulo ter assumido o sentido de encontrar. A certeza é assim o grau supremo de firmeza da intenção. Por essa razão, podemos dizer que é firmeza pura e simplesmente,

---

[5] Como em português. (N. T.)

diferentemente de outros modos de afirmação, como a dúvida ou a probabilidade. A certeza não é a máxima probabilidade, como às vezes se costuma dizer, mas outro modo de afirmar de diferente firmeza. Na certeza temos a firmeza por excelência. Aqui volto a sublinhar a diferença entre o juízo certamente firme e a apreensão primordial de realidade. Na impressão primordial de realidade há, se se quiser, uma firmeza primária de uma intelecção do real em e por si mesmo: é o modo de intelecção do compacto. Mas a rigor a apreensão primordial não tem firmeza, senão que esta é exclusiva do juízo certo. Trata-se na certeza, se se pode falar assim, de uma "con-firmação" do que era a firmeza da apreensão primordial.

Os dois caracteres de re-constituição e con-firmação tomados conjuntamente, quer dizer, tomados conjuntamente o "re" e o "con", são os dois momentos da intelecção afirmativa certa em face da compacta apreensão de realidade; são os dois momentos da firmeza certa, da certeza. Por isso podemos dizer que o juízo certo recupera a coisa real, mas num nível diferente. E este nível diferente é o "em realidade".

Com isto, analisamos estruturalmente as áreas mais importantes do espectro dos modos de afirmação. Para isso, recorri a exemplos de muito relevo: um vulto ao longe, etc. Mas, para evitar interpretações defeituosas, convém dizer que estes modos se aplicam não só ao que é ser cão, arbusto, etc., mas também ao traço mais modesto e elementar do real. Assim, se tentamos inteligir a cor que em realidade uma coisa possui, pode suceder que a coisa tenha no movimento intelectivo de minha apreensão uma cor indeterminada, pode ser que tenha um indício de que a cor seja azul, verde, lilás, etc.; pode ser que seja mais azul que verde, pode ser que tenha aspecto de azul, pode ser que seja efetivamente azul.

Todos estes modos constituem uma gama espectral de modos de afirmação. A atualização pode ser indeterminada, indicial (clarescência, *borrosidad*, indicação), ambígua, preponderante (clinâmen, gravidade, vencimento), óbvia, efetiva. Correlativamente ficam determinados os modos de afirmação, de realização: ignorância, barrunto (vislumbre, confusão, suspeita), dúvida, opinião (inclinação, probabilidade, convicção), plausibilidade, certeza.

Todos estes modos são outros tantos modos de resolução da expectação intencional em afirmação. São modos de firmeza. E estes modos dependem dos diversos modos segundo os quais o real se atualiza diferencialmente no movimento intelectivo.

Mas isso nos apresenta uma questão decisiva. Porque todos estes modos de afirmação, como acabamos de ver detidamente, são modos segundo os quais o real determina a afirmação em sua dimensão de firmeza. Mas agora temos de nos perguntar não quais são nem em que consistem os modos de afirmação, mas o que é o determinar mesmo. O estudo do que é a afirmação, do que são suas formas (força de realização) e do que são seus modos (modalidades da firmeza) foi o estudo da estrutura da afirmação. Agora, temos de entrar nesta outra grave questão: o determinante real mesmo da afirmação; a estrutura medial do logos senciente.

SEÇÃO III
Estrutura formal do logos senciente:
II. Estrutura medial

Vimos na Seção I desta Segunda Parte o que é a intelecção de uma coisa real entre outras, quer dizer, o que é a intelecção de uma coisa real no campo de realidade. Esta intelecção é o que chamamos de logos. Este logos como intelecção tem três caracteres básicos fundamentais. Em primeiro lugar, o logos intelige o que uma coisa real é em realidade, mas o intelige desde outra coisa simplesmente apreendida em *distância*. Ser em realidade é ser um isto, um como, um quê. Este inteligir desde outra coisa é o momento de dualidade. Em segundo lugar, nesta dualidade se intelige o que o real é em realidade *indo* da coisa real para as outras coisas do campo. É o momento dinâmico da intelecção. Este movimento tem, como vimos, duas fases. Na primeira, somos impelidos desde a coisa que se quer inteligir para aquilo desde o qual se vai inteligir o anterior. Esta fase é um movimento de retração. Nela se intelige em simples apreensão o que a coisa "seria" em realidade. Mas, como ficamos retidos pela coisa real, o movimento de impelência ou retração é seguido de uma segunda fase, de sentido de certo modo contrário: o movimento de reversão ou *intentum* desde "a" realidade campal para a coisa. Nesta reversão se intelige não o que a coisa "seria", mas o que "é" em realidade: é a afirmação. O estudo do movimento intelectivo em suas duas fases foi levado a efeito na Seção II.

Pois bem, a passagem do "seria" para o "é" é determinada no próprio campo de realidade. O campo, como dissemos, não é algo que se vê, mas algo que faz ver: é *meio* de intelecção. Aqui a dualidade não constitui um momento estrutural do dinamismo, mas um momento da medialidade. O *meio* é o que faz discernir entre os muitos "serias" da coisa aquele "seria" que é mais que "seria": o "é". Então se nos apresenta um novo problema. Na Seção II estudamos a estrutura formal dinâmica do logos, mas agora precisamos estudar a determinação pela qual o meio de intelecção, a realidade, nos faz "discernir" o que a coisa real é em realidade entre as várias que "seriam", isto é, o que determina a realização de determinada simples apreensão da coisa real. É o tema da Seção III: a estrutura formal medial do logos. Centramos este estudo em duas questões:

1º O que é a determinação em si mesma.

2º Qual é o caráter do logos enquanto determinado: logos e verdade.

Seu estudo é levado a cabo nos dois capítulos seguintes.

6. A DETERMINAÇÃO DO LOGOS EM SI MESMA

Perguntamo-nos antes de tudo, portanto, o que é a determinação em si mesma. O meio da realidade é o que permite ver esta determinação. E, como o meio da realidade procede em última instância da própria coisa real, sucede que a determinação procede também, em última instância, dessa mesma coisa real. Apresentam-se-nos, então, quatro problemas:

§ 1. O que é esta determinação do logos: evidência.

§ 2. Quais são os caracteres intrínsecos da evidência.

§ 3. Do ângulo deles, discutiremos algumas ideias da evidência aceitas automaticamente em filosofia, mas que penso serem falsas.

§ 4. Precisaremos então o nosso pensamento em face de duas concepções clássicas que com outro nome podem corresponder ao nosso problema: o intuicionismo e o racionalismo.

§ 1. O que é a determinação enquanto tal: a evidência

Na fase de impelência, ficamos campalmente distanciados da coisa que queremos inteligir. Mas a retinência de sua realidade nos faz reverter para essa coisa real: o distanciamento é assim um distanciamento aproximante. Não nos distanciamos do real senão para vê-lo melhor.

Como é possível que a coisa real nos aproxime distanciando-nos? Não se trata, recordemos, da intelecção da coisa real em e por si mesma, mas da intelecção do que esta coisa real é em realidade. Pois bem, intelecção é mera atualização do real como real. Portanto, é esta atualidade intelectiva da coisa real o que, por ser atualidade diferencial, nos aproxima distanciando-nos.

Como? Já vimos que toda e qualquer coisa real tem dois momentos intrínsecos e formalmente constitutivos de sua atualidade intelectiva: o momento individual e o momento campal. São dois momentos de cada coisa real em e por si mesma. Mas, numa coisa distanciada, sua intelecção é uma apreensão certamente "una", mas "dual". Esta dualidade não concerne somente ao movimento em que a intelecção do logos consiste, mas também e antes de tudo à coisa real mesma enquanto atualizada: intelige-se a coisa mesma como uma dualidade momentual. Em virtude disso, esta atualização de uma coisa real tem como momento formal seu o que poderíamos chamar de interna "vacuidade". O desdobramento entre o individual e o campal da coisa real atualizada constitui nesta atualização um hiato ou uma vacuidade entre o que ela é "como realidade" e o que ela é "em realidade". Não se trata de uma vacuidade, repito, no conteúdo da coisa apreendida, mas de uma vacuidade em sua atualidade intelectiva. Ao apresentar-se "entre" outras coisas, toda e qualquer coisa real tem uma constitutiva vacuidade de atualização. Por esta vacuidade é que a coisa nos impele à distância desde si mesma, num movimento retrativo, cujo termo é a simples apreensão. Mas esta vacuidade é uma vacuidade que se acha preenchida pelo momento afirmativo, pela intenção afirmativa. A afirmação preenche a distância entre a coisa como real e o que ela é em realidade. Ambos os momentos, a retração e a afirmação, são somente – como dissemos – diferentes fases de um movimento uno e único: o movimento pelo qual a coisa não só impele ao campo, mas também nos retém na realidade dela. Portanto, esta retinência está na própria raiz da atualidade da coisa inteligida, na raiz, portanto, de sua própria vacuidade. Isso significa que a vacuidade mesma tem uma estrutura própria por ser "vacuidade retinente". Daí resulta que a vacuidade não é aqui (como era, no entanto, na ignorância) mero vazio, mero hiato, mas é algo dotado de positiva estrutura. A coisa real mesma, com efeito, é o que abre sua própria vacuidade em sua atualidade intelectiva. Em virtude disso, a estrutura da vacuidade lhe é conferida pela coisa real mesma ao reter-nos intelectivamente nela. Em outros termos, a vacuidade está aberta sobre a coisa real mesma e pela coisa real mesma, cuja unidade de realidade subjaz à vacuidade e lhe confere sua estrutura. Portanto, a vacuidade fica criada e estruturada pela primária e primigênia unidade de realidade. "Preencher" a vacuidade consiste justamente em superar a dualidade; portanto, em fazer que o que a coisa "seria" fique determinado como coisa que "é": é a determinação da realização. A retinência é a coisa mesma enquanto fundamento que determina a forma como a vacuidade há de ser preenchida. Em virtude disso, a função da coisa real como determinante consiste em ser a função segundo a qual essa coisa determina a estrutura positiva da vacuidade. Qual é essa estrutura?

1º Antes de tudo, esta vacuidade é estruturada pela coisa real enquanto atualizada. Pois bem, atualidade é um momento físico da própria coisa real. Certamente é a inteligência que em sua intelecção confere atualidade intelectiva à coisa. Mas o que a inteligência enquanto inteligência lhe confere é somente o caráter intelectivo de sua atualidade; não lhe confere a atualidade enquanto atualidade. E o que aqui nos importa é a coisa enquanto atual, que move a inteligência. Como a move? Certamente não por uma ação sua: a coisa real não "atua" sobre a inteligência, mas é "atual" nela. Em nossas línguas, porém, não há todos os vocábulos que se desejariam para significar somente a atualidade; são vocábulos que quase sempre significam ação. Por isso não temos outra saída senão recorrer ao vocábulo "ação", sabendo que com ele nos estamos referindo não à ação propriamente dita, mas somente à atualidade. Suposto isso, de que índole é a "ação" que em sua atualidade move a inteligência? Esta ação não é uma ação reitora, por assim dizer. Não consiste em que a coisa real nos guie no movimento intelectivo. Esta ação de guiar, isto é, o mover indo à frente de algo, é o que em latim era chamado de *ducere*. Se se quiser continuar a empregar o composto "con-duzir", é preciso dizer que a ação da coisa na inteligência não consiste em levar-nos ou conduzir-nos ou guiar-nos no movimento intelectivo. É a falsa ideia de que a intelecção, por ser uma ação nossa, consiste em que as coisas são no máximo o que nos guia ou conduz a tal intelecção. Isso não pode ser, porque este tipo de ação é definitivamente algo *ab extrinseco*. Mas a atualidade não nos move por si mesma; é a própria realidade da coisa enquanto está ela mesma presente na inteligência pelo mero fato de ser real. Em virtude disso, a ação com que a coisa real move a intelecção é uma ação que vem da própria realidade da coisa: é a coisa real mesma que, em sua atualização, nos move *ab intrinseco*, desde seu interior, por assim dizer. E justamente esta moção intrínseca é o que em latim era chamado de *agere*, diferentemente do *ducere*. A atualidade da coisa real não nos guia, mas nos tem *ab intrinseco* em movimento desde ela mesma, nos "faz ver". Se se quiser empregar o frequentativo de *agere*, a saber, *agitare*, será preciso dizer que a coisa real por sua nua atualidade em atualização diferencial nos agita, nos mantém agitados. Para quê? Para inteligir o que a coisa é em realidade. Justamente um composto de *agere* expressa a atualidade como moção intrínseca da coisa real: é o verbo *cogito* (de *co-agito*), agitar intelecções. A ação da inteligência e o *agere* da coisa são idênticos: é o que expressa o *cum*. Não nos estranhe: é que na intelecção a atualidade da coisa e a atualidade intelectiva da intelecção são identicamente a mesma, como vimos; são "co-atualidade". Este *agere* próprio da coisa real atualizada em atualização diferencial tem o duplo movimento de impelência e retinência. Eu dizia que não são dois movimentos, mas duas fases de um só movimento. Pois bem, este movimento "uno" é o *agere*.

Eis aqui o primeiro momento estrutural da vacuidade: é retinência em *agere*.

2º Mas este *agere* tem aqui um momento característico. Já está indicado, de certo modo, no que acabamos de dizer; mas há que destacá-lo expressamente. O *agere* é, dizia eu, uma moção *ab intrinseco*. Mas desta moção o *agere* não expressa mais que o ser um movimento próprio da atualidade da coisa. É preciso agora expressar mais tematicamente o caráter intrínseco deste movimento do *agere*. Pois bem, é o que se expressa com todo o rigor na preposição *ex*. Esta preposição tem dois sentidos: pode significar "expelir" (em grego, *ex-ago*), mas pode significar também *fazer sair* "desde dentro". Este segundo sentido é o que aqui mais nos importa. Nenhum dos dois sentidos é necessariamente independente. Pelo primeiro sentido, a coisa real empurra para "fora" desde si mesma, isto é, para o que chamamos de momento campal: é a impelência. A rigor, se não fosse abusar das formações etimológicas, eu diria que a impelência é "ex-pelência". O "ex" é, neste aspecto, não um "fora", mas exteriorização. Mas o sentido fundamental é o segundo: a coisa real nos faz sair desde dentro dela mesma por uma ação em que a dita coisa não fica atrás dessa saída, porque este movimento pertence à própria atualidade da coisa. Por conseguinte, aquela expelência leva formalmente em seu seio o que chamei de retinência: a coisa real nos faz mover-nos para fora dela desde seu interior e por seu interior mesmo: é um movimento fundado em interiorização. A unidade de ambos os momentos (impelência e retinência) no *agere* é a unidade do *ex*. O *ex* como momento do *agere* tem assim um sentido muito preciso: é *ex-agere*, é *exigir*. A estrutura da vacuidade é exigencial, é exigência. A vacuidade não é um vazio: é âmbito exigencial, uma vacuidade preenchida de exigência de realização. É a realidade da coisa enquanto atualizada o que exige a intelecção do que ela é "em realidade". A vacuidade é "atualidade exigencial". A função da coisa real na intelecção diferencial consiste, pois, em exigencialidade: exige essa determinada forma de realização que chamamos de "ser em realidade". O "em" do "em realidade" só se inteilge na "atualidade" em *ex*. A exigência da atualidade em atualização diferencial, isto é, em distância, é a exigência da "realização" enquanto tal.

É fácil compreender agora que este momento exigencial é uma das formas do que na Primeira Parte deste estudo chamei de *força impositiva* da impressão de realidade. Na atualização diferencial do real, sentido intelectivamente como real, impõe-se o campo da realidade como exigência. Em atualização diferencial, os dois momentos de formalidade individual e de formalidade campal são diferentes, mas são ambos "realidade" impressivamente sentida. Pois bem, o momento de realidade campal tem, por ser realidade sentida, uma força impositiva própria: a exigência. Exigência é uma modulação da força impositiva da impressão de realidade.

3º Mas isso não é suficiente, porque em virtude dessa exigência a coisa real impele a uma intelecção distanciada da coisa: intelige em simples apreensão o que a coisa "seria" em realidade. Mas a exigencialidade mesma nos está fazendo voltar para dentro do campo da realidade para inteligir o que a coisa real é "em realidade". Esta intelecção é a intenção afirmativa. Estes dois momentos (simples apreensão e afirmação) não são senão dois momentos de uma única intelecção: a intelecção distensa e distanciada do que uma coisa real é em realidade "entre" outras. A unidade de ambos os momentos é o que constitui a intelecção em *ex*. Qual é a estrutura desta unidade?

A exigencialidade levou antes de tudo ao conjunto inumerável de simples apreensões. E esta mesma exigencialidade é que nos faz voltar à coisa, mas desde o que inteligimos em impelência, isto é, desde o que em simples apreensão apreendi que a coisa "seria". A reversão para a coisa não só não deixa para trás a impelência que nos lançou às simples apreensões, mas é uma reversão para a coisa desde essas mesmas simples apreensões. Por isso, a intelecção nesta reversão é essencialmente dual. A intelecção da coisa nesta atualização diferencial não é uma apreensão imediata do que a coisa é em realidade, mas a apreensão mediada de qual ou quais das simples apreensões são as que se realizam "em realidade". Sem esta dualidade de apreensão primordial da coisa real e de simples apreensão, não haveria intelecção afirmativa do que esta coisa é em realidade. A unidade desta dualidade é "realização". É de caráter intelectivo: é intelecção exigencial. Enquanto dual, esta unidade tem dois aspectos. Por um lado é um "aporte", por assim dizer, de muitas simples apreensões, mas por outro é uma "seleção" exigencial tanto das simples apreensões que ficam excluídas como das que ficam incluídas na intelecção. A realização destas últimas é exigencialmente determinada pela coisa real: é uma determinação exigencial intelectiva, que acontece em seleção.

Em que consiste? Aqui nos vemos forçados, uma vez mais, a submeter-nos ao léxico de nossas línguas. Quase todos, para não dizer todos, os vocábulos referentes à intelecção são tomados ao verbo "ver": expressam a intelecção como "visão". Isso é uma ingente simplificação: a intelecção é intelecção em todos os modos de apresentação senciente do real, e não só no modo visual. Por isso, ao longo de todo este livro expresso a intelecção não como visão, mas como apreensão. Mas há momentos da intelecção que nossas línguas não permitem expressar senão com verbos visuais. Não há o menor inconveniente em utilizá-los, desde que mantenhamos firmemente a ideia de que aqui visão significa toda e qualquer apreensão intelectiva, isto é, intelecção em toda a sua essencial amplitude. Suposto isso, diremos que a exigencialidade que determina qual ou quais das simples apreensões ficam excluídas, e quais são as que se realizam, é a exigencialidade de uma visão; vemos, com efeito, quais se realizam e quais não. Mas o essencial é dizermos de que visão se trata. Não é uma visão intelectiva primordial, ou seja, não é uma *vidência*. Porque se trata de uma visão muito precisa: visão medial. Vemos medialmente que a coisa real realiza B e não C. Mas isso tampouco é a índole rigorosa da visão própria da intelecção afirmativa. Porque nesta se trata de uma visão *determinante*. A visão determinante da afirmação de realização não é apenas uma visão mediada *da* coisa, mas uma visão medida *desde* a coisa real mesma, isto é, é uma *visão exigida* por ela. É uma visão em *ex*. É justamente o que é chamado de *e-vidência*. A qualidade de uma visão determinada por uma "ex-igência" é "e-vidência". A visão do evidente tem como princípio a exigência. A exigência é o *arkhé* intrínseco e formal da visão "e-vidente". A evidência é visão exigencial, ou, o que dá no mesmo, exigência visiva, e exigência visiva de carácter dual, isto é, de realização de simples apreensões. A coisa real A não é evidente; é mais que evidente. Di-lo-emos em seguida. O evidente é que seja B e não C. E esta visão é exigida pela visão de A no meio da realidade. Portanto, a função determinante da coisa real na intelecção afirmativa é exigência de visão, é evidência. A realização inteligida em evidência exigencial é a intelecção do que a coisa real é em realidade. A coisa abriu a vacuidade como âmbito de exigencialidade e preencheu essa vacuidade com a visão exigida no meio da realidade, com a evidência. A função da realidade na intelecção diferencial é assim intrinsecamente exigitiva, evidencial. Eis o que procurávamos: a determinação da afirmação é em si mesma evidência de realização. "A" realidade é o que nos faz ver; é o meio. E este meio que nos faz ver tem estrutura evidencial: faz-nos ver o que a coisa é em realidade. Donde resulta que a evidência é própria tão somente de um ato ulterior de intelecção senciente. Só porque há intelecção senciente há dualidade dinâmica; e só porque há dualidade dinâmica há evidência. Uma inteligência que não fosse senciente não inteligiria com evidência. A evidência é o caráter de "alguns" atos de uma inteligência senciente.

 E é aqui que se torna palpável a insuficiência da linguagem puramente visual. Primeiro, porque como acabamos de dizer todos os modos de intelecção, e não somente o visual, têm suas exigências próprias; todos os modos de intelecção senciente têm em atualização diferencial suas evidências próprias. E, segundo, porque a conceituação da intelecção como visão traz consigo a ideia de que a intelecção é de estrutura noética. Pois bem, a visão, como qualquer outra intelecção, não é formalmente noética, mas formalmente apreensiva: a noésis é somente uma dimensão da apreensão. A apreensão como tal é formalmente noérgica: envolve a força impositiva da impressão de realidade. E por isso a evidência, que é uma visão determinada pela exigencialidade "física" da atualização diferencial de uma coisa real, não é de índole noética, mas noérgica. É um modo de captar o que as coisas são em realidade. E isso em virtude da exigência radical de sua atualidade. Ver que sete mais cinco são doze não é evidência, mas vidência, isto é, mera constatação. Só o ver que em sete mais cinco se realiza não o número 14, mas o 12, porque a atualização de 12 é exigida pela atualização da soma de 7 mais 5, só esta visão exigencial, digo, faz que a afirmação seja evidente. Diga-se de passagem, daqui é que se deveria partir, a meu ver, para discutir a célebre tese de Kant de que o juízo "7 mais 5 são 12" é um juízo sintético.

A evidência é, portanto, visão exigencial de realização de simples apreensões numa coisa já apreendida primordialmente como real. Em sua estrutura medial, o logos é evidencial.

Esta ideia da evidência necessita de algumas precisões importantes.

a) Antes de tudo, a evidência neste sentido estrito é exclusivamente um momento do juízo, da afirmação: só no juízo há evidência. A evidência é o princípio determinante da intelecção mediada, do logos. O que supõe que seja uma intelecção em que *é preciso* aquele determinante. Esta determinação é da realização da simples apreensão numa coisa já apreendida como real. E essa intelecção é formalmente juízo e somente juízo. O evidente é que a coisa é isto ou aquilo, isto é, a evidência é evidência de realização. Mas é evidente, repito, por ser exigida pela coisa real. Se não houvesse esta dualidade entre simples apreensão e coisa real, não haveria evidência.

A coisa real em apreensão primordial nunca é evidente: é mais que evidente. Na apreensão primordial o pura e simplesmente real é ou não é atualizado na intelecção, e nada mais. A apreensão primordial não é nem necessita ser determinada por nada. A apreensão primordial é a própria atualização do real. Não é determinação, mas atualização. E atualização é sempre mais que determinação, porque a determinação se funda na atualização, e desta aquela recebe toda a sua força. É por isso que o logos é, como disse, um modo de atualização: o modo "determinado". Em virtude disso, fazer da apreensão primordial algo evidente é fazer da atualização um modo da determinação, o que é impossível. A apreensão primordial é, assim, mais que evidente: é a pura e simples atualização do real em e por si mesmo. Na apreensão primordial, a visão da coisa não "sai da" (*ex*) coisa, mas "é" a coisa mesma "em" sua atualidade. Só é evidente a realização nela de uma simples apreensão, enquanto realização exigida por aquela coisa real já atualizada. Evidência, repito, é determinação exigida pela coisa real. Por outro lado, na apreensão primordial a coisa real não é determinante, mas é pura e simplesmente atualizada. A evidência é sucedânea da apreensão primordial. Evidência é *determinação*; apreensão primordial é *atualização*. Na evidência a coisa real já apreendida determina a intelecção; na apreensão primordial temos em atualidade a coisa real mesma em sua própria realidade. Dizer que a apreensão primordial é evidente é o mesmo que dizer que a apreensão primordial é juízo. O que, a meu ver, é absurdo. Definitivamente, a evidência é momento estrutural, mas somente do juízo.

b) Em segundo lugar, a evidência é um momento de todo e qualquer juízo: todo e qualquer juízo tem como momento seu um determinante evidencial. Isso pode parecer falso: há, dir-nos-ão, inumeráveis afirmações inevidentes, como, por exemplo, todas as afirmações concernentes a uma fé tanto religiosa como meramente humana. Tudo isso é verdade, mas em nada se opõe ao que viemos dizendo até aqui. Porque, não o esqueçamos, a visão que a evidência reclama está justamente reclamada, isto é, exigida. Em virtude disso, a evidência não é tanto uma visão quanto uma exigência de visão. A rigor, o juízo não tem evidência, mas julga em evidência: a evidência é *exigência videncial*. O que significa que a evidência é uma "linha de exigência", é uma linha de determinação dentro da qual cabem os dois opostos (o que se vê e o que não se vê) e todos os intermediários (o que se vê só parcialmente). Isto é, o juízo é uma intelecção tal, que por sua própria índole está contida na linha da evidência.

Um juízo inevidente é um juízo "privado" de evidência e não simplesmente um juízo "carente" de evidência. Todo e qualquer juízo é necessariamente evidente ou inevidente: em virtude disso, está formalmente na linha da evidência. Além disso, há outras considerações que vou expor em seguida e que precisam a índole desta suposta inevidência.

c) Mas antes outro aspecto essencial da evidência. A evidência é uma linha exigencial necessária, mas traçada num âmbito de liberdade. Não poderia deixar de ser assim, porque a intelecção em movimento é constitutivamente livre. Que é esta liberdade na evidência? Não significa que a evidência seja em si mesma formalmente livre. Isto seria absurdo. O que quero dizer é algo muito essencial e que se costuma esquecer, a saber, que a evidência é uma linha traçada num espaço de liberdade. Com efeito, o movimento intelectivo vai para uma coisa, mas partindo de outra. Pois bem, esta outra coisa é livremente escolhida: para inteligir o que é um homem em realidade, posso partir de um animal, de um agrupamento, de uma forma, etc. Além disso, é criação livre o campo de simples apreensões, cuja realização na coisa vai afirmar-se com evidência. Finalmente, é livre a trajetória que em orientações diferentes pode conduzir à intelecção. Daí que a evidência se trace essencialmente num âmbito de liberdade intelectiva. A evidência só é possível em liberação. É algo próprio de nossa intelecção senciente. Evidência é a exigência da impressão de realidade em distanciamento. É a força impositiva da impressão de realidade, como dissemos. Em virtude disso, a evidência alcançada partindo de outras coisas, segundo outros perceptos, fictos ou conceitos, e seguindo outros caminhos, é uma evidência qualificada por uma margem de liberdade. Poder-se-ia pensar então que a evidência não compete ao juízo nem sequer como linha exigencial. Se digo "Deus tem uma doença", esta é uma afirmação absolutamente livre; mais ainda, é uma afirmação arbitrária; mas nem por isso deixa de ser uma afirmação. A afirmação arbitrária não estaria nem sequer em linha exigencial; precisamente por isso é arbitrária. No entanto, reflitamos para ver se é assim. Na afirmação arbitrária, se aquilo que se afirma (chamemo-lo de "sujeito") é uma realidade (ou por si mesma ou por postulação), então o juízo não é arbitrário em ordem à evidência, mas é simplesmente um juízo falso, o que é outro assunto. Da verdade nos ocuparemos adiante. O juízo falso também está na linha da determinação exigencial: precisamente por isso posso descobrir que é falso. Mas se o sujeito não é real, nem está posto como real, então tampouco há arbitrariedade em ordem à evidência, e sim em ordem à própria afirmação. Sua arbitrariedade consiste em ser mera combinação de ideias (Deus, doença, ter). Mas uma combinação de ideias não é um juízo. Julgar é afirmar a realização de uma simples apreensão numa coisa real; não é forjar livremente a ideia de uma afirmação. A ideia de uma afirmação não é uma afirmação; é no máximo "esquema de afirmação". E este esquema de afirmação possui também um *esquema de evidência*. Por conseguinte, nada que seja juízo está fora da linha de evidência.

d) Esta linha evidencial é necessária, mas pode ser e é de tipos muito diversos, segundo seja a índole da coisa real sobre a qual se julga. Cada tipo de realidade tem seus modos exigenciais próprios. Seria não só injusto mas falso medir todas as exigências por um só cânone exigencial, como, por exemplo, o cânone de uma análise conceitual. A realidade pessoal, a realidade moral, a realidade estética, a realidade histórica, etc., têm não só exigências diferentes, mas também e sobretudo tipos diferentes de exigencialidade. Precisamente por isso não se pode confundir a evidência de uma ordem com a de outra, e chamar de inevidente tudo o que não entra na evidência de uma ordem canonicamente estabelecida. No caso concreto da fé, a que mais acima eu aludia, não se pode confundir a fé com o juízo. A fé não é um juízo, mas o juízo "é de fé". A fé é anterior ao juízo; é a firme confiança ou adesão pessoal firme. Ao enunciar esta adesão num juízo, faço-o determinado pelas exigências que a realidade da pessoa em questão impõe à minha afirmação. Não é por serem pessoais que deixam de ser exigentes.

e) Finalmente, o juízo afirma a realização das simples apreensões na coisa real, e esta realização admite *modos* diferentes. Isto é, não só há diferentes *tipos* ou formas de evidência, mas também há diferentes *modos* de evidência.

Definitivamente, perguntávamo-nos o que é em si mesma a determinação da afirmação: é essa exigência que chamo de evidência. É uma qualidade que só se dá no juízo, de forma tal que todo e qualquer juízo está necessariamente na linha da evidenciação. Esta linha é traçada num campo intelectivo livre, e possui diferentes tipos e diferentes modos.

Com isso, precisamos de alguma maneira o que é a evidência. Suposto isso, temos de nos perguntar agora quais são os caracteres essenciais da determinação da intelecção, isto é, quais são os caracteres essenciais da evidência.

§ 2. Caracteres intrínsecos da evidência

Este momento evidencial da afirmação tem alguns aspectos que, no fundo, se implicam entre si, mas que convém destacar como caracteres diferentes para precisar mais rigorosamente o que, a meu ver, é a evidência.

1º A evidência nunca é algo imediatamente dado. Certamente, não há dúvida de que a maioria de nossas afirmações evidentes se fundam umas nas outras; por exemplo, por raciocínio. E, neste sentido, essas evidências nunca são imediatas, mas mediatas. Mas sempre se pensa que, de uma forma ou de outra, todas essas evidências mediatas retroagem a certas evidências fundamentais, e neste sentido primeiras. E destas nos é dito que são evidências imediatas. Não penso assim: não há, rigorosamente falando, nenhuma evidência imediata. O que sucede é que, ao dividir as evidências em imediatas e mediatas, se dá à mediatez o sentido de presença de um termo "intermediário" entre a coisa real e o que com evidência se afirma dela. E, neste sentido, certamente nem toda evidência é mediata. Mas é que se confundem dois conceitos: o conceito de termo intermediário e o conceito de meio. Pois bem, nem toda evidência tem um termo "intermediário", mas toda evidência se apoia constitutivamente num "meio", a saber, no meio d*a* realidade. Donde resulta que, embora nem toda evidência seja *mediata* no sentido de pôr em jogo um termo intermediário, toda evidência, no entanto, é *mediada*. A confusão desses dois sentidos da mediação é o que levou à teoria da evidência imediata. Em virtude disso, a evidência é sempre e somente algo mediado, e portanto algo obtido; nunca é algo dado. Dadas são somente as coisas reais, e são dadas em apreensão primordial. A evidência nunca é dada, mas sempre medialmente obtida desde algumas coisas apreendidas primordialmente. A intelecção obtida em mediação é, de certo modo, um "esforço", um esforço de intelecção mediada. A evidência é uma exigência do real, uma exigência videncial mediada da coisa real atualizada em distância. E, por isso, a evidência nunca é um dado, mas uma obtenção. Este caráter não dado, mas obtido e mediado, da evidência é essencial.

2º Esta evidência não é algo quiescente, isto é, não é algo que só se tem ou não se tem, senão que por ser obtida é formalmente algo dinâmico. Não se trata de que eu me esforce para chegar a ter evidências, mas de que o esforço é um dinamismo intrínseco e formal da evidência mesma: evidência é visão medial em dinamismo. De que dinamismo se trata? Não se trata de um dinamismo que consista numa espécie de movimento do "predicado" para o "sujeito" e deste para aquele. Porque, mesmo deixando de lado que nem todo juízo é predicativo (para o que estamos dizendo, como todo juízo envolve uma dualidade, nada impede de simplificar a frase falando de sujeito e predicado), esse suposto movimento é expresso na forma verbal "é", e portanto seria sempre e somente um movimento no plano do ser: seria dialética do ser. Mas a evidência é dinâmica num sentido muito mais profundo e radical: é a própria exigência do real que determina o dinamismo do ser. Vê-lo-emos ao tratar de Realidade e Ser. Aquela exigência é formalmente um dinamismo exigitivo. A dialética do ser se move no plano em que as coisas e as simples apreensões "são". Mas o dinamismo exigencial se move numa terceira dimensão, ortogonal a esse plano: é o dinamismo da realidade que "exige", e não o dinamismo da realidade que "é". Por isso, toda dialética, todo dinamismo do ser transcorre na superfície do real. A evidência, ao contrário, transcorre no volume e no corpo do real. O perigo reside sempre em tomar a superfície do real pelo próprio real. Nunca há evidência do ser – vê-lo-emos páginas adiante –, senão que há sempre e somente evidência exigencial do real. Todo dinamismo lógico e ontológico é possível somente como algo fundado no dinamismo exigencial da evidência. Este dinamismo é um dinamismo "seletivo": entre as muitas simples apreensões, a exigência discerne por seu próprio dinamismo aquela ou aquelas que se realizam na coisa real. É claro que isso não quer dizer que as simples apreensões de que dispomos sejam nem remotamente as mais adequadas. O dinamismo exigencial não é senão o dinamismo realizante da simples apreensão na atualidade da coisa real. É um dinamismo do real em atualidade. A intelecção em atualização diferencial é, pois, em si mesma formalmente dinâmica: é o dinamismo da realização intelectiva. Portanto, este dinamismo da atualidade é noérgico, porque concerne à atualidade da coisa, atualidade que é um momento físico dela. E este dinamismo, como eu dizia, e como voltaremos a ver em outro parágrafo, é anterior ao dinamismo do ser e fundamento deste.

3º A conceituação clássica da evidência apoia-se no que se vê em evidência. Mas a evidência não é *vidência* nem *in-vidência*: é *e-vidência*. Portanto, a qualidade do visto, do inteligido, é antes o que eu chamaria de *evidência constituída*. Funda-se no momento dinâmico e exigencial da evidência radical, a qual, por conseguinte, é um caráter não constituído, mas *constituinte*. E o é precisamente porque é dinamismo senciente.

A evidência constituída é sempre e somente resultado. Por isso chega tarde demais. A primeira coisa é o dinamismo exigencial constituinte: a evidência é formalmente *evidenciação*. Este caráter constituinte nunca é arbitrário; é intrinsecamente *necessitante*. Porque a constituição não concerne à ordem da realidade em e por si mesma, isto é, à ordem da "atuidade", mas à ordem da "atualidade" intelectiva. Não confundamos ser necessário e ser necessitante. Necessário é um modo da atuidade que se opõe ao contingente. É necessário que o fogo queime; não o é que este livro esteja sobre esta mesa. A diferença concerne à realidade do fogo e do livro. Mas necessitante é um modo da atualidade. A evidência tem caráter necessitante: é a necessidade de que, dada uma coisa real em atualidade dual determinada, é necessário, assim, afirmá-la com evidência. Enquanto evidência, não há diferença nenhuma entre evidência assertória e apodíctica. A diferença não se acha na evidência, mas na realidade da coisa.

A evidência é sempre necessitante. Por mais fáctico que seja o fato de este livro encontrar-se sobre esta mesa, é absolutamente necessário inteligir que está nesta mesa, tão necessário quanto o inteligir que dois e dois são quatro. A exigência com que a intelecção de dois mais dois constitui a intelecção da realização do quatro não é uma exigência formalmente diferente da exigência com que este livro que está sobre a mesa exige que seja afirmado assim. É o necessitante. Toda e qualquer exigência evidencial é constituinte, e a própria constituição nem sempre é necessária, mas é sempre necessitante. Não se trata da necessidade com que um predicado leva a um sujeito, ou da necessidade com que um sujeito leva a um predicado; trata-se da necessidade com que uma coisa real concreta (necessária ou contingente) atualizada medialmente em minha intelecção determina minha afirmação dela.

4º Daí o caráter formal da intelecção evidente. Como resultado de uma "exigência", a intelecção em atualização diferencial tem como caráter próprio o ser "ex-acta": é a *exatidão*. A exatidão é a qualidade de ser exigido. É o que a apreensão primordial de realidade não tem. Se me é permitido o latinismo, direi que a apreensão primordial não é "ex-acta"; só a intelecção diferencial é "ex-acta". Na incompacta vacuidade de suas exigências, a coisa real determina a exatidão de sua intelecção. Esta intelecção é por isso rigorosamente uma "exação". Como é uma exigência dinâmica, a exação envolve um momento de rigor. Daí que a própria exigência se aproxime, a este respeito, de um dos sentidos que *exigere* tem em latim: pesar com exatidão. Pois bem, isto é próprio da evidência: a exatidão do peso da intelecção. Por isso a evidência fica contida no limite estrito do exigido. E este estar contido nos limites da exigência é a exatidão. E este estar contido é o que chamamos de ser "estrito", e é o que chamarei de *constrição*. Toda e qualquer evidência é exata, isto é, se acha determinada por uma exigência constritiva.

A exatidão assim entendida não se modela sobre nenhum tipo especial de intelecção que sirva de cânone para as demais. Por exemplo, a exatidão do saber matemático não adquire sua força do fato de ser matemático, mas do fato de a evidência ser sempre exata, isto é, ser um saber em que o sabido é estritamente determinado pelo exigido. Esta exatidão não significa, portanto, nem sequer na matemática, "rigor lógico", mas "constrição exigencial". O ser lógico é simplesmente um procedimento para constranger a exigência, e não ao contrário, como se ser exato fosse ser lógico. Por isso, todo e qualquer saber, seja ou não matemático, tem sua própria exatidão. A história mesma tem seu tipo de exatidão própria. Mais ainda, não só a ciência é exata, mas toda e qualquer intelecção diferencial, por mais elementar que seja, é exata. E justamente por isso é que a ciência pode ser e é exata: por ser intelecção diferencial. Naturalmente, recordo, a exatidão – como a própria evidência – é apenas uma linha, a linha de exatidão. A intelecção da realidade "entre" está formal e constitutivamente na linha da exatidão.

Resumamos. A evidência é intelecção exigencial. E como tal não nos é dada, mas é medialmente obtida num dinamismo necessitante, evidenciante e constituinte dessa intelecção senciente, que tem como caráter formal próprio a exatidão, a constrição exigencial. A evidência, portanto, é algo obtido, dinâmico, constituinte e exato.

Daí que a meu ver sejam falsas em sua própria raiz algumas concepções de evidência que vêm sendo aceitas automaticamente na filosofia moderna. Vejamo-lo.

§ 3. Falsas ideias acerca da evidência

São ideias propugnadas desde Descartes e que alcançam sua derradeira precisão em Husserl.

1) Para Descartes, a evidência é clareza: *clara ac distincta perceptio*. Mas isso, a meu ver, é radicalmente insuficiente por duas razões.

a) É inegável que na evidência há visão clara e distinta. Mas isso não esgota a questão. Porque haver na evidência visão clara e distinta não é o mesmo que a evidência consistir em ser visão clara e distinta. Com efeito, o que na evidência me é claro é que vejo com clareza que a coisa tem de ser vista assim, necessitantemente. Minha clareza é intrinsecamente determinada pela exigência do que estou vendo. É uma clareza que não repousa sobre si mesma, mas sobre uma exigência real; do contrário, seria vidência ou invidência, mas não evidência. No movimento intelectivo, só é clara aquela visão em que a clareza é constituída pela exigência constritiva da coisa. A evidência não é *clara ac distincta perceptio*, mas, se se me permite a expressão, é *exigentia clarificans*: é a realidade já apreendida como real, que se desdobra exigencialmente em clareza.

b) Além disso, por ser exigencial, a evidência não é só um momento de visão, mas é algo noérgico, como a *perceptio* mesma, que é apreensão e não simplesmente consciência. Não se trata de consciência do mero "ser assim", mas de uma apreensão do "estar sendo". Estar, *stare*, como sabemos, já expressava desde a época clássica do latim a cópula, mas em sentido forte, um sentido que foi crescendo nas línguas românicas, e sobretudo em espanhol.[1] E seu sentido "forte" consiste, a meu ver, em conotar tematicamente o caráter físico daquilo em que se está e daquele que está. É verdade que "ser" como contraposto a "estar" tende a conotar às vezes a dimensão profunda e permanente de algo, diferentemente de determinações mais ou menos transitórias, como quando dizemos que fulano "é" um doente, diferentemente de que fulano "está" doente. Isso é verdade, mas não contradiz o que acabo de dizer. Porque o "estar" como designação de "estado" mais ou menos transitório conota este estado precisamente porque todo estado, em sua própria transitoriedade, faz aparecer em primeiro plano seu caráter de atualidade física. De maneira que a contraposição entre "ser" e "estar" não é primariamente a contraposição entre o permanente e um estado transitório, mas a diferença entre "ser" sem alusão ao caráter físico e "estar" como realidade física. Vê-lo-emos em seu lugar próprio. Pois bem, por tratar-se de um "estar sendo", a força da evidência encontra-se na exigência noérgica deste estar.

Boa prova disso nos oferece o próprio Descartes ao expressar o que é para ele a evidência das evidências, a saber, a evidência do *cogito*, da cogitação. É para ele uma evidência inabalável e indubitável. Mas nesta evidência do *cogito*, tal como Descartes no-la descreve, não há só clareza, mas uma exigência anterior a toda clareza: a *exigência do estar*. O claro não é que o que eu faço seja "pensar", mas sim que "estou" pensando. A frase de Descartes, portanto, não se deve traduzir por "penso, logo existo", mas por "estou pensando, logo existo". Esta frase é um juízo inabalável, mas o é pela força noérgica do "estar". Isto, e não sua clareza consciencial, é o que faz do *cogito* uma *perceptio evidens*, e o que lhe confere sua categoria excepcional. A força do *cogito* não vem do "pensando", mas do "estou". Mas imediatamente Descartes escorrrega neste momento exigitivo e repete-nos que a evidência do *cogito* é clareza, como se o que o *cogito* nos desse fosse a suprema clareza. Isso é falso. A suprema evidência do *cogito* se funda na imediata apreensão do pensar como um "estar"; isto é, essa suprema evidência se funda

---

[1] E também, *mutatis mutandis*, em português. (N. T.)

na realidade. Na evidência de todas as evidências há, portanto, a exigencialidade do real como fundamento da clareza. A evidência é aqui eminentemente noérgica: só porque "estou" apreendendo-me como pensante em apreensão primordial de realidade, só por isso me vejo constrangido por esta apreensão a enunciar o mais evidente dos juízos para Descartes, o *cogito*.

Ao deslocar o problema para o lado da clareza, isto é, perguntando se a clareza conduz à realidade, Descartes eludiu o momento noérgico e com isso abriu, para todas as evidências diferentes da do *cogito*, um abismo insondável entre evidência e realidade; tão insondável, que para tentar penetrá-lo Descartes teve de apelar nada menos que para a veracidade divina. Mas é que não há tal abismo, porque a evidência é sempre noérgica, e envolve portanto formalmente o momento de realidade. Certamente, há ilusões e erros, e, o que é pior, evidências que se têm por tais e não o são. Mas isso se deve a que a clareza não conduz à realidade em caso algum, nem no *cogito* mesmo, mas é a realidade o que exigencialmente determina a clareza. Portanto, o suposto abismo não está aberto entre "a" realidade e a evidência, mas entre a realidade apreendida primordialmente como real em intelecção imediata e o que esta realidade é em realidade: "algo apreendido em intelecção mediada". É uma diferença não entre intelecção e realidade, mas entre duas intelecções, isto é, entre duas atualizações intelectivas do real, já dentro da realidade. Dessas duas atualizações, *a segunda é exigida pela primeira*. Esta é a essência e a problematicidade de toda e qualquer evidência, incluindo o *cogito*. Desde os tempos do próprio Descartes até Kant, a filosofia insistiu na problematicidade do *cogito*, mas certamente por vias diferentes da que acabo de propor. A meu ver, trata-se de que o *cogito* como juízo é a intelecção mediada desta realidade de meu estar pensando, realidade apreendida na apreensão primordial de meu estar mesmo. Em todas as demais evidências, há também uma dualidade entre uma apreensão primordial de realidade e sua intelecção mediada: por isso é que toda e qualquer evidência é em si mesma problemática. Mas este problema não consiste em se a evidência leva ou não à realidade, mas em se o real da realidade leva ou não à evidência, se é ou não é assim "em realidade".

Portanto, a evidência é sempre noérgica, e é uma exigência imposta pelo real, pela força impositiva da impressão de realidade. Daí que a ideia cartesiana de evidência seja falsa em sua própria raiz.

2) Uma segunda concepção parece aproximar-nos mais da essência da evidência. Todo o evidente tem o momento que poderíamos chamar de *plenitude*, segundo o qual o que inteligimos de uma coisa é plenamente visto nela. Poder-se-ia pensar então que a essência da evidência consiste nessa plenitude. É a concepção que culmina em Husserl. Para Husserl, meus atos intencionais têm um sentido que pode estar meramente "mentado", por assim dizer, de modo atualmente vazio de visão da coisa, ou pode estar presencializado nela. Neste último caso, temos uma intenção não vazia, mas plena. Plenitude é para Husserl "impleção" (*Erfüllung*) de uma intenção vazia por uma visão plenária. Quando isto acontece, dir-nos-á Husserl que a intenção é evidente. Todo e qualquer ato intencional tem para Husserl sua evidência própria, e a essência desta evidência é "impleção". Mas, apesar de ter sido aceita sem mais discussão, esta ideia me parece insustentável, e pela mesma razão que torna insustentável a evidência cartesiana. A evidência não é impleção; isto seria vidência, mas não evidência. Aquilo que Husserl chama de visão plena é uma visão noérgica já constituída. Mas seu momento exigencial é *constituinte* da impleção. Husserl situa-se na evidência já constituída; mas a evidência tem um momento mais radical, o momento constituinte. Sua constitucionalidade dinâmica é justamente a realização de uma exigência: é a evidenciação. Por isso é que a evidência não é questão de impleção. Não se trata de como uma simples apreensão vazia se torna evidente por impleção, mas de como uma intelecção do real se torna evidente por exigência, isto é, de como a coisa real exige a realização da simples apreensão; não se trata de uma visão meramente noética. A evidência é sempre e somente evidência de realização. Por isso, quando Husserl nos diz que o princípio de todos os princípios é a redução de toda noésis intencional à intuição originária, isto é, à

impleção do intencional pelo intuído, a meu ver enuncia algo absolutamente inexato. Como Descartes, Husserl empreendeu o caminho da clareza para a coisa, quando o que é preciso empreender é o caminho da coisa para sua clareza. O princípio de todos os princípios não é a impleção intuitiva, mas algo mais radical: a exigência real de impleção. Nem a clareza, nem a plenitude, nem a plena clareza são a essência da evidência. Na evidência há plena clareza, mas é como expansão presencial de uma exigência da realidade. O específico da evidência não é a "plena clareza", mas a "força de visão"; uma evidência é uma "visão forte", isto é, uma visão exigida. A evidência constituída é sempre e somente resultado de uma evidenciação constituinte.

Husserl se move sempre num plano consciencial. Por isso, toda a sua filosofia tem um só tema: "consciência e ser", e um só problema: o saber absoluto numa "visão". Mas consciência e ser se fundam em intelecção e realidade. Intelecção e realidade são os fatos radicais e básicos. Sua unidade intrínseca não é a correlação intencional expressa na preposição "de". Não se trata de consciência *do* ser, nem do ato de intelecção *da* realidade, mas de mera "atualização" da realidade *na* intelecção, e da atualização da intelecção *na* realidade. A unidade intrínseca é "atualização". A atualização é de fato atualidade numericamente idêntica de inteligência e realidade. E só em atualização diferencial esta atualização adquire o caráter de exigência da realidade, de evidência.

É claro que isso nos situa nas fronteiras de uma grave questão: o problema "apreensão e evidência". Ainda que, no fundo, já esteja dito o que penso sobre ela, convém nos enfrentemos diretamente com esta questão.

§ 4. Apreensão primordial e evidência

Se não sempre, quase sempre, a filosofia clássica contrapunha apreensão e evidência. Esta contraposição costuma ser designada por dois termos: intuicionismo e racionalismo, o que significa tratar-se de uma contraposição entre duas formas de conhecimento do real: a intuição e o conceito.

Desta contraposição devo dizer, desde já, que seus dois termos não estão corretamente definidos nem, portanto, corretamente expressos.

Comecemos pelo segundo ponto. Fala-se de conceito como de um conhecimento das coisas. E, uma vez que conceituá-las é nessa filosofia um ato de "razão", o apelar para esta forma de conhecimento foi chamado de "racionalismo". Deixemos de lado a invocação à razão: é um tema de que tratarei na Terceira Parte da obra. O que aqui me importa, seja ou não um ato de razão, é saber se este ato consiste em "conceito". Pois bem, isso é absolutamente inexato por dois motivos. Primeiramente, o conceito não é a única coisa que se opõe ao que nessa filosofia é chamado de intuição: há também perceptos e fictos, que são modos de simples apreensão. Portanto, a primeira inexatidão do racionalismo clássico é que se fala de conceitos quando se teria de falar de simples apreensões. Conquanto grave, porém, isso não é o mais grave. O mais grave está em que o racionalismo se refere a que se trata de um conhecimento conceitual, mas do real. E aqui está, em meu sentir, a segunda e mais grave inexatidão desse suposto racionalismo. Porque os conceitos não inteligem a coisa real concebendo-a, mas afirmando-a segundo conceito. O ato formal do conhecimento (do que aqui se costuma chamar de razão) não é portanto conceito nem conceituação, mas afirmar e afirmação. Pois bem, o caráter radical da afirmação é a evidência. Portanto, estreitando as ideias, há que dizer que o formalmente específico do racionalismo não está no "conceito", mas na "evidência": é a evidência de que a coisa é o designado pelo conceito.

A esta evidência, o intuicionismo contrapõe o conhecimento do real por "intuição". Intuição pode significar a intelecção instantânea de algo tal como se o tivéssemos à vista. É um sentido derivado. O sentido primário é justamente este "ter à vista".

É um ter à vista de modo imediato e direto, e ademais instantaneamente, quer dizer, unitariamente. A presença imediata, direta e unitária de algo para a intelecção, isso é a intuição. O oposto da intuição seriam o conceito e o discurso. A intuição há de ser determinada não por seu objeto, mas pelo modo de intelecção. Como o concebido é abstrato e universal, costuma-se dizer que o objeto da intuição é sempre algo singular, é uma *singulum*; assim o fazem Ockham e Kant. Só um *singulum*, pensa-se, pode estar presente imediatamente, diretamente e unitariamente. Mas, para Platão, Leibniz e Husserl, haveria uma intuição do não singular (Ideia, o categorial, etc.). Não temos por que entrar neste problema, mas sua existência nos manifesta bem claramente que é preciso conceituar a intuição não por seu objeto, mas pelo modo de presença de seu objeto, tanto mais que, ainda que fosse verdade que só o singular é intuível, isso não significaria que todo singular fosse forçosamente intuível. Intuição é um modo de presença do objeto. A intuição é a presença imediata, direta e unitária de algo real para a intelecção.

Mas o apelar para a intuição no nosso problema é também inexato por duas razões. Em primeiro lugar, este conhecimento não é formalmente um ato de "visão" senão num sentido lasso, que é o que significa o verbo "intuir", *intueor*. Mas todos os modos de intelecção senciente, e não só o visual, apreendem direta, imediata e unitariamente o real. Portanto, se se quiser continuar a empregar o vocábulo "intuição", será preciso dizer que a intuição não é só intuição visual, vidência, mas toda e qualquer intuição, tanto visual como tátil, como sonora, como olfativa, etc., e implica a presença direta, imediata e unitária do real para a intelecção. Estando-se de acordo quanto a isso, não haveria maiores inconvenientes em seguir falando de intuição como se fosse visão.

O inconveniente maior e mais grave é outro: é a segunda inexatidão do chamado intuicionismo. É que, mesmo com a ampliação do vocábulo que acabamos de indicar, intuição expressa sempre e somente um "modo de ver" a coisa real: é portanto algo formalmente *noético*. Ou seja, a intuição seria um modo direto, imediato e unitário de dar-se conta das coisas, quer dizer, é um modo de consciência. Pois bem, o formal do que foi chamado de intuição não é o dar-se conta, mas que a coisa esteja presente para a intelecção: não é "presença" da coisa, mas seu "estar" presente. Por isso o ato não é um ato de dar-se conta, mas um ato de apreensão do real. É o que ao longo de toda esta obra venho chamando de apreensão primordial de realidade. A apreensão primordial é apreensão do real em e por si mesmo, isto é, apreensão imediata, direta e unitária. Esses três caracteres se aplicam formal e primariamente ao ato de apreensão. E só por isso, de modo portanto derivativo, podem aplicar-se a seu momento noético. A intuição não é senão dimensão noética da apreensão primordial de realidade. A apreensão primordial de realidade é em si mesma, portanto, muito mais que intuição: é uma apreensão *noérgica*. Não é um ver, mas um apreender em impressão de realidade.

Em definitivo, a contraposição entre racionalismo e intuicionismo não reside em ser uma contraposição entre conceito e intuição, mas em ser uma contraposição entre evidência e apreensão primordial de realidade.

Mas há mais. Porque nesta contraposição o que é que se contrapõe, o que é que se divide em intuição e conceito? Diz-se-nos que se trata de duas formas de conhecimento. Pois bem, isso é inadmissível. Porque conhecer é só um modo muito especial de inteligir. Nem toda intelecção é conhecimento. Veremos isso em outra parte do livro. Portanto, não se trata de uma contraposição entre duas formas de "conhecimento", mas de uma diferença entre duas formas de "intelecção": apreensão primordial e afirmação. Não se trata de mera mudança de vocabulário, mas de uma mudança que concerne à índole formal do designado pelos vocábulos. E então a questão diz respeito a algo muito essencial.

Para o vermos, aceitemos por ora os vocábulos correntes. E então perguntemo-nos, antes de tudo, em que consiste precisa e formalmente a contraposição entre intuição e conceito. Sob esta dualidade pulsa uma unidade que é a linha em que se estabelece a contraposição mesma. Que é esta unidade? Aí estão os dois pontos que temos de considerar. Fá-lo-ei muito brevemente, uma vez que já expliquei longamente as ideias que estão em jogo neste problema.

1º *A diferença entre intuição e razão: racionalismo e intuicionismo.* Esta diferença se apresenta como uma "contraposição". Em que consiste?

Para o *racionalismo*, o conhecimento supremo é o racional. Já adverti que não vou entrar aqui no problema do que se deve entender por razão; se emprego o vocábulo, é para conformar-me à linguagem corrente. O que se designa aqui por razão é uma evidência conceitual (admite-se também sem discussão a redução do racional ao conceitual). O racionalismo entende que inteligir é conhecer, e que o conhecimento deve ser rigoroso, isto é, deve fundar-se em evidências estritas. Deste ponto de vista, o que é chamado de intuição não é plenamente simples intelecção nem conhecimento: intuição seria intelecção confusa, conhecimento confuso. É por isso que a intuição não seria conhecimento: seria problema. É o problema de converter em evidências racionais o que turva e confusamente intuímos. A intuição é rica, certamente, mas não em conhecimento; é rica em problemas. Por isso, seria a razão, e somente a razão, o que deve resolver os problemas que a intuição apresenta. A aparente riqueza da intuição seria, portanto, uma interna pobreza. É a concepção que culmina em Leibniz e em Hegel. Mas isso é assim? É possível (não entremos agora na questão) que seja o intuído o que leve intrínseca e formalmente à intelecção evidente. Mas, à parte isso, é preciso afirmar que há qualidades e matizes intuitivos que a intelecção não esgotará jamais a poder de evidências. A riqueza da intuição escapa sempre a uma estrita evidência racional. Mais ainda, quando esta evidência parece conformar-se totalmente ao intuído e absorvê-lo nela, a rigor a própria irredutível individualidade do intuído é um limite inacessível a toda e qualquer evidência. A intelecção do real intuído nunca se esvaziará exaustivamente em evidência. Uma evidência pode ser tão exaustiva quanto se quiser, mas será sempre e somente evidência: visão do que a realidade exige; mas não será nunca a visão primigênia da realidade. É uma diferença indelével. A intuição tem uma inamissível riqueza. Nesta dimensão, a intuição não é conhecimento confuso, mas intelecção primordial do real. Só se pode chamar de confusa a intuição se se tomar como cânone de intelecção a evidência racional. Mas é justamente isso o que é discutível. Um círculo geométrico, diz-se-nos, é "perfeito". Os círculos reais são, por sua vez, "imperfeitos". Mas imperfeitos com respeito a quê? Naturalmente, com respeito ao círculo geométrico. Mas com respeito à realidade a situação se inverte. Com respeito ao real, o imperfeito é o círculo geométrico. Só seria perfeito o conceito (se pudéssemos alcançá-lo) da configuração do real, conceito porém não mais que aproximado da geometria, questão completamente acessória para o conceito da realidade assim configurado. Esta é a riqueza do intuído. Pensar que a poder de determinações conceituais evidentes chegaríamos a apreender totalmente o real intuído mediante predicados infinitos é a grande ilusão de todo racionalismo, especialmente o de Leibniz.

É o ponto em que insiste o *intuicionismo*. O real intuído é individual e inesgotável em todos os seus aspectos. Toda evidência racional se move em aproximações da intuição. A intuição não é intelecção confusa, senão que a intelecção evidente é tão só intuição cerceada. Só da intuição as evidências racionais recebem seu valor. Consideremos a intuição de uma cor qualquer. A razão tem de conceituá-la servindo-se de um sistema de cores previamente concebido. Nenhuma delas é esta cor intuída. Mas então, diz-se-nos, a razão combina as cores que concebe, e a poder dessas combinações crê apreender a cor citada. Impossível. A evidência racional é só intuição empobrecida. Não preciso insistir mais nestas diferenças sobejamente conhecidas; basta recordar, por exemplo, Bergson. Mas a intuição é pura e simplesmente mais rica que a evidência? Não penso assim. Porque o próprio da evidência não é o traçado de fronteiras, esse traçado que foi chamado de precisão. O rigor não é a precisão, senão que a precisão é no máximo uma forma de rigor. O rigor próprio da evidência não é precisão, mas exatidão: intelecção constritivamente exigida pelo real. A evidência será e é mais pobre que o conteúdo do intuído. Mas é imensamente superior em exatidão. A intuição mais rica nunca constituirá a mínima exatidão de que necessita a intelecção de uma coisa "entre" outras. Portanto, a intelecção deve ser rica, mas também exata. A evidência racional não é uma intuição cerceada nem empobrecida, mas uma intuição expandida, o que não é o mesmo.

Esta discussão nos revela algo que a meu ver é o essencial, e que não intervém nela. É que, por menos que se considere, vê-se que a discussão que expusemos concerne à riqueza ou pobreza tanto da intelecção racional quanto da intuição segundo seu conteúdo. Pois bem, é esta a linha precisa dentro da qual se constitui a diferença entre intuição e evidência? De maneira alguma. A intuição e a racionalidade, antes de serem duas fontes de conteúdo inteligido, são dois modos de intelecção, isto é, dois modos de apreensão do real, dois modos portanto de atualização do real. A diferença entre os conteúdos apreendidos por estes dois modos é completamente acessória para o nosso problema. A discussão deve recair, pois, não sobre a riqueza ou a pobreza do *conteúdo*, mas sobre a *formalidade* de realidade, isto é, sobre os modos de intelecção, sobre os modos de atualização do real. Há contraposição de modos? Qual é a índole desta contraposição?

A suposta contraposição recai formalmente sobre os modos de intelecção: intelecção de que algo é "real" e intelecção do que este algo é "em realidade". Pois bem, estes dois modos de intelecção são, portanto, dois modos de atualização. Uma é a intelecção do real em e por si: é a apreensão primordial. Outra é a apreensão de uma coisa real "entre" outras: é a apreensão diferencial (essencialmente mediada). Apresentada a questão nesta linha, vê-se antes de tudo que a apreensão primordial é a forma suprema de inteligir, porque é a forma suprema de atualização do real na intelecção. O que sucede é que esta apreensão é insuficiente diferencialmente: não nos faz inteligir o que uma coisa real é em realidade, o que é entre outras, quer dizer, com respeito a outras. A apreensão diferencial nos dá esta intelecção, mas na medida em que está inscrita na apreensão primordial. E esta inscrição não concerne ao conteúdo, mas à própria formalidade de realidade, que nos é dada em apreensão primordial e só nela. Pois bem, esta inscrição é exigida pela apreensão primordial mesma. A intuição mais rica do mundo nunca nos dará, a nós, homens, tudo o que o intuído é em realidade. Para isso é necessária, ademais, a apreensão diferencial. Porque a apreensão diferencial não só se funda na apreensão primordial, mas é formalmente exigida por esta. A coisa real inteligida não é só um sistema de notas, mas também um sistema de exigências. E o termo formal da evidência é discriminação de exigências, não distinção de notas. Cada coisa, como cada aspecto dela, tem suas próprias exigências articuladas de modo sumamente preciso. Por ser discriminante de exigências, a evidência fica contida nos limites estritos do exigido. E nesta constrição é que consiste a exatidão: é o rigor exigido pela realidade.

Aqui se vê que esta diferença inegável entre apreensão primordial e evidência não é uma *contraposição*. É algo diferente: é uma *vacuidade*. E esta vacuidade não desaparecerá nunca. A intelecção mais evidente do planeta não conseguirá nunca abolir a vacuidade. Uma vacuidade "preenchida" é sempre e somente uma "vacuidade" preenchida.

Definitivamente, não há contraposição entre intuição e evidência, mas uma vacuidade de atualização exigida pela apreensão primordial constitutiva da evidência. Como se trata de dois modos de atualização de uma mesma coisa real, é claro que a diferença entre esses dois modos se inscreve dentro de uma unidade: a unidade de atualização, isto é, a unidade de intelecção. Em virtude disso, o homem não tem somente intuição "e" intelecção racional, senão que este "e" é o enunciado de um problema mais radical: a unidade entre intuição e razão no logos senciente.

2º *A unidade de intuição e razão*. Qual é a unidade de intuição e razão?

A) Seguindo a linha do intuicionismo e do racionalismo, poder-se-ia pensar que intuição e razão são duas "fontes de conhecimento". Em virtude disso, sua unidade consistiria em constituir um só conhecimento. É a filosofia de Kant. A unidade de intuição e conceito seria "unidade de conhecimento". Nenhuma das duas fontes, com efeito, constitui por si mesma um conhecimento. Pois bem, conhecimento é conhecimento de um objeto. Em virtude disso, "unidade de conhecimento" seria "unidade de objeto". Portanto, intuição e conceito seriam duas fontes de um mesmo conhecimento por serem duas fontes da representação de um só objeto. Que é esta fontanalidade? A intuição nos dá uma multidão de qualidades do objeto, ordenadas num quadro espaciotemporal. Mas todas essas qualidades são d*o* objeto; não são *o* objeto mesmo. Para chegarmos ao objeto, precisamos recorrer ao conceito. O conceito é uma referência ao objeto. Mas não é mais que referência. O que significa que, tomadas as duas fontes em separado, isto é, a intuição e o conceito, nenhuma das duas nos oferece a representação de um objeto. Em frase lapidar, diz-nos Kant: intuição sem conceito é "cega", conceito sem intuição é "vazio". Cegueira da intuição em unidade com o vazio do conceito: aí está o que constitui a unidade do objeto e, portanto, do conhecimento, para Kant. O objeto é aquilo a que se refere o conceito, mas não um objeto qualquer: o objeto determinado das qualidades dadas pela intuição. O objeto é portanto unidade de intuição e conceito. O conceito seria "vazio", mas em seu próprio vazio torna vidente a intuição, que "de seu" seria "cega"; a intuição enche o conceito referencial, que "de seu" é vazio. A unidade de intuição e conceito é, assim, "unidade sintética" no objeto de conhecimento.

Isso é assim? Não creio. Porque de que cegueira e de que vazio se trata? Naturalmente, da cegueira e do vazio de "objeto". Neste ponto Kant não faz senão repetir Aristóteles, cuja ideia sempre me pareceu mais que discutível, porque a coisa não é "objeto" das qualidades, mas do "sistema estrutural" delas. Kant crê que o objeto é algo de algum modo diferente das qualidades. E só na medida em que intuição não dá, segundo Kant, objeto às qualidades é que se pode chamá-la de "cega"; só porque o conceito não contém o objeto determinado, mas tão somente sua mera e indeterminada referência a ele, é que se pode chamá-lo de "vazio". Pois bem, esta orientação do problema para o objeto não é, a meu ver, o principal e essencial da intuição nem do conceito. É possível que a intuição não contenha formalmente objetos (acabo de indicar o discutível dessa afirmação). Mas a intuição tem sempre uma radical vidência: a vidência não só da qualidade, mas também e sobretudo a da formalidade de realidade. Como toda a filosofia precedente, Kant recebe sem crítica a ideia de impressão sensível como mera afecção subjetiva; mas falta-lhe o momento de impressão de realidade. A *Crítica* não teria de ter sido antes de tudo uma crítica do conhecimento, mas uma crítica da própria impressão. A intuição, ainda que não seja vidência de "objeto", é vidência de "realidade". Por outro lado, o conceito não é referência a um objeto, ausente como tal do conceito mesmo, mas é simples apreensão do que a realidade "seria": o "seria" não é ausência de realidade, mas um modo de realização. Daí resulta que nem a intuição é primariamente cega, nem o conceito é primariamente vazio. Porque o termo formal destas duas supostas "fontes" não é "objeto", mas "realidade". Pois bem, realidade é o termo formal da intelecção; portanto, toda intuição humana é intelectiva, e toda intelecção humana é senciente. A unidade de intuição e conceito não é unidade de objeto e qualidade, mas unidade de formalidade: unidade de realidade. E, portanto, sua apreensão não constitui primariamente um conhecimento, mas uma intelecção, intelecção senciente. Não é conhecimento de um objeto, mas intelecção senciente de uma realidade: aí está o essencial e primário. E é aí que se encontra a diferença e a unidade radical de intuição e conceito. O próprio ponto de partida de Kant já é, de saída, insustentável.

B) A unidade em questão não é, pois, unidade de conhecimento objetivo, mas unidade rigorosamente estrutural.

a) Por ser estrutural, é antes de tudo uma unidade não noética, mas noérgica: é unidade de apreensão. Não há duas apreensões nem duas fontes de conhecimento, nem portanto dois princípios de conhecimento; há somente dois momentos (conteúdo e formalidade) de uma só apreensão, de uma só intelecção senciente.

b) Esta unidade se desdobra em duas intelecções somente quando o que se intelige é uma coisa real "entre" outras. Então, intuição é somente apreensão primordial de realidade, e conceito é também um modo de intelecção, a intelecção medial de realidade. Não são senão dois modos de atualização de uma mesma realidade.

c) Entre esses dois modos há uma unidade: não é "unidade de síntese", mas "unidade de exibição". Esta exibição é o que constitui o "ex" da "e-vidência". Em virtude disso, há uma inquestionável supremacia da intuição sobre a evidência, não em razão de seu conteúdo qualitativo, mas em razão do modo primário de apreender a realidade. Toda evidência, por mais rica e rigorosa que seja, é sempre e somente intuição exibida em *ex*. Repito morosamente que não me refiro ao conteúdo do apreendido, mas ao modo primário de apreender a realidade. Contrariamente ao que Kant pretende, não é o conceito o que torna vidente a intuição, mas a intuição o que torna vidente o conceito. E, por sua vez, o conceito não é mera referência ao objeto, mas à realidade apreendida em intuição, retraída e exibida em forma de "seria".

d) Todo conhecimento é uma elaboração desta primária intelecção senciente. Vê-lo-emos em outro capítulo.

Definitivamente: intuição e conceito remetem a apreensão primordial e evidência. Sua diferença não reside em serem duas fontes de conhecimento, mas em serem dois modos de atualização do real num ato de apreensão noérgica. Nesta apreensão, a evidência e, portanto, o conceito não se encontram em unidade sintética com a intuição (Kant), mas em unidade de exibição. A intelecção do real nesta exibição é a afirmação. Encontra-se determinada pela evidência como momento exigencial. O conceito é intuição exata: a intuição é exigência de conceito, isto é, de exibição.

Assim, já examinamos as duas questões que nos propusemos acerca do que é inteligir a coisa real em distância. Inteligir uma coisa real em distância é afirmar, é julgar. E nos perguntávamos antes de tudo qual é a estrutura da afirmação, isto é, o que é afirmar, quais são as formas e quais são os modos da afirmação. Como a afirmação não é univocamente determinada, depois de estudar a estrutura da afirmação tivemos de perguntar o que é que na coisa real determina a intenção intelectiva da afirmação. Esta determinação é a exigência evidencial. Com isso terminamos de examinar em que consiste inteligir a coisa real em distância. O inteligir uma coisa real em distância é a segunda fase de um movimento intelectivo "uno". É um movimento em cuja primeira fase se toma distância do que a coisa é em realidade: a impelência adquire caráter de distanciamento. Mas nesta distância a coisa real nos retém, e então o *intentum* adquire caráter de intenção afirmativa. Ao mesmo tempo, em suas duas fases, esta intelecção é um movimento intelectivo no meio d*a* realidade em que inteligimos o que a coisa é em realidade entre outras. É um modo de intelecção determinado na inteligência pela atualização diferencial em que a coisa real se atualiza "entre" outras. Mas, antes disso, o real já está atualizado na inteligência unitariamente, isto é, atualizou-se nela o real em e por si mesmo.

Pois bem, a intelecção medial do que a coisa é em realidade é uma intelecção determinada pela evidência, que confere à intelecção afirmativa, ao logos, um caráter próprio: a verdade. Surge-nos assim o problema: "afirmação e verdade". É o tema do capítulo seguinte.

7. Logos senciente e verdade

Já apreendida uma coisa como real e inteligido afirmativamente o que é em realidade, quando esta intelecção intelige "realmente" o que a coisa é em realidade tal como a afirmamos, dizemos que a intelecção é verdadeira.

Que se entende por verdade? Para enfocar retamente a questão, será útil repetir de forma resumida o que acerca deste tema expusemos na Primeira Parte.

À primeira vista, a verdade parece ser uma qualidade exclusiva da afirmação. Mas a verdade é qualidade de toda intelecção, e nem toda intelecção é afirmação. Antes da afirmação, há a apreensão primordial de realidade, que tem também sua verdade. Perguntamo-nos, portanto, o que é verdade enquanto tal, enquanto qualidade da intelecção como tal.

A verdade envolve uma multidão de problemas, porque a coisa real está atualizada na intelecção ao menos de duas maneiras diferentes, como vimos: em apreensão primordial e em apreensão dual. Daí os diferentes tipos possíveis de verdade. O conjunto destas questões é o problema "verdade e realidade". Mas, como a afirmação foi comumente entendida de forma predicativa, pensou-se que a verdade seria então apenas uma qualidade da predicação; pensou-se que o que constitui a verdade é o "é" da predicação "A é B". Pois bem, como a verdade concerne à intelecção enquanto tal, e há intelecções de realidade que não são intelecções do "é", sucede que realidade e ser não se identificam. Este é um terceiro grave problema. Definitivamente, eis formuladas as três questões que teremos de examinar:

§ 1. O que é verdade.

§ 2. Verdade e realidade.

§ 3. Verdade, realidade e ser.

Voltemo-nos agora para estes três problemas do ponto de vista da afirmação.

§ 1. O que é verdade

A intelecção enquanto tal é precisa e formalmente mera atualização da coisa real enquanto real. Já vimos que esta atualização tem dois aspectos. Um é o aspecto que concerne ao real como real: realidade é uma formalidade que consiste em ser "de seu" o que é, antes (*prius*) de estar presente na apreensão mesma. Estudar o real neste aspecto é o imenso problema da realidade. Mas a atualização intelectiva tem outro aspecto que não conduz à coisa real, mas à própria intelecção. A mera atualização intelectiva do real enquanto intelectiva é justamente o que chamamos de verdade: a coisa é realmente aquilo segundo o qual está atualizada.

Realidade e verdade não são idênticas porque há ou pode haver realidades que não estejam atualizadas nem tenham por que estar. Neste sentido, nem toda realidade é verdade. Verdade é uma qualidade da atualização, e a atualização é um momento físico do real: sem acrescentar-lhe nenhuma nota mais, a atualização, no entanto, acrescenta às notas realmente a verdade. Por isso, verdade e realidade não só não são idênticas, mas tampouco são meramente correlativas: realidade não é mero *correlato* da verdade, mas *fundamento* desta, porque toda atualização é atualização de realidade. A realidade é portanto o que dá verdade à intelecção, é o que "verdadeia" nela.

Isso exclui de saída duas concepções da intelecção verdadeira. Uma, a de entender que realidade é simples correlato da verdade: era no fundo o pensamento de Kant. Impossível, como acabo de dizer. Outra, a concepção mais frequente de todas, segundo a qual a verdade e seu oposto, o erro, são duas qualidades que funcionam *ex aequo* na intelecção. Era a concepção de Descartes. Mas isso envolve graves inexatidões. Porque o erro é precisa e formalmente possível somente pela verdade: o erro, com efeito, não é mera "carência" de verdade, mas "privação" de verdade. A intelecção não pode possuir tanto verdade quanto erro, mas, como envolve sempre um momento de realidade, é sempre radicalmente verdadeira, ainda que em algumas dimensões possa ver-se privada desta verdade. Como isso é possível? É o problema "verdade e realidade". Dele nos ocuparemos agora.

§ 2. Verdade e realidade

O real está intelectivamente atualizado de modos diferentes, e em virtude disso há diferentes modos de verdade. Há antes de tudo uma atualização simples. Sua verdade é também simples. Mas o real pode estar atualizado campalmente "entre" outras realidades. É uma intelecção que chamei de dual. Sua verdade é também dual. São dois tipos de verdade muito diferentes. Já o insinuei na Primeira Parte. Agora vou repeti-lo resumidamente para maior facilidade do leitor.

Examinaremos:

1º A verdade simples ou real.

2º A verdade dual.

3º A unidade da verdade.

1. A verdade simples ou real

O modo radical de apresentação do real na intelecção é a apreensão primordial de realidade. Nela o real é meramente atualizado em e por si mesmo. Sua formalidade de realidade tem os dois momentos individual e campal, mas *pro indiviso*, quer dizer, em forma que chamei de compacta: a coisa é real e a realidade nela é "assim". Esta atualização é a verdade. É o modo primário de verdade. É primário porque esta verdade não faz referência a nada que esteja fora do apreendido mesmo. Portanto, o que esta verdade "acrescenta" à realidade não é senão sua mera atualidade; é o que chamei de *ratificação*. Como o ratificado é o próprio real, sucede que sua verdade deve ser chamada de *verdade real*. É *real* porque nesta ratificação temos o próprio real. É *verdade* porque esta ratificação é atualizante. Em virtude disso, esta verdade real é *simples*. Não é simples no sentido de não ser constituída por muitas notas; ao contrário, a verdade real, como, por exemplo, a apreensão primordial de uma paisagem, possui uma grande multidão de notas. A verdade real é simples porque nesta atualização estas muitas notas constituem uma só realidade, e a intelecção não sai delas; não vai, por exemplo, do real para seu conceito.

Aqui se vê que toda e qualquer apreensão primordial do real é sempre verdade, é verdade real. Não há erro possível no apreendido primordialmente enquanto tal. O assim apreendido é sempre real, ainda que não o seja senão na apreensão mesma, mas nela é efetivamente real. Daí que seja falso dizer que o assim apreendido é uma *representação* minha. Não é representação, mas é primária e primordialmente *apresentação*. E esta apresentação não consiste formalmente em ser *presentidade*, mas em seu *estar* presente enquanto "estar": é uma atualidade do real. A apreensão primordial é por isso apresentação atual de realidade. É de realidade, quer dizer, do que o apreendido é em próprio, "de seu". Este "estar" em presença é mera atualidade: é atualidade de puro estar em presença. Esta atualidade é a *ratificação*.

Definitivamente, o modo primário de atualização do real é o atualizá-lo em e por si mesmo. E esta atualização é sua verdade real. Esta realidade do realmente verdadeiro é campalmente aberta, e então pode estar atualizada em duas intelecções: a atualidade do real em e por si mesmo, e a atualidade campal deste real "entre" outras realidades. Esta segunda atualização do real é, pois, real, mas sua verdade já não é verdade real, e sim o que chamo de verdade dual. É a verdade própria do logos, da afirmação. Depois deste resumo do que é a verdade real, temos de entrar agora detidamente na análise da verdade dual.

2. A verdade dual

A intelecção de uma coisa real "entre" outras é, como vimos e analisaremos em seguida detidamente, uma intelecção em distância. Cada coisa real, com efeito, é inteligida no campo de realidade em função de outra. Por seu momento campal, cada coisa real está incluída no campo por sua própria realidade, e então o campo assume um caráter funcional e *abarca* todas as demais coisas. Portanto, cada uma está campalmente em distância das outras. Daí que, como dissemos, inteligir uma coisa entre outras é inteligi-la em função dessas outras e portanto inteligi-la em distância.

Não confundamos, pois, o campal de cada coisa real e o campo de realidade que ela determina. Cada coisa real remete a outras: é o campal de cada coisa, o momento campal seu. O campo mesmo é o âmbito constituído por esta remissão: é o campo da remissão. O campo é assim determinado pela coisa real. Cada coisa real remete a outra, e neste campo de remissões se intelige o que a coisa remetente é em função das demais. Só então se terá inteligido a índole *concreta* do campal de cada coisa, quer dizer, a índole concreta da unidade do campal e do individual na realidade de cada coisa. Esta unidade é o que a coisa é "na realidade".

A intelecção de cada coisa transcorre, assim, no campo como *meio* em que cada uma das coisas é inteligida em função das demais. Esta intelecção em distância é portanto uma *intelecção mediada*: o campo de realidade é meio de intelecção. Esta intelecção mediada é justamente a afirmação. A afirmação recai formalmente sobre a unidade do campal e do individual, unidade inteligida no campo de realidade; isto é, recai sobre o que a coisa real é "em realidade". A atualização, pois, não é agora atualização de algo real em e por si mesmo, mas atualização do que a coisa já apreendida como real é "em realidade", ou seja, entre outras. Sua intelecção é *afirmação*.

Esta intelecção tem sua verdade própria. Qual? Repitamos o que viemos dizendo até aqui: verdade é a mera atualização intelectiva do real enquanto intelectiva. Quando a atualização não é mediada, sua intelecção tem o que chamamos de verdade real: a ratificação formal do real em e por si mesmo. E esta verdade, dizia eu, é simples. Mas, quando a atualização é mediada, então o real verdadeia na afirmação, mas não como pura e simples realidade, e sim como sendo em realidade isto ou aquilo entre outras. No verdadear do real neste modo diferencial é que formalmente consiste o outro tipo de verdade: a verdade dual. É verdade medial.

Esta verdade dual tem caráter próprio e estrutura própria. Tem, antes de tudo, caráter próprio. Esta intelecção, com efeito, é intelecção em distância. Inteligir uma coisa "entre outras" é inteligi-la desde essas outras, e portanto inteligi-la em distância. Em virtude disso, por ser intelecção "em distância", a própria intelecção é uma intelecção "distante". Portanto, há por assim dizer uma dualidade e não só uma distinção entre o foro da inteligência e o foro do inteligido na coisa. O foro da inteligência consiste em ser de caráter dinâmico, isto é, em ser uma intelecção em movimento. O foro da coisa é sua atualidade inteligida neste movimento. Como a coisa já estava atualizada em apreensão primordial de realidade, sucede que esta nova atualização é "re-atualização". E, como nesta re-atualização se constitui a verdade dual, sucede que esta verdade dual tem por esse motivo caráter próprio: é uma atualização "em coincidência" de dois foros formalmente diferentes. Aqui coincidência não significa casualidade nem nada parecido, senão que o vocábulo tem sentido etimológico: "incidir-com". A verdade dual tem, pois, caráter de coincidência intelectiva "entre" os foros da inteligência (isto é, entre os foros do movimento intelectivo) e os foros da realidade. O "entre" atualiza intelectivamente a coisa real (no que concerne ao que ela é em realidade) como "coincidência" de intelecção e realidade; é atualidade do real em coincidência. Tal é o caráter da verdade dual: a *coincidencialidade*, se me é permitida a expressão. É o "entre" o que determina este caráter de coincidencialidade.

Isto precisa de alguns esclarecimentos para evitar confusões. A atualidade coincidencial não é formalmente verdade; é antes âmbito de verdade dual. Por isso, antecipando ideias, direi que nesta atualidade coincidencial, neste âmbito, se constitui também o erro. Portanto, a dualidade da verdade dual não concerne formalmente à verdade, diferentemente do erro, mas concerne formalmente à própria atualidade coincidencial, que é o âmbito mesmo da verdade: o que é radical e formalmente dual é a atualidade coincidencial. Vê-lo-emos mais detidamente. Portanto, o que aqui cautamente digo é: 1º que a verdade dual se constitui na atualidade coincidencial, e 2º que esta constituição é um acontecer: na atualidade coincidencial acontece a verdade dual. E este vocábulo tem sentido muito preciso: é que a atualidade coincidencial é uma atualidade formalmente dinâmica, como repetirei em seguida. Aqui "acontecer", pois, não é algo oposto ao já feito ou inteligido, mas é o caráter dinâmico e formal da afirmação mesma.

Esta verdade dual tem não só caráter próprio, mas também *estrutura própria*: é justamente a estrutura da coincidência mesma. Esta estrutura é extremamente complexa porque a coincidência é o caráter de uma intelecção que "chega" a coincidir precisamente porque "preenche" a distância entre os dois termos coincidentes: entre a intelecção afirmativa e o que a coisa já apreendida como real é em realidade. Como a intelecção afirmativa é, como vimos, de caráter formalmente dinâmico, sucede que a própria coincidência tem também, como acabo de indicar, estrutura dinâmica. A atualidade coincidencial do real tem, pois, uma estrutura formalmente dinâmica. É por isso que a verdade "acontece" nesta atualidade, mas sem ser formalmente idêntica a ela. Isto é essencial. A verdade real tem-se ou não se tem. Mas à verdade dual se chega ou não se chega em coincidência. E este "chegar" é justamente o dinamismo intelectivo. Por isso, digo, a verdade dual é essencial e constitutivamente dinâmica. Qual é essa estrutura dinâmica? Este é o nosso problema.

Em primeiro lugar, o movimento intelectivo transcorre num meio. A verdade dual, por ser verdade em coincidência, é verdade mediada. Seu fundamento é, portanto, o meio. Neste aspecto, o meio é "mediação" para a coincidência, e portanto é um mediador (não um intermediário) dinâmico da verdade dual. Em que consiste a essência desta mediação? É o problema da *estrutura medial* dinâmica da coincidência, e portanto da verdade dual. A estrutura total da verdade dual é "dinâmico-medial".

Em segundo lugar, este movimento transcorre no meio, mas não é univocamente determinado nele. Não está certamente em seu ponto de partida. Mas não é isso o que agora nos importa. O que nos importa agora é que este movimento não tem direção univocamente determinada no meio. Por isso, que o movimento vá para a coisa determinada que se vai inteligir não significa forçosamente que a direção deste movimento leve simplesmente a uma verdade dual. Como veremos, pode não levar a ela. Como isso é possível? É o problema da *estrutura direcional* dinâmica da coincidência, da verdade dual.

Em terceiro lugar, o movimento não tem somente meio e direção, mas também, como vimos, diferentes fases. Disso resulta que a coincidência não é a mesma com respeito a todas as fases do movimento que preenche a distância entre o real e o que a coisa é em realidade. Em virtude disso, a verdade dual, por ser verdade em coincidência, tem diferentes formas. Quais são essas formas? É o problema da *estrutura formal* dinâmica da verdade dual.

Definitivamente, o problema da estrutura da verdade dual é o problema do caráter estruturalmente dinâmico-medial e direcional da coincidência entre a intelecção afirmativa e o que a coisa é em realidade.

A conceitualização desta estrutura se desdobra, assim, em três questões:

A) A estrutura dinâmica *medial* da coincidência.

B) A estrutura dinâmica *direcional* da coincidência no meio.

C) A estrutura dinâmica *formal* da verdade em coincidência medial.

1. *Estrutura medial dinâmica da coincidência.* É uma estrutura "fundamental". Entendo aqui por fundamento a estrutura daquilo que constitui intrinsecamente o fato de a intelecção "entre" ser coincidência. Digo "intrinsecamente", isto é, não me refiro ao que origina a coincidência, mas àquele momento que pertence intrínseca e formalmente à coincidência mesma, quer dizer, ao momento constituinte de seu caráter próprio. Este fundamento intrínseco e formal é o meio. A índole fundamental ou fundante do meio é "ao mesmo tempo" do afirmado enquanto afirmado e do caráter formal da afirmação mesma como intelecção. Este "ao mesmo tempo" é justamente a coincidência. O meio é portanto meio de coincidência dinâmica. É nisto que consiste sua *mediação*. Como?

A) Já vimos páginas atrás como se constitui o meio: constitui-se na e pela apreensão primordial de realidade. Repitamos ideias já expostas para maior rigor e clareza. O real enquanto real é algo que desde si mesmo está aberto a toda e qualquer outra realidade enquanto realidade. Este "desde" é, como já vimos na Primeira Parte, um momento intrínseco e formal da realidade enquanto realidade: é seu caráter transcendental, que assume aqui mais concretamente o caráter de campalidade. O real em e por si mesmo é real de modo transcendentalmente campal. A atualidade do real atualiza então com autonomia o campo como âmbito transcendental. A campalidade é um momento da apreensão primordial de realidade; que possa funcionar com autonomia em relação ao momento individual não significa que seja independente da apreensão primordial. Este momento nos é dado, pois, ali onde o real mesmo nos é dado: na impressão de realidade. A impressão de realidade é, portanto, apreensão primordial senciente do real em sua formalidade individual e campal: é impressão transcendental. Pois bem, esta impressão tem a unidade estrutural de todos os modos de realidade impressivamente dados. Um deles, como venho insistindo ao longo deste livro, é o "para" [*hacia*]. O "para" é um modo de a realidade dar-se-nos em impressão. Quando ela é considerada como transcendentalmente aberta, então o "para" é "para as demais realidades"; não é só um modo de realidade, mas o modo mesmo de atualidade diferencial de realidade. Em virtude disso, a índole transcendental do momento campal assume assim o caráter de um campo que abarca as coisas reais concretas. O campo fica assim constituído em "meio". Então, é claro que o meio é precisa e formalmente meio porque há coisas reais apreendidas em impressão de realidade. As coisas reais, naturalmente, não ficam "fora" do meio, nem estão meramente "dentro" dele, ainda que ele as abarque, mas "são" a realidade concreta do próprio momento campal de toda e qualquer coisa real. Portanto, reciprocamente, o meio enquanto tal é o campo mesmo de cada coisa real enquanto está constituindo medialmente em cada coisa a unidade intelectiva de umas coisas com outras. O meio é fundamento da unidade intelectiva das coisas, mas fundamento somente medial, quer dizer, por ser intrinsecamente a atualidade intelectivamente campal de cada coisa real. O campal do meio certamente não se identifica pura e simplesmente com o individual da formalidade de realidade de cada coisa, mas esta realidade é atualizada campalmente no meio. Disso resulta que o meio não é, repito, senão um momento da atualidade mesma do real enquanto real. O meio não é senão a verdade real do campo. O meio, portanto, tem por um lado caráter fundado: funda-se nas realidades individuais; mas é por outro lado fundamento dessa unidade diferencial que chamamos de "entre". O "âmbito transcendental", o campo, adquire assim o caráter de "meio". Pois bem, o meio é fundante precisamente porque tem em si formalmente a atualidade de cada coisa real. Esta unidade cíclica é característica do meio.

B) O meio assim constituído tem função de mediação da coincidência entre a afirmação e o que a coisa é em realidade. Efetivamente, a afirmação é uma intelecção em distância. Portanto, a coincidência de ambos os termos deve fundar-se em algo em que se estabeleça. Mas qual é a índole deste algo?

a) Não se trata de um terceiro termo que "produza" a coincidência. Essa foi a absurda ideia de que se nutriu em boa parte a filosofia subjetivista do final do século passado: a célebre ideia da "ponte" entre a consciência e a realidade. Deixemos de lado o fato de que não se trata de consciência, mas de intelecção. Partia-se, pois, do suposto de que seria preciso encontrar um terceiro termo que restabelecesse a unidade da inteligência e da realidade, de dois termos que se considerava estivessem um "fora" do outro. E isso é simplesmente absurdo. E de modo radical. Porque não se trata de qual seria essa "ponte" (por exemplo, como se costumava dizer, um raciocínio causal). O absurdo é pensar na própria necessidade da ponte, porque o que não existe é a "exterioridade", por assim dizer, da inteligência e do real. A diferença entre os dois termos é "distância", mas não "separação". O que significa que o que estabelece a coincidência não é um terceiro termo, diferente de ambos, mas um momento intrínseco a eles. Este momento é justamente o meio. O meio não é uma "ponte", isto é, não é um "intermédio", mas é aquilo em que os dois termos *"já estão"*. Não há ponte, mas meio. E este meio é fácil de descobrir: é justamente o meio em que se estabeleceu a própria distância, a saber, "a" realidade. É nela que a distância se estabeleceu. Distância, mas não ruptura. Já se está no real; a distância não é distância *da* realidade, mas distância *na* realidade. Daí que a coincidência não seja recomposição, mas somente um vencer a distância *na* própria realidade.

Com efeito, o que o juízo afirma não é a pura e simples realidade, e sim o que a coisa já apreendida como real é em realidade. E, por sua vez, o que a coisa é em realidade é justamente a unidade de seu momento individual e de seu momento campal, isto é, a unidade concreta de cada coisa com as demais n*a* realidade. Distanciada n*a* realidade é, pois, como se situa a inteligência com respeito à coisa. Isto é, o meio é justamente o momento d*a* realidade. Reciprocamente, a coincidência é a unidade da inteligência e da coisa nesse meio que é "a" realidade. A verdade como coincidência é antes de tudo coincidência da afirmação e da coisa n*a* realidade. E esta realidade é então o próprio "em", isto é, o meio; algo, portanto, que é intrínseco à inteligência e à coisa.

b) No entanto, não se trata de uma coincidência qualquer. Porque há de ser uma coincidência na linha da intelecção mesma, isto é, na linha da atualidade intelectiva do real em distância. Para isso, é necessário que o meio não seja somente um momento intrínseco da intelecção afirmativa e do real, mas algo cuja verdade medial enquanto verdade constitua a coincidência entre a afirmação e o real. Só então o meio terá função de mediação, de mediação intelectiva. O meio há de ser mediador verdadeiro da coincidência, isto é, da verdade. E assim é efetivamente.

Recordemos que o real apreendido em atualização primária, em apreensão primordial de realidade, tem nesta atualização o que chamei de verdade real. E a esta verdade real compete a verdade do momento campal da coisa. Em virtude disso, como dissemos, a verdade real é uma verdade incoativamente aberta, campalmente aberta à intelecção em coincidência, uma intelecção em que afirmamos o que a coisa é em realidade. A mesma coisa, pois, como já dizia eu, é apreendida duas vezes: uma, em e por si mesma como real; outra, como afirmação do que essa coisa é em realidade. Pois bem, a apreensão primordial do real pertence formalmente à própria afirmação: é justamente aquilo de que se julga. Por sua vez, o meio mesmo é a atualidade física do momento campal dessa coisa real, da apreensão primordial, isto é, tem sua própria verdade real. Esta verdade real do meio não é senão a expansão da verdade real do momento campal da coisa apreendida como real para poder julgar dela o que é em realidade. Donde resulta, como já disse, que o meio é verdade real: é a verdade real d*a* realidade do campo d*a* realidade. E é nesta verdade real que medialmente se estabelece essa coincidência da afirmação e da coisa real. A verdade real do meio é o mediador intrínseco e formal do atualizado na afirmação. Contra o que mil vezes já se disse, é preciso dar-se conta de que afirmar não consiste em afirmar a realidade, nem portanto em afirmar a verdade, mas em afirmar algo "na realidade", em afirmar algo "em verdade". Realidade e verdade são o *suposto* medial e intrínseco de toda afirmação enquanto tal. A coincidência entre a inteligência e o real é uma coincidência que se estabelece n*a* realidade em que ambos os termos são realidade verdadeira: na verdade real do meio. A verdade real do meio é assim meio de coincidência.

É um momento que pertence intrínseca e formalmente à afirmação para poder ser o que a afirmação quer ser. O juízo não afirma a realidade nem a verdade, mas as supõe; o juízo afirma o que uma coisa real é na "realidade de verdade". E esta verdade é justamente a verdade real. A mediação consiste formalmente em ser a verdade real como meio do juízo.

c) Mas isto ainda não é tudo. Porque a coincidência, que o meio como verdade real estabelece, tem uma precisa estrutura: é movimento. Há uma diferença profunda entre inteligir algo com verdade e inteligi-lo medialmente em verdade. Afinal, na apreensão primordial de realidade temos já realidade com verdade. Mas há uma diferença essencial com respeito à intelecção afirmativa. Porque a realidade da apreensão primordial de realidade é atualidade da coisa em e por si mesma em sua direta imediatez. Mas agora a intelecção afirmativa de realidade é intelecção da realidade em verdade *distanciadamente*. E a distância é algo a que incoativamente está aberta a verdade real, e que deve ser percorrido. Por isso a verdade real não é somente algo em que "está" a coincidência intelectiva, nem é somente algo que a torna "possível", mas é algo que pertence à afirmação mesma. Porque o meio não é algo em que estão submersas as coisas reais, mas a atualidade do momento campal de cada coisa real. Daí que o distanciamento seja somente o modo de inteligir no meio. Isto é, o meio é mediador dinâmico. É o dinamismo medial da verdade real do meio. O meio não é somente algo que "permite" coincidir com o real, mas é constitutivamente algo que pertence à coincidência com o real.

Eis a estrutura medial da coincidência: é coincidência no meio da realidade, é coincidência intelectiva em sua verdade real, e é coincidência dinâmica em distanciamento.

Definitivamente, a estrutura medial da intelecção afirmativa consiste no movimento intelectivo em que inteligimos o que a coisa real é "em realidade de verdade", isto é, no meio da verdade real. A verdade real é incoativamente aberta a ser atualização do real em coincidência, isto é, em realidade de verdade, e constitui justamente o meio intrínseco e formal desta última atualização.

Mas este dinamismo coincidencial não tem somente caráter medial. Tem também caráter direcional. É o que veremos.

2. *Estrutura direcional dinâmica da coincidência no meio.* O movimento intelectivo transcorre no meio, mas não é univocamente determinado nele. Este movimento é um movimento em que vamos inteligindo o que uma coisa é em realidade em função de outras. Quer dizer, vamos "para" [*hacia*] aquela coisa, mas "desde" as demais. O dinamismo da intelecção não é só transcurso num meio, mas um transcurso "desde-para" [*desde-hacia*]. É a estrutura direcional dinâmica da coincidência. A intelecção em movimento é a afirmação. Portanto, a afirmação mesma é dinâmica não só medialmente, mas também direcionalmente. Esta direção da afirmação tem uma estrutura complexa. Porque certamente estão fixados tanto o "para" como o "desde": o "para" é o que a coisa que se quer inteligir é em realidade, e o "desde" são as coisas em função das quais se vai inteligir afirmativamente a primeira. Englobarei todas as demais coisas num só termo: a coisa desde a qual se afirma o que algo é em realidade. Pois bem, fixados estes dois termos,

o movimento afirmativo não tem, todavia, uma direção univocamente determinada. Ante um mesmo "para" e apoiado num mesmo "desde", o movimento intelectivo pode seguir e segue trajetórias muito diferentes. Quer dizer, a direção, a orientação do movimento pode variar. Com isso, a própria coincidência entre os foros da inteligência, quer dizer, do movimento intelectivo do que a coisa real é em realidade, e do real tem caráter direcional. Isso nos obriga a nos determos em alguns pontos essenciais, especialmente em três: A) o que é mais precisamente "direção" da afirmação, B) o que é o direcional da coincidência enquanto tal e C) em que consiste esse feixe de direções no que poderíamos chamar de a "polivalência" da afirmação em ordem à coincidencialidade.

A) *Antes de tudo, o que é "direção" da afirmação*. Recordemos que a afirmação é uma intelecção dual que consiste em que a coisa "para" [*hacia*] a qual se vai é inteligida "desde" a luz que provém da outra. A coisa "desde" está presente na coisa "para", de certo modo como luz da intelecção afirmativa desta. A primeira coisa que esta luz determina é um "parar" para considerar o que pode ser a coisa que nesta luz se vai inteligir. Esta parada é uma tomada de distância, isto é, o que chamei de "retração". Não é retração *da* realidade, mas retração *na* realidade.

É uma retração formalmente intelectiva. O que nesta retração se intelige é o que uma coisa seria em função da luz de outra. Esta intelecção é o que constitui a simples apreensão em sua tripla forma de percepto, ficto e conceito. Mas a simples apreensão, como vimos, não consiste em prescindir do momento de realidade. Ao contrário, toda simples apreensão se constitui formalmente no meio da realidade. E o modo como a realidade compete ao simplesmente apreendido é o modo de realidade que chamamos de "seria". O simplesmente apreendido é o que a coisa "seria" em realidade. O "seria" não é algo que concerne ao conteúdo da simples apreensão; não designa o conteúdo da simples apreensão como algo possível em si, mas é o modo irreal como o conteúdo da simples apreensão concerne à coisa real.

Mesmo quando se forjam livremente simples apreensões, a coisa que "seria" está sempre mentalmente denotada em forma de percepto, ficto ou conceito.

Pois bem, direção é a formalidade do "seria" da simples apreensão. Portanto, a simples apreensão consiste formalmente em direção. Eis aqui o conceito de direção que procurávamos. A intelecção distanciada é antes de tudo, como vimos, retração, mas uma retração intelectiva na realidade. Este "na realidade" é o "seria", isto é, a direção. Portanto, a direção, repito, não é senão a formalidade intelectiva da retração.

Em virtude disso, a simples apreensão não é mera *"representação"* de um conteúdo, mas *"enfoque direcional"* do que uma coisa real "seria" em realidade. Mais ainda: como acabo de dizer, esta formalidade direcional é o que formalmente constitui a simples apreensão. Na apreensão primordial não há direção, mas atualidade imediata. Em contrapartida, a simples apreensão é um momento da intelecção distanciada, e seu caráter formal é "direção". A simples apreensão, repito, é formalmente direção intelectiva para o que "seria" em realidade a coisa distanciadamente inteligida.

Definitivamente, neste movimento intelectivo que é a afirmação, vem-se a inteligir o que uma coisa é em realidade em função de outras que abrem o feixe do que direcionalmente seria aquela.

Suposto isso, em que consiste a estrutura direcional mesma da coincidência?

B) *Direcionalidade da coincidência*. Toda e qualquer afirmação é um movimento e, como tal, tem direção. Para quê? Já o dissemos repetidamente: para o que a coisa afirmativamente inteligida é em realidade. Este "em realidade", como também já vimos, é a unidade do momento individual e campal da coisa real que se intelige.

Esta intelecção é um movimento que transcorre medialmente. E, nesse transcurso, o que a intelecção, por assim dizer, faz é "ir" para aquela unidade. Este "ir" não é senão voltar da retração para a coisa mesma, isto é, ir *no* campo "para" [*hacia*] a coisa. Daí resulta que, enquanto inteligida afirmativamente, a unidade em questão é inteligida como "unificação". A direção, portanto, é direção para a unificação: é o "seria" da unificação. Nesta direção, a intelecção tenta chegar à coisa. Mas não à coisa como algo que está aí, quiescente sobre si mesma, mas à coisa já inteligida como real em apreensão primordial. Em virtude disso, a coisa à qual direcionalmente tentamos chegar é a coisa que já tem verdade real, mas que está inicialmente aberta e que, portanto, se desdobra dinamicamente em exigência: é a coisa real como "exigência". Já nos apareceu o conceito de exigência ao tratarmos da evidência, como visão exigida pela coisa desde ela mesma, desde sua própria realidade. No problema atual, esta mesma exigência tem a função direcional da intelecção. A exigência é sempre um dos aspectos da força impositiva do real apreendido em impressão de realidade.

O "seria" é a direção; e o que a coisa "é" em realidade apresenta-se-nos como exigência. Portanto, a coincidência entre o movimento intelectivo e a coisa é uma coincidência de caráter formalmente dinâmico: é a coincidência de uma direção e de uma exigência. E esta coincidência entre uma direção e uma exigência é a passagem do "seria" para o "é" em que a afirmação consiste. É, repito, um momento formalmente dinâmico e direcional da atualidade medial do real na afirmação. É a coincidência entre uma simples apreensão livremente forjada por mim e a exigência positiva ou negativa que diante dela tem o real.

Esta atualização, por ser dinamicamente direcional, confere à afirmação uma estrutura precisa. Esta coincidência, com efeito, não é algo que consista em "levar-nos" à atualização, mas um momento da atualização mesma em sua intrínseca e formal dinamicidade. Este caráter intrínseco e formal da atualidade em coincidência direcional tem esse momento que é a *retidão*. A coincidência enquanto "coincidência de direção e de exigência" tem o momento formal de retidão. Este é, a meu ver, o conceito estrito de retidão.

Esta coincidência, portanto, não é uma coincidência quiescente, mas dinâmica. É antes de tudo uma coincidência dinâmica medial: é a coisa atualizada no meio da realidade, quer dizer, atualizada em realidade de verdade; mas é, ademais, uma coincidência dinâmica direcional: é a coisa atualizada em retidão do movimento afirmativo. O meio e a direção não são meras condições da afirmação, mas momentos intrínseca e formalmente constitutivos dela, não só como ato de intelecção, mas como atualização da coisa inteligida. Enquanto atualizada em movimento intelectivo, a coisa tem uma atualidade medial e direcional: é atualidade em realidade e atualidade em retidão.

A retidão é talvez o que mais claramente denuncia a estrutura dinâmica da afirmação. Afinal, poder-se-ia pensar que o "meio" é somente aquilo em que a afirmação tem lugar, mas não é a própria afirmação. Em contrapartida, a "retidão" denotaria bem claramente que se trata de um momento *formalmente* dinâmico. No entanto, este caráter dinâmico não é exclusivo da retidão, mas compete também ao próprio meio. Porque não se trata de um meio em que se afirma, mas do caráter medial mesmo da afirmação: é o próprio afirmar que é mediado. A afirmação é um transcurso, e sua medialidade é um momento intrínseco e formal do afirmado "enquanto afirmado". A coisa é inteligida em afirmação; e, como esta intelecção é distanciada, a medialidade é o caráter intrínseco e formal da realidade mesma enquanto inteligida. O meio é mediação dinâmica, e a retidão é, valha o pleonasmo, retidão dinâmica. Nunca se insistirá bastante, a meu ver, na verdade como coincidência dinâmica, isto é, na afirmação como movimento intelectivo.

Mas isso não faz senão colocar-nos em face de um grave problema. É preciso, com efeito, conceituar em que consiste "formalmente" esta coincidência entre direção e exigência. Porque a direcionalidade da afirmação é polivalente e, portanto, sua coincidência também o é. Em que consiste esta polivalência?

C) *Polivalência direcional.* Certamente há em toda e qualquer afirmação uma pluralidade de direções para ir "para" [*hacia*] o afirmado partindo "desde" outra coisa. O afirmado, com efeito, tem muitas notas e muitos aspectos, o que significa que partindo "desde" a outra coisa posso ir "para" o afirmado por muitas direções. "Realmente" a coisa "desde" a qual se intelige nos abre não uma direção, mas um feixe de direções "para" a coisa inteligida: fixados os dois termos do "desde" e do "para", há no entanto uma pluralidade de possíveis direções. Posso ir para a coisa inteligida para inteligir a cor que tem em realidade, mas posso dirigir-me também para a mesma coisa para inteligir qualquer das outras notas. Para inteligir o que é em realidade um homem, posso partir de seus seres afins na escala zoológica, mas aqui se abre uma pluralidade de direções: posso ir na direção da fonação, posso ir na direção da pedestação, posso ir na direção do agrupamento; no primeiro caso o homem será em realidade o animal loquente, na segunda direção será o animal bipedestante (ao menos por excelência), na terceira direção será o animal social, etc., etc. Neste feixe de direções, movo-me numa delas segundo uma opção minha, ancorada certamente na riqueza do inteligido, mas numa direção determinada tão só por uma opção minha. Esta *pluralidade* de direções não é, no entanto, o que chamo de *polivalência* direcional. Valência é a qualidade da coincidência em ordem à verdade. Polivalência consiste em que essas qualidades, essas valências, possam ser diversas *dentro* de cada direção. Não se trata, pois, de várias direções, mas de várias valências dentro de cada direção em ordem à verdade que nelas se tenta.

Porque, como repetimos muitas vezes, diferente da verdade real que "se tem" ou não se tem, à verdade dual "se chega" ou não se chega, ou se chega em diferente medida no movimento intelectivo da afirmação. Pois bem, em cada um dos casos temos uma estrita coincidência entre direção e exigência da coisa real. Como nesta coincidência se atualiza o real, e por conseguinte se diversificam suas valências intelectivas, sucede que a valência direcional tem dois aspectos que é mister conceituar sucessivamente: o aspecto que concerne à própria raiz de toda e qualquer valência, isto é, o aspecto que concerne à atualidade do real na afirmação, e o aspecto que concerne à polivalência desta afirmação em ordem à sua verdade.

a) Antes de tudo, a raiz de toda e qualquer valência; no fundo, a raiz da polivalência. A coisa real é, como vimos, termo de duas apreensões. Uma, sua apreensão primordial como coisa real acerca da qual se julga. Mas esta mesma coisa, sem deixar de estar apreendida como real, é termo do que provisoriamente chamaremos de segunda atualidade: a atualidade na afirmação. Destas duas atualizações, a segunda pressupõe a primeira: a afirmação pressupõe a atualidade primária da coisa e volta a atualizá-la em afirmação. Portanto, como dissemos, a afirmação é formalmente "re-atualização". Que é este "re"? Esta é a questão.

O "re" não é mera repetição ou reiteração da primeira atualização. Em primeiro lugar, por razão formal do termo atualizar: na primeira atualização temos a coisa "real", mas na segunda temos a coisa "em realidade". Temos, portanto, duas vezes a realidade, mas em aspectos diferentes. Na reatualização temos o real, mas atualizado "em realidade". A mesma realidade está assim atualizada em dois aspectos diferentes. Na medida em que o segundo aspecto se funda no primeiro, diremos que aquele segundo aporte é "re-atualização". Aqui, reatualizar é atualização do que algo, já real, é em realidade.

Mas não é esse o caráter mais profundo do "re". Porque ao atualizar o que a coisa já real é "em realidade", esta atualização não é somente de um segundo aspecto da mesma coisa, mas é outro modo de atualização ou de atualidade da mesma coisa. Ao ser inteligida segundo o que é "em realidade", a coisa real é atualizada em distância e em direção de exigência. Portanto, na intelecção afirmativa o real não só adquire *outra atualidade*, mas adquire sobretudo *novo modo de atualidade*. A atualidade primária é "realidade" pura e simplesmente. A atualidade na afirmação é uma atualidade distanciada e exigida segundo determinada direção. Trata-se, pois, não de uma repetição, mas de um novo modo de estrita e rigorosa atualidade. Pois bem, a atualidade exigencial do real em determinada direção é o que formalmente constitui o *parecer*. A afirmação é afirmação de atualidade em coincidência, e o atual nesta coincidência é o parecer. É, a meu ver, o conceito formal do parecer. O "re" da reatualização é, portanto, atualização do real em parecer. Aí está o essencial. Era necessário dar um conceito estrito e rigoroso do que é parecer. Não bastaria lançar mão do vocábulo como de algo que não necessitasse de conceituação.

Expliquemos mais detidamente este conceito. Antes de tudo, parecer é uma atualidade da coisa real: é a coisa real em sua própria realidade o que é atualizado como parecer. Não é parecer realidade, mas *realidade em parecer*. Mas, em segundo lugar, é atualidade em "direção". Do contrário, a coisa real não teria parecer. Algo parece ser ou não ser somente se parece ser ou não ser o que "seria". Isto é, parecer é uma atualidade, mas em direção, pois, como vimos, "seria" é formalmente direção. Mas isto ainda não é suficiente. Porque o "seria" é sempre e somente *determinado* "seria". Algo parece ser ou não ser não o que seria simplesmente, mas o que tal ou qual coisa determinada seria. A determinação do "seria" é essencial para o parecer. O parecer, portanto, não é só atualidade direcional, mas atualidade em direção "determinada". Em terceiro lugar, é uma atualidade da coisa real enquanto esta exige em sua atualidade, tanto inclusivamente como exclusivamente, determinados "seria". Só então há parecer. Sem este terceiro momento, o "seria" estaria certamente determinado, mas não passaria de momento direcional de uma simples apreensão. Só há parecer quando este determinado "seria" é exigencialmente determinado pela coisa real. Reunindo agora unitariamente estes três momentos numa só fórmula, digo que parecer é a atualidade exigencial do real numa direção determinada. É a atualidade do coincidente enquanto coincidente.

Pois bem, o atualizado em movimento intelectivo tem um conteúdo próprio e exclusivo: não é o pura e simplesmente real, mas o que a coisa real é "em realidade", isto é, a unificação do momento individual e do momento campal da coisa. Portanto, esta atualidade, que é o parecer, é formalmente atualidade do que a coisa é "em realidade". O conteúdo do parecer é sempre e somente aquilo que a coisa real é em realidade. Em outros termos, parecer é sempre e somente parecer o que algo real é em realidade. A atualidade do "em realidade" é o parecer, e reciprocamente o parecer é a atualidade intelectiva enquanto intelectiva do que a coisa é "em realidade".

Precisamente por isso é que o parecer constitui um modo próprio e exclusivo de atualidade da coisa na intelecção afirmativa. A apreensão primordial de realidade não é nem pode ser parecer: é pura e simplesmente realidade. Todos os idealismos, tanto empiristas como racionalistas, dão por inquestionável que o apreendido (isto é, o que chamo de apreensão primordial de realidade) é mero parecer, e que só à razão incumbe determinar o que é a realidade. Mas isso é absurdo, porque o imediato e direto do real, apreendido primordialmente, exclui *a limine* a possibilidade mesma de todo e qualquer parecer. Todos os idealismos falam de parecer, mas não cuidaram de dar um conceito estrito deste modo de atualidade. O apreendido em apreensão primordial de realidade tem essa intrínseca compacção em virtude da qual não é senão real. A compacção consiste em não ter, nem poder ter, o momento do parecer. É real e somente é real. Nisso consiste, como vimos, toda a sua insubstituível grandeza e a sua possível pobreza. Por sua vez, no real apreendido não primordialmente, mas diferencialmente, há sempre uma radical incompacção; incompacção é a diferença entre realidade e parecer.

Convém explicar agora o conceito de parecer não só dizendo o que é, mas dizendo também, e muito energicamente, o que não é. Ao dizermos que algo "parece", não pretendemos dizer que "só parece". Isso é absurdo. Parecer não é ser "aparência". O parecer é um modo de atualidade do próprio real e, portanto, o real atualizado numa afirmação – como veremos em seguida – é real e ao mesmo tempo parece sê-lo. O parecer não se opõe formalmente, nem sequer se opõe de fato forçosamente, a ser real. O real inteligido em distância é real e parece sê-lo; pelo menos não está excluído que possa ser assim. O parecer enquanto tal não é algo oposto ao real, mas um modo de atualidade do próprio real. Se se quiser, é o "aparecer". E, com efeito, o pura e simplesmente real tem sua verdade real própria, que como vimos está incoativamente aberta. A quê? Dizíamos que para outra atualização. Pois bem, agora devemos dizer que em primeira linha a verdade real, isto é, o pura e simplesmente real, está aberta a parecer sê-lo numa intelecção em movimento.

Pois bem, esta atualização em movimento é justamente a afirmação, o juízo. Daí o conceito mais estrito e formal de juízo. O juízo, dizia eu, é intelecção distanciada do que uma coisa real é em realidade; é, portanto, intelecção em coincidência. Pois bem, como nesta intelecção distanciada e coincidente está a atualidade da coisa como "parecer", sucede que o termo formal do juízo é o parecer. O juízo é, por assim dizer, o *órganon* formal do parecer. Eis o essencial: julgar é sempre e somente inteligir o real em seu parecer. Bem entendido, "parecer" no sentido explicado. Uma mente das que se costuma chamar de puramente intuitivas (não entremos outra vez na discussão do conceito de intuição como momento da apreensão primordial de realidade) não teria "parecer", mas somente realidade. E portanto não teria juízos, mas somente apreensões primordiais de realidade. A ausência de juízo se fundaria na ausência de parecer, e por sua vez a ausência de parecer se fundaria na compacção do real apreendido em e por si mesmo.

E isso nos leva não só a conceituar o juízo, mas também a dar o preciso rigor formal a um conceito que veio aparecendo ao longo de todo o nosso estudo: o conceito de distância. Negativamente, já o disse muitas vezes, distância não significa aqui distância espacial. Distância, como disse, é esse distanciamento em que fica cada coisa com respeito a outras quando é apreendida "entre" elas: é a distância da "realidade-entre", é o "entre dois" do real. Dizia eu no capítulo 4 que esta distância é a unidade do desdobramento entre o momento individual e o momento campal de cada coisa real, quer dizer, a unidade do desdobramento entre ser "real" e ser "em realidade". Este desdobramento é distância porque é preciso percorrer a distinção, e porque o percurso é a forma dinâmica da própria unidade. Mas há, ademais, outro desdobramento. Percorrida de fato, esta unidade é por sua vez unidade entre realidade e parecer. Na distância, o ser "em realidade" fica assim desdobrado por sua vez em seu "em realidade" e em seu "parecer". Então a distância, que formalmente é unidade de desdobramento entre o momento individual e o momento campal, funda inexoravelmente a unidade de desdobramento do momento campal mesmo, a unidade de desdobramento entre "ser em realidade" e "parecer". É uma modalidade de distância, a distância afirmativa; é uma distância própria de toda atualização diferencial e só dela, própria tão só do movimento campal enquanto tal. Não confundamos o desdobramento de "real" e "em realidade" com o desdobramento entre realidade e parecer. Este segundo desdobramento é próprio somente do "em realidade" do primeiro desdobramento.

Como esta atualização é a essência mesma do juízo, sucede que a dualidade do ser real e do parecer (na atualidade mesma de cada coisa real assim inteligida) confere à afirmação uma essencial qualidade em ordem à verdade: uma valência. Valência, podemos dizer agora, é a qualidade da coincidência entre parecer e ser. Uma valência que pode ser diversa: é a polivalência. É uma polivalência em ordem à verdade dual. É o que é preciso ver agora mais detidamente.

b) A afirmação como afirmação é, com efeito, um movimento intelectivo em que uma simples apreensão minha livremente forjada se enfrenta com a realidade de algo já apreendido como real. Para haver afirmação, tem de haver intenção de coincidência entre a direção que constitui o "seria" de minha simples apreensão e a exigência de repulsa ou de admissão, digamos assim, da coisa real com respeito a essa simples apreensão. Certamente não se trata de uma repulsa ou admissão como momento atuante da coisa real, isto é, como momento constitutivo da realidade mesma da coisa, mas tão só desse momento físico seu que é sua física atualidade. É esta atualidade o que, ao nos enfrentarmos com ela na direção em que minha simples apreensão consiste, se atualiza em forma exigencial. Mas isso é algo sumamente complexo.

Antes de tudo, posso escolher livremente a simples apreensão e a direção em que vou enfrentar-me com a coisa real. Esta opção minha é o que faz que, entre as muitas direções que me abre a coisa desde a qual apreendo, só uma delas adquira o caráter de ser direção empreendida. A direção se converte então por opção em *via*: via de afirmação. A afirmação não é só uma direção, mas uma via, a via que empreendo para inteligir afirmativamente o real. Esta opção é o discernimento, o *krínein*, e é por isso que toda e qualquer afirmação é constitutivamente *krísis*, isto é, juízo. A afirmação é juízo precisa e formalmente por transcorrer numa via optativa.

Mas este discernimento necessário não é suficiente para que o movimento intelectivo seja afirmação. Afirmação não é mera enunciação, mas positiva intelecção do real. Para isso, não só é preciso o discernimento de uma via, mas é necessário que esta via conduza a uma coincidência, isto é, que a afirmação tenha retidão e conduza ao real. Pois bem, este segundo momento não é nada óbvio. Porque com o que foi dito, mais que uma afirmação, teríamos somente uma tentativa de afirmação. Para que haja afirmação, é preciso haver coincidência, convergência, retidão entre a simples apreensão e a coisa real.

Esta intelecção afirmativa em sua própria coincidência tem valências diferentes, diferentes qualidades em ordem à verdade. Toda e qualquer afirmação tem de alguma maneira esta diversidade de valências. Digo "de alguma maneira": é justamente o que temos de examinar agora.

aa) Toda afirmação tem em ordem à verdade uma radical qualidade essencial: é o que chamo de *paridade*. Em toda e qualquer afirmação, há a atualização daquilo de que se afirma e a simples apreensão desde a qual se afirma. Em toda afirmação há, portanto, dois termos. Mas é mister que cada um deles não vá "para o seu lado", por assim dizer. Esta qualidade é a paridade. Explico-me. Se me perguntam que "número" de asas tem em realidade este canário, e se responde "amarelo", esta resposta não é uma coincidência afirmativa, mas o contrário, porque o real do perguntado está na linha da quantidade (número de asas) e a resposta enuncia o real na linha da qualidade. Não há coincidência nem pois retidão. As duas direções são "díspares": é o *disparate*. Dizer que o número de asas deste canário é amarelo não é que não seja verdade, mas é algo mais radical: é a incongruência ou disparidade entre duas linhas de intelecção. Para haver afirmação, tem de haver "paridade" entre a direção da simples apreensão e as exigências do real. Só havendo paridade há coincidência e, portanto, retidão. O disparate é formal e constitutivamente "enunciado sem paridade". Retidão não é, pois, sinônimo de verdade nem remotamente, mas é essencialmente pura e simples paridade. Que é paridade? Toda e qualquer simples apreensão é um "seria". Daí que toda e qualquer simples apreensão nos dirija para o real não só pelo fato de ser um "seria", mas porque nesta direção se *acusa* uma linha direcional da atualidade do real enquanto real, isto é, se acusa um modo de dirigir-me para o real como qualidade (permita-se-me a expressão) de uma linha do "seria" em que se atualiza o real enquanto real. O amarelo acusa a linha desse modo de dirigir-se para o real que é sua atualização: é a atualização como qualidade. O número acusa em seu modo de dirigir-se para a realidade outro aspecto de atualização do real: é a quantidade. Nestas linhas, portanto, fica direcionalmente atualizado o real como real. Acusação se diz em grego *kategoría*. Todo e qualquer "seria" acusa uma linha de atualização do real enquanto real, e é nisto que consiste a categoria: atualização direcional do real enquanto real. Neste enfoque direcional é que, a meu ver, se deve conceituar o problema das categorias do real. As categorias não são gêneros supremos do "ente" (Aristóteles) nem são formas do juízo (Kant), mas são as linhas direcionais de atualização do real enquanto real segundo diversas dimensões. Veremos mais adiante o problema das categorias em toda a sua amplitude. Pois bem, a paridade é paridade de linha categorial. O disparate é disparidade categorial. Eis, portanto, o primeiro momento qualitativo, a primeira valência em ordem à verdade: a paridade. Seu oposto é o disparate. A oposição "com-paridade" e "dis-paridade" (disparate) é a primeira polivalência direcional da afirmação.

bb) Mas há uma segunda qualidade valencial. Não basta que a afirmação não seja um disparate: é preciso que, mesmo sem sê-lo, a afirmação tenha *sentido*. O "sentido" é o segundo momento da valência. O sentido não é a paridade. Dentro de algo que não é um disparate, pode-se enunciar uma afirmação cuja direção não recaia nas possíveis exigências do objeto de que se afirma. Nesse caso, a direção da simples apreensão vai para o vazio. Direção no vazio não é o mesmo que disparate.

Este vazio pode ocorrer pelo menos de duas maneiras. Pode ser que o sentido de minha simples apreensão fique fora das exigências do objeto real de que se afirma. Então a afirmação é um *nonsense*, um sem-sentido. Mas pode ocorrer que na afirmação o sentido da simples apreensão destrua as positivas exigências daquilo sobre o qual se afirma: é o *contrassenso*, um contrassentido. Não são meras sutilezas, mas algo que chegou a desempenhar um papel essencial na ciência e na filosofia.

Por exemplo, se considero um elétron situado perfeitamente num ponto preciso do espaço, e quero inteligir o que é em realidade seu estado dinâmico, isto é, seu impulso, a esta simples apreensão (impulso) não corresponde nem pode corresponder esse elétron perfeitamente situado. Atribuir-lhe um impulso é em si mesmo não um disparate, mas um *nonsense*, um sem-sentido (princípio de Heisenberg). Um elétron precisamente localizado no espaço não pode ter exigência alguma de impulso preciso. O "seria" do impulso é direção determinada, mas não tem sentido realizá-la num elétron localizado. Em virtude disso, não há coincidência direcional, nem há portanto essa atualidade que é o parecer. Cair no vazio é justamente "não parecer". Todas as variáveis que a física chama de dinamicamente conjugadas se encontram neste caso na física atômica. Não as cito senão a título de exemplo. É um problema de física atômica no qual não tenho por que entrar.

O contrassenso é mais grave, se se quiser. Certamente não é uma falsidade, nem uma contradição, mas um destruir a possibilidade de todo e qualquer sentido. Assim, pensa Husserl que dizer que as verdades *a priori* se fundam em fatos contingentes não é somente falso ou contraditório, mas um contrassenso. O sentido das exigências do conceito de verdade "*a priori*" é anulado no sentido de fato "empírico". Para Husserl o contrassenso é a forma suprema de não ser verdade. Mas pessoalmente penso que há algo mais grave que o contrassenso: é o disparate. No disparate, repito, as exigências daquilo de que se julga nada têm que ver com a direção da simples apreensão. Inteligi-las unitariamente num objeto é o disparate. Por sua vez, no contrassenso não há disparate: o que acontece é que a direção da simples apreensão não encontra onde se realizar no objeto.

A segunda valência em ordem à verdade é o sentido. A polivalência adota a forma de "com-sentido", de "sem-sentido" e de "contrassentido".

cc) Mas há uma terceira qualidade da coincidência em ordem à verdade.

A coincidência, repito, é coincidência dinâmica entre a direção intelectiva e a direção das exigências da atualidade do real. Nesta direção, vai-se inteligir não o real como real (isto seria apreensão primordial de realidade), mas o que este real é em realidade. Quer dizer, a coisa real em coincidência dinâmica adquire uma nova atualidade, uma reatualização do real em ordem ao que é em realidade. Esta atualidade do real em coincidência direcional é, como dissemos, o que constitui o parecer: é a atualidade exigencial do real em determinada direção. Portanto, a intelecção afirmativa, o que uma coisa já apreendida como real é em realidade, é a coincidência do que parece ser e do que a coisa real é em realidade. Diremos mais brevemente: é a coincidência de parecer e de ser real (está subentendido que se trata de ser "em realidade"). Esta atualidade coincidencial é sumamente complexa. Porque em que são "um", quer dizer, em que são coincidentes os dois termos? A coincidência é *atualidade* coincidencial; portanto, aquilo em que o ser real e o parecer são "um" é ser atualidade. Mas esses dois termos não são independentes, isto é, não estão justapostos, senão que parecer e ser real se *fundam* um no outro. Sempre há atualidade coincidencial, mas a coincidência pode ter dois diferentes fundamentos; isto é, há duas possibilidades de coincidência. Ou o que a coisa real é em realidade fundamenta o que parece ser, ou o que parece ser fundamenta o que a coisa real é em realidade. Em ambos os casos, repito insistentemente porque é essencial, há atualidade coincidencial. Mas a qualidade dessa coincidência intelectiva é nos dois casos essencialmente diferente. No primeiro caso, dizemos que a intelecção afirmativa em sua atualidade coincidencial tem essa qualidade que chamamos de *verdade*. No segundo caso, há também atualidade coincidencial, mas sua qualidade é o que chamamos de *erro*. Cada uma das duas possibilidades de atualidade coincidencial é o que constitui isso que antes chamamos de "via". Via não é só direção empreendida, mas direção empreendida numa ou noutra das duas possibilidades. A primeira é *via da verdade*. A segunda é *via do erro*. A via da verdade é a via segundo a qual é o real o que fundamenta o parecer. A via do erro é a via segundo a qual o parecer fundamenta a realidade: a realidade seria o que nos parece. Aí está a complexidade radical de toda e qualquer afirmação em sua estrutura direcional. É a terceira valência da coincidência.

Para a entendermos com maior precisão, temos de esclarecer antes de tudo o que é cada uma das duas vias. Comecemos pela via da verdade. O juízo, dizia eu, é o órgão formal do parecer enquanto tal. Pois bem, sua verdade consiste formalmente em que o parecer esteja fundado no que a coisa é em realidade. Consiste, pois, em que o que determina a atualidade coincidencial do parecer seja o que a coisa é em realidade. Esta é a *via da verdade*. A via não é algo extrínseco à verdade, não é via para ir à verdade, mas é um momento intrínseco e formal da verdade mesma enquanto tal: é "verdade-via". É o caráter "vial" da afirmação sobre o real. Só derivativamente se pode falar de uma verdade como qualidade do afirmado. Primariamente a verdade é um caráter dinâmico direcional da afirmação: é a direção segundo a qual o "parecer" é determinado pelo ser "real". A verdade mesma é esta determinação direcional. É a via em que se está inteligindo o que algo parece ser em realidade fazendo convergir a intelecção para o que a coisa é realmente. Esta convergência da via é a verdade mesma. Somente em e por esta verdade dinâmica e direcional é que pode haver verdade no afirmado. Vê-lo-emos logo.

Mas há outra via: *a via do erro*. O erro também é primariamente uma via. É a via segundo a qual a atualidade coincidencial do parecer é o que fundamenta e constitui o que a coisa é em realidade. Erro é antes de tudo uma via: via errônea. É possível que o afirmado segundo esta via acabe por ser verdadeiro, mas o será só acidentalmente, assim como pode ser acidentalmente verdadeira a conclusão de um raciocínio cujas premissas sejam falsas. Isso não obsta a que a via enquanto tal seja uma via errônea. Esta via é um errar, mas com respeito a quê? Com respeito à via que conduz a uma atualidade coincidencial na qual o parecer se funde no ser real. Seguir a via contrária: é nisto que consiste o errar radical. Todo errar e, portanto, todo erro, é constitutivo *desvio*; é desvio da via da verdade. No erro há também atualidade coincidencial; é preciso afirmá-lo muito energicamente. Mas é uma atualidade em via desviada. Por isso, esta atualidade tem em sua atualização mesma um caráter próprio: é falsidade. Falsidade é a atualidade coincidencial segundo uma via desviada. Ainda que acidentalmente seu conteúdo pudesse ser verdadeiro, essa suposta verdade, no entanto, seria uma falsidade no que tem de intelectiva. A falsidade não consiste formalmente senão em ser um caráter da atualidade. É uma atualidade falsa enquanto atualidade. É verdadeira atualidade, mas não atualidade verdadeira: é atualidade falsa.

A via do erro é a via da atualidade falsificada: é a falsificação que consiste em tomar meu parecer (por ser parecer) como realidade. Só derivativamente se pode falar de falsidade no afirmado. O radical e primário é a falsidade da própria afirmação. A falsidade, digo, é atualidade em desvio, em erro. O erro, antes que um caráter do afirmado, é um caráter dinâmico e direcional da afirmação mesma.

Verdade e erro: aí estão duas valências da coincidência em ordem à verdade. Este enunciado parecerá confuso porque nele intervém duas vezes o vocábulo e o conceito de verdade: verdade como valência oposta ao erro, e verdade como aquilo em ordem ao qual se constitui a valência. Mas não há tal confusão; vê-lo-emos em seguida. Entretanto, falemos de verdade e erro como valências. Verdade é a coincidência entre parecer e realidade quando é a realidade o que determina o parecer; erro em caso contrário.

Na filosofia contemporânea, tentou-se introduzir outras valências além da verdade e do erro: haveria outras valências até em número infinito. A lógica clássica sempre foi bivalente (verdade e erro), mas para os lógicos a que aludo haveria uma polivalência em ordem à verdade diferente das duas valências citadas: é a lógica polivalente. Aludirei somente a uma lógica trivalente por sua especial importância. Além das valências verdade e erro, a afirmação poderia ter uma terceira valência: a *indeterminação*. Não se trata de que eu não conheça determinadamente o real, mas de que uma afirmação sobre o real mesmo seja em ordem à verdade algo formalmente indeterminado. Voltemos ao exemplo que dei ao falar do "sentido" da afirmação. Vimos que em virtude do princípio de Heisenberg a afirmação de que um elétron precisamente localizado tivesse um impulso preciso seria uma afirmação fisicamente carente de sentido. Pois bem, para a lógica trivalente não se trata de que aquela afirmação não tenha sentido, porque o tem. O que sucede é que seria uma afirmação não verdadeira nem falsa, mas indeterminada em ordem à verdade. Haveria assim três valências: verdade, erro, indeterminação.

Não vou entrar neste problema: é assunto de lógica da física. Aqui, porém, não estou fazendo um estudo de lógica, mas de filosofia da inteligência. E deste ponto de vista a questão muda de aspecto. E isso é o que dissipa a confusão no conceito de verdade a que antes aludi.

Com efeito, como possibilidades, a verdade e o erro da afirmação são copossíveis precisamente porque são vias de atualidade coincidencial fundadas em verdade real. Isso não significa que verdade e erro possam competir à afirmação ex aequo. Porque o erro é sempre e somente desvio. Em virtude disso, o erro não é mera carência de verdade; se assim fosse – e de fato foi o suposto de grande parte da filosofia moderna –, a verdade seria mera carência de erro. Algo assim como se disséssemos que ser vidente é carecer de cegueira. E não é assim porque o erro, a falsidade, é "desvio"; portanto, não é carência, mas privação de verdade. Só com respeito à verdade dual é possível o erro. Ambos são copossíveis, mas esta copossibilidade não significa equidade, e sim copossibilidade de posse efetiva e de privação. Por isso é insustentável a ideia hegeliana de que o erro é verdade finita. O erro certamente só se pode dar na finitude, mas a verdade dual tampouco se pode dar senão na finitude. A verdade dual não é menos finita que o erro, porque ambos se fundam no distanciamento dual da realidade primordialmente apreendida em compacção. Mas o erro é finito, ademais, por ser privação. O erro é pois duplamente finito: por estar, como a verdade, fundado num distanciamento apoiado na verdade real, e além disso porque este apoio ou fundamento é privacional. A verdade é de alguma forma (veremos qual) anterior ao erro.

Se consideramos a suposta terceira valência, a indeterminação, deparamos também com uma anterioridade da verdade com respeito à própria indeterminação. Porque com respeito a que esta afirmação seria indeterminada? Evidentemente é uma indeterminação em ordem à verdade. Sem se estar de algum modo na verdade, não há indeterminação. A verdade é, como no caso do erro, anterior de alguma forma à indeterminação. E isto é essencial numa filosofia da inteligência.

E isto nos torna palpável a confusão no conceito de verdade a que várias vezes aludi. Valência é, repitamo-lo, a qualidade da coincidência em ordem à verdade. Que é esta ordem à verdade? Aqui "verdade" é coincidência entre o parecer e o ser, anteriormente a que esta coincidência esteja fundada num ou noutro dos termos. Esta coincidência se constitui no meio de intelecção distanciada, isto é, no campo. O campo é um momento real. Pois bem, a verdade real do campo é a verdade como âmbito, como âmbito de coincidência. É a verdade medial de toda e qualquer afirmação. A valência de qualquer afirmação é a qualidade desta afirmação em ordem à verdade como âmbito: a verdade como coincidência é o fundamento da valência. Também o erro se funda nesta verdade como âmbito; o erro não é afirmação verdadeira, mas é verdadeira afirmação. A valência de qualquer afirmação o é em ordem à verdade como âmbito: a verdade medial é o fundamento da própria verdade como valência. Há, pois, uma diferença entre a verdade como âmbito e a verdade como valência. Como valência se opõe ao erro, mas como âmbito é o fundamento medial da verdade e do erro enquanto valências. Então, um juízo verdadeiro é duplamente verdadeiro: porque é verdadeiro juízo e, além disso, porque é juízo verdadeiro. O juízo verdadeiro envolve a verdade como âmbito e a verdade como valência.

Nesta verdade como âmbito é que se constitui toda e qualquer valência, não somente a valência de verdade. A afirmação tem em ordem à verdade medial como âmbito diferentes valências. A paridade é evidentemente uma valência apreendida no âmbito da verdade medial. Só porque nos movemos intelectivamente na verdade medial podemos afirmar com paridade ou com disparidade. Não poderia haver paridade senão como modalidade da verdade como âmbito. O mesmo se deve dizer do sentido: apreendemo-lo na verdade medial. Finalmente, a valência "verdade" é apreendida na verdade medial. É à luz da verdade modalmente inteligida que inteligimos a luz própria de cada uma das três valências: paridade, sentido e verdade, e de todas as suas respectivas polivalências.

***

Com isso vimos a estrutura dinâmica direcional da afirmação em suas diferentes valências. Cada uma delas é qualidade de um movimento em que vamos desde uma coisa simplesmente apreendida para a coisa real de que tentamos inteligir o que é em realidade. Pois bem, este movimento "desde-para" [*desde-hacia*] transcorre no meio, mas é um movimento em fases diferentes. Em cada uma delas a atualidade coincidencial não é somente medial e valente, mas tem um caráter formal próprio: a estrutura dinâmica formal da afirmação. É o que agora veremos.

3) *Estrutura dinâmica formal da coincidência medial.* Repitamos algumas ideias. A afirmação é uma intelecção em distância que vai para o real no meio e na mediação d*a* realidade. Este movimento tem uma direção precisa: é a direção para o real como atualizado numa coincidência. A atualidade coincidencial do real numa direção determinada é o parecer. Portanto, o juízo é o órgão formal do parecer do real. A coincidência é assim atualidade do real no parecer, seja qual for o determinante dessa coincidência. O juízo é assim de índole dinâmica direcional.

Mas isso não é suficiente. Porque neste movimento intelectivo consideramos até agora o real somente enquanto é aquilo para o qual a afirmação se move. Mas agora é necessário considerar o real mesmo precisa e formalmente "enquanto afirmado". No nosso problema, o afirmado não paira sobre si mesmo: é real, mas somente "enquanto afirmado". Neste sentido, podemos dizer que o afirmado enquanto afirmado é o precipitado do real na afirmação. Este precipitado é a valência verdade-erro. Verdade e erro como estrutura formal do afirmado enquanto afirmado são o precipitado do real segundo a via da verdade ou do erro. É o que eu já indicava, antes, ao dizer que a verdade e o erro como momentos do real enquanto afirmado são estruturas tão somente derivadas com respeito às vias da verdade e do erro. Portanto, a verdade e o erro como momentos estruturais, como momentos formais do afirmado enquanto afirmado, também têm uma estrutura formalmente dinâmica.

Em virtude disso, a verdade e o erro duais são de índole formalmente dinâmica em três aspectos:

1º Porque são caracteres ou momentos de um *ato de afirmação*, que é um movimento intelectivo que transcorre num meio.

2º Porque a afirmação é afirmação numa *direção*, numa via de coincidência de parecer e ser real: a via da verdade ou do erro do afirmado.

3º Porque o afirmado "enquanto afirmado" tem uma estrutura formal dinâmica segundo a qual o afirmado é verdade ou erro como *precipitado dinâmico*.

Qual é esta estrutura dinâmica formal da verdade e do erro? Aí está o problema.

Julgar, como disse, é inteligir em distância o que uma coisa, já apreendida como real, é em realidade. Enquanto distanciada, esta intelecção afirmativa é dirigida para a coisa real desde uma simples apreensão. Julgar é em última instância a intelecção da atualidade da realização de uma simples apreensão na coisa de que se julga.

Que é esta realização? Naturalmente não se trata de uma realização física no sentido de processo real de notas, mas de uma realização na linha da atualidade intelectiva: é a afirmação de realização como momento de atualidade. Esta realização é pois inteligida formalmente como dinâmica. A coisa real enquanto inteligida é inteligida como "realizando" nela uma simples apreensão. Este gerúndio expressa o momento dinâmico do afirmado "enquanto afirmado": a atualidade do inteligido é atualidade realizante na linha da atualidade enquanto tal.

Esta respectividade dinâmica tem um caráter dinâmico muito preciso. A intelecção afirmativa é um movimento em fases diferentes: é um *dinamismo fásico*. Porque os dois momentos da intelecção em distância são: uma retração com respeito ao que é em realidade a coisa real, e uma intenção afirmativa do que é. E esses dois momentos são somente fases de um só movimento: o movimento de intelecção em distância. É nele que acontece a atualidade intelectiva do que a coisa é em realidade. Não se trata somente, já o disse, de que sejam fases de um movimento que "conduz" à afirmação, e sim de que sejam as fases de um movimento em que "vai acontecendo" a atualização intelectiva do que a coisa é em realidade. Daí que esta atualização mesma seja de caráter fásico. A própria realização que o juízo intencionalmente afirma é então fásica. Nesta atualização acontece a coincidência entre o parecer e o ser real; acontecem portanto a verdade e o erro como estruturas do atualizado. A verdade e o erro, pois, não são somente vias; são também *resultativamente* momentos dinâmicos estruturalmente fásicos do afirmado enquanto afirmado.

Para esclarecermos esta tese, temos de entender esta estrutura em três passos: *a)* em que consiste mais precisamente o caráter fásico da verdade dual; *b)* qual é a índole de cada uma destas fases; *c)* que é a unidade fásica da verdade dual.

a) Caráter fásico da verdade. Se falo somente de verdade, é por duas razões. Primeiro, para não sobrecarregar monotonamente a frase com alusão a verdade "e erro". E, segundo, porque o erro é privação de verdade; portanto, a explicação do que é o próprio erro só se pode levar a efeito explicando o que é a verdade.

Para entender com precisão o caráter fásico da verdade, apresentemos o mais trivial dos exemplos: "Este papel é branco". A conceituação clássica da verdade não é fásica. Para a filosofia usual, o conteúdo afirmado é "este papel branco", e como afirmação significa que neste papel se encontra o branco que se afirma no predicado ou que o branco está neste papel. Pois bem, isso é assim, mas não é suficiente. Porque aqui não estamos falando do papel branco. Se de fato se tratasse somente de que o branco está neste papel, a filosofia corrente teria razão. Mas não se trata disso, e sim da intelecção afirmativa de que este papel é branco. E então a questão não concerne a que fisicamente este papel "tem" brancura, mas concerne a como chega a ser verdade, isto é, como chega a "acontecer" a atualidade intelectiva da brancura neste papel. Portanto, a verdade não "está aí", mas é algo que constitutivamente "acontece". O branco é tido por este papel, mas a verdade não é tida: é o próprio acontecer intelectivo do branco neste papel. A verdade acontece na atualidade intelectiva do que uma coisa real é em realidade: é o acontecer da atualidade coincidencial de que este papel é realmente branco. O "é" expressa a atualidade como um acontecer. Claro, não tomo aqui o vocábulo "acontecer" como algo contradistinto do "fato" (esta distinção pertence a um tema diferente, ao tema da diferença entre acontecimento e fato). Acontecer expressa aqui o caráter dinâmico de toda e qualquer realização como atualização enquanto tal. A verdade se dá na atualidade coincidencial do real no movimento intelectivo. Nesta coincidência, o real ao atualizar-se dá sua verdade à intelecção. Este "dar verdade" é o que chamei de "verdadear". O que na atualidade coincidencial se constitui é formalmente o parecer. E a verdade dual consiste em que o real esteja verdadeando como parecer. Pois bem, o verdadear é na intelecção dual o acontecer da verdade enquanto verdade do afirmado; e, reciprocamente, o acontecer é o verdadear do real. Este acontecer é, pois, o acontecer da atualidade do real como parecer.

Pois bem, este acontecer é muito mais complexo do que se poderia pensar, porque tem diferentes fases suas. Estas fases não são somente "aspectos" que se inteligem segundo o ponto de vista que se adote, mas são "fases" constituintes da atualidade do afirmado enquanto tal, isto é, são fases da verdade dual mesma. Com efeito, ao afirmar "este papel é branco", não faço uma afirmação, mas duas. Porque aquela afirmação consiste na intelecção da realização real do branco neste papel. E isso envolve dois momentos. Um, a qualidade segundo a qual este papel se atualiza intelectivamente para mim é essa qualidade que consiste em "branco". Outro, essa qualidade é realizada neste papel, e portanto é real nele. Ao afirmar "este papel é branco", emiti não uma afirmação, mas duas: a realização do branco, e a realização do branco é este papel. Poder-se-ia pensar então que no juízo não há duas afirmações, mas três, uma vez que além de dizer que a qualidade é "branco" e que esta qualidade se realiza no papel, digo também que isto de que estou julgando é "papel". Sim, mas não é assim. Primeiro, porque isso não ocorre em qualquer juízo, mas somente no juízo proposicional e no juízo predicativo; não ocorre por sua vez no juízo posicional. Ao abrir a janela e gritar "Fogo!", faço duas afirmações: a de que vejo fogo e a de que o vejo na rua ou onde quer que seja. Ademais, porém, mesmo no juízo proposicional e no juízo predicativo, o sujeito não é afirmado, mas é pura e simplesmente aquilo de que se julga, e como tal não é afirmado, mas suposto e tão somente designado. Em toda e qualquer afirmação há, portanto, dois momentos, e apenas dois momentos. Esses momentos são fásicos, são as fases da realização intelectiva do predicado na coisa real, como, por exemplo, a realização do branco neste papel. Com efeito, o "branco" inteligido em si mesmo em retração é tão somente uma simples apreensão do que este papel ou outra coisa qualquer "seria". O inteligir que este "seria" é agora *real* é uma afirmação; o inteligir que esta realidade se estabelece como real *neste papel* é outra afirmação. Só pela primeira afirmação é possível a segunda. Há, pois, uma rigorosa ordenação fundante destes dois momentos no movimento intelectivo. O movimento intelectivo e a verdade nele atualizada envolvem estruturalmente duas "fases". Não se trata de dois "aspectos", mas de dois momentos que são estritamente "fases" do afirmado enquanto afirmado. É neste movimento bifásico que acontece a verdade da afirmação. A afirmação tem portanto duas fases, cada uma das quais é fasicamente verdadeira. Qual a unidade dessas duas fases, vê-lo-emos depois. Agora precisamos esclarecer cada uma dessas fases em e por si mesma.

b) *As fases da verdade*. As fases da verdade dual, isto é, da unidade coincidencial, são de caráter intrinsecamente diferente.

A verdade dual, dizia eu, acontece na atualidade coincidencial do real na inteligência. Atualidade coincidencial não significa a coincidência de duas atualidades, mas uma atualidade estritamente "una" em coincidência. Esta atualidade consiste por um lado em sê-lo em determinada direção, segundo determinada simples apreensão; por este lado, a atualidade coincidencial é "parecer". Mas esta mesma atualidade é, por outro lado, atualidade intelectiva do real como real; é o que chamamos de ser "em realidade". A unidade coincidencial de parecer e de ser real no campo é aquilo em que a verdade fasicamente acontece, e acontece em duas fases.

A *primeira fase* deste acontecer consiste em que aquilo que se afirma do sujeito seja em si mesmo o que determinada simples apreensão realiza nele; por exemplo, "branco". Branco é uma simples apreensão; sua atualidade neste papel, independentemente de que o seja neste papel, é a realização desta simples apreensão. Portanto, quando afirmo que este papel é branco, o próprio branco é realmente atual respondendo à simples apreensão do branco. Aqui há uma atualidade coincidencial que consiste em que o atual responda à minha simples apreensão. E, quando esta coincidência do real atual com minha simples apreensão é conforme a esta, esta coincidência constitui a *autenticidade*. É a primeira fase da verdade. E, como tal, a autenticidade é fasicamente "verdade". A autenticidade é a atualidade coincidencial como conformidade do real com minha simples apreensão.

Isso requer algumas precisões. Para que se vejam com mais clareza, mudemos de exemplo e digamos "este líquido é vinho". A autenticidade do "vinho" é antes de tudo um caráter não do vinho como realidade, mas de sua atualidade intelectiva. O líquido como real é o que é e nada mais; não pode ser autêntica senão sua atualidade intelectiva. Em segundo lugar, este caráter da atualidade intelectiva é constitutiva e essencialmente respectivo. A atualidade do vinho só pode ser autêntica se sua atualidade responde à simples apreensão do vinho ou, dito ao modo corrente, à ideia que temos do vinho. Sem esta respectividade à simples apreensão, a atualidade intelectiva do vinho não seria autenticidade; seria qualidade apreendida como real em e por si mesma; por exemplo, em apreensão primordial de realidade. Em terceiro lugar, não é forçoso que essa simples apreensão, com respeito à qual afirmo que este vinho é autenticamente vinho, seja um "conceito" do vinho. Empreguei algumas linhas atrás a expressão corrente "ideia" justamente para deixar aberto o caráter da simples apreensão com respeito à qual isto é vinho. Pode ser certamente um conceito; será autêntico o líquido que realizar o conceito do vinho. Mas isso não é necessário: a simples apreensão pode não ser um estrito conceito, mas um ficto, ou até um percepto. Assim, pode-se falar com rigor de um personagem autêntico ou não autêntico numa obra literária. Pode-se até falar de autenticidade com respeito a um percepto quando se entende que este percepto nos apresenta a realidade completa e sem deformação. Será autêntico vinho aquele e só aquele que realizar determinados caracteres que minha simples apreensão do vinho intelige.

A filosofia clássica roçou este problema – somente roçou – quando referiu as coisas criadas a Deus, à sua inteligência divina. Para essa filosofia, a respectividade à inteligência do criador é o que constitui aquilo que ela chama de "verdade metafísica". Mas isso é triplamente inexato. Primeiro, porque toda e qualquer verdade é metafísica. Aquilo que a filosofia clássica chama de verdade metafísica deveria ser chamado com mais propriedade verdade teológica. Em segundo lugar, isso não é a autenticidade, porque toda e qualquer realidade criada é conforme com a inteligência divina, mesmo aquela realidade que é um vinho não autêntico. Para Deus não há autenticidade. A autenticidade não é verdade teológica, mas verdade intelectiva humana. E em terceiro lugar, esta verdade não se refere à nua realidade das coisas, mas tão só à sua atualidade intelectiva; não é um caráter de nua realidade, mas de atualidade do real. Justamente por isso a chamo de autenticidade. Só numa inteligência humana pode-se dar autenticidade. A ponto de não ser necessário que se dê naquela. O vinho em questão pode não ser autêntico, mas falso. Ou seja, a verdade como autenticidade pode acontecer na atualidade coincidencial do que chamamos de "vinho", mas pode também não acontecer. A privação de atualidade é falsidade; pode tratar-se de um vinho falso. Isso obriga a precisar com mais rigor o que é a autenticidade como verdade, e o que é o falso como erro.

Dizemos de algo que é vinho autêntico quando em sua atualidade intelectiva realiza todos os caracteres compreendidos na simples apreensão do vinho, na "ideia" do vinho. A atualidade coincidencial é então uma *conformidade* do atualizado com sua simples apreensão. E nisto consiste formalmente esse modo de verdade que é a autenticidade. Na autenticidade há um "parecer", mas é um parecer fundado na realidade do atualizado: isto parece vinho e é; precisamente parece vinho porque o é. Nesta coincidência do parecer e do ser real, fundada na realidade atual, é que consiste a "conformidade" do vinho com sua simples apreensão. Nisto é que consiste a autenticidade. Não é simples atualidade coincidencial, mas uma atualidade coincidencial que consiste em conformidade.

Mas pode acontecer algo diferente. Porque há a possibilidade de que tomemos por vinho apenas o que parece sê-lo. Como neste parecer enquanto tal posso não considerar senão alguns caracteres da simples apreensão determinante do parecer, pode acontecer que a atualidade do real seja não só "parecer", mas "aparência". Tomar por vinho o que somente aparenta sê-lo é justamente o que constitui o *falsum* do vinho. Bem entendido, repito até a exaustão, é um *falsum* somente na linha da atualidade respectiva. Isto que chamamos de vinho não é em sua nua realidade verdadeiro nem falso. O oposto do autêntico é somente o falso. O autêntico é o que é conforme com o que parece ser na atualidade do real, e o falso é o que só aparenta conformidade: é desconformidade com respeito à simples apreensão. É não só carência, mas privação de autenticidade.

Aqui, portanto, verdade é autenticidade, e erro é falsidade. Dei o exemplo do vinho. Agora se compreende que o mesmo se deve dizer de qualquer predicado, como, por exemplo, do "branco". Se o branco não fosse autenticamente branco, meu juízo ("este papel é branco") seria errôneo por inautenticidade ou falsidade do predicado.

Mas isso não é senão uma fase da verdade de minha afirmação. Embora seja necessário que o branco seja autenticamente branco, é necessário também que este branco autêntico, que este vinho autêntico, seja aquilo que autenticamente está realizado "neste" papel ou "neste" líquido. Para isso não basta a conformidade do predicado com a simples apreensão.

Segunda fase. Nela inteligimos, como acabo de dizer, que a coisa real (este líquido, este papel) é autenticamente o que apreendemos ser o predicado (branco autêntico, vinho autêntico). Aqui a coincidência é, como na autenticidade, uma "conformidade", mas uma conformidade de signo diferente. Em ambas as fases há uma conformidade de intelecção e realidade. Mas na autenticidade se trata de uma conformidade da coisa real com a simples apreensão segundo a qual a inteligimos. Por outro lado, na afirmação (este papel é branco, este líquido é vinho) o que formalmente se intelige é a conformidade da intelecção afirmativa com a coisa real. São, portanto, duas conformidades de signo diferente. Na autenticidade trata-se de uma realização no inteligido mensurada pela própria intelecção: por isso, o que é autêntico é o vinho ou o branco. Em contrapartida, se afirmo que este líquido é vinho ou que este papel é branco, trata-se de uma realização mensurada não pela intelecção, mas pelo real mesmo. É o juízo afirmativo que está conforme com a realidade. Na autenticidade, é o vinho ou o branco o que se mensura com a ideia do vinho ou do branco: o real em seu "parecer" se mensura pela ideia; ao passo que na intelecção afirmativa se tenta mensurar o "parecer" pela realidade. Para não forjar vocábulos novos, chamarei as afirmações do tipo "este papel é branco, este líquido é vinho" de intenção afirmativa ou juízo. É uma inconsequência fazê-lo assim porque a autenticidade é também afirmação, é juízo. Mas, como não há vocábulo que seja homólogo ao de autenticidade, *por ora* chamarei de conformidade de intenção afirmativa, conformidade de juízo, o segundo tipo de conformidade. Logo voltarei a pôr as coisas em seus devidos termos. Esta conformidade da intenção afirmativa, esta *conformidade* do juízo com o real é o que é chamado de "verdade", diferentemente da *autenticidade*. Insisto em que a autenticidade é também verdade, mas atenhamo-nos agora à linguagem usual.

Isso exige algumas precisões. Em primeiro lugar, o que é este real com que se conforma a verdade? Certamente é o real mesmo, não há a menor dúvida disso. Mas certamente não é o real em sua nua realidade, por assim dizer, mas o real atualizado coincidencialmente na intelecção. Não se trata, pois, de uma conformidade entre uma intelecção "minha" e uma coisa que "por sua conta" anda pelo cosmos. Isso seria dar lugar a uma coincidência "material" e, no máximo, casual; mas a conformidade de que aqui nos ocupamos é por sua vez uma coincidência constitutiva e formal. Pois bem, à coisa em sua nua realidade mesma é alheia esta coincidência intelectiva; e à intelecção enquanto tal sucede o mesmo. A coincidência não se dá formalmente senão *na atualidade intelectiva* do real. E esta atualidade não só não é alheia ao real, mas o inclui. Ao real é indiferente a atualidade intelectiva, mas a atualidade intelectiva inclui formalmente o real. É por isso que pode haver uma conformidade com o real mesmo.

Em segundo lugar, de que conformidade se trata? Não se trata de conformidade como coincidência de propriedades ou notas físicas. A inteligência não tem nenhuma nota comum com o papel branco nem com este vinho. Como notas físicas, as duas coisas, inteligência e realidade em atualidade, são formalmente irredutíveis. Trata-se de *uma conformidade de índole meramente intencional*: aquilo que a intelecção inteligente em sua intenção afirmativa, inteligente-o como estando *realizado* na coisa real atualizada. É uma conformidade entre o atualizado como atualizado e a atualidade mesma do real. Mas ainda é necessário entender corretamente esta realização. Porque não se trata de eu afirmar "este papel é branco" e de efetivamente este papel ser branco. Trata-se de algo mais: trata-se de que formal e expressamente o que eu afirmo é a realização mesma. Se não se tratasse de nada além do primeiro caso, a verdade como conformidade seria meramente a conformidade entre um *enunciado* e a coisa real (ainda que fosse somente atualizada). Mas, no segundo caso, não se trata da conformidade de um enunciado, mas da conformidade *da afirmação mesma* enquanto afirmante de uma realização com a realização mesma enquanto atualizada naquela afirmação.

Todo e qualquer juízo, portanto, afirma a realização do predicado na coisa de que se julga. Esta realização é, em primeiro lugar, uma realização na *linha da atualidade*. E, em segundo lugar, é uma *realização formalmente afirmada*, é a afirmação de uma realização. Quando a realização afirmada como tal é intencionalmente conforme com a realização do real em sua atualidade, então, e só então, há verdade no sentido de verdade do juízo.

Antecipando ideias que pertencem à Terceira Parte, direi que esta conformidade intencional pode ter diversas modalidades. Uma, a conformidade como algo que efetivamente se dá. É o que acabo de explicar. Mas pode ser que essa conformidade seja algo mais que o que somente "se dá": pode ser algo que se "procurou" intelectivamente. Neste caso, a conformidade não é mera conformidade, mas *cumprimento*, segundo com o que se procurou e segundo se procurou. A verdade não é só *autenticidade e conformidade judicante*, é também *conformidade como cumprimento*. É um tipo diferente de verdade: a verdade como cumprimento. É a terceira fase da verdade. Mas deixemos por ora este problema essencial e limitemo-nos aqui às duas primeiras fases.

Quando há esta conformidade intencional do juízo com o real atualizado, dizemos que o juízo é verdadeiro. A verdade é conformidade do parecer com a coisa real. Quando há desconformidade, o juízo é errôneo: é desconformidade entre parecer e ser real. Esta forma de erro é muito diferente da forma de erro como oposto à autenticidade. Como oposto à autenticidade, o erro julga o parecer segundo "aparências". Em contrapartida, como oposto à verdade do juízo, o erro é uma desconformidade, ou melhor, uma "deformidade". Aparência e deformação são, ambas, privações. Não repousam sobre si mesmas, mas sobre a suposta verdade de autenticidade e de conformidade. Na verdade, tanto a de autenticidade como a de conformidade, o parecer se funda no real; no erro de aparência e deformidade, o real se funda no mero parecer. Bem entendido, trata-se de fundamentos intencionais. Mas o parecer é sempre e somente parecer do real. Precisamente por isso é que pode haver erro. Portanto, tomar o parecer como real em e por si mesmo é falsear na raiz o próprio parecer, privá-lo do que constitui sua razão de ser como parecer do real. Pois bem, o juízo é o órgão formal do parecer. Portanto, a falsificação do parecer é *eo ipso* uma falsidade do juízo: é o erro, é uma privação. Isto também requer uma consideração um pouco mais detida.

Antes de tudo, a verdade e o erro não são *formas de objetividade*, mas *formas de realidade*.

A intencionalidade afirmativa não é objetiva, mas é muito mais que objetiva, porque recai sobre a própria realidade. No fundo, um erro objetivo por ser objetivo não deixa de ser erro, nem de precisar ser retificado no devido tempo não em sua objetividade, mas na realidade do afirmado. Mas, como esta verdade e erro são formas de intelecção, apresentam inevitavelmente duas questões: em primeiro lugar, como se pode examinar intelectivamente o que é a verdade e o erro da intelecção, e em segundo lugar, em que nos podemos apoiar para discernir o erro da verdade.

Em primeiro lugar, a possibilidade de examinar se algo é verdadeiro ou errôneo. Se se tratasse de examinar o que eu afirmo da realidade "externa", por assim dizer, com a afirmação mesma, ficar-se-ia encerrado num círculo do qual nunca se poderia sair, porque tal exame examinaria um juízo com respeito a outro juízo, o que não adiantaria nada em ordem à verdade ou ao erro, que são o que são não como conformidade de uns juízos com outros, mas como conformidade de um juízo com o real. Se o real não estivesse no juízo, não haveria possibilidade alguma de falar de verdade e de erro. Mas a realidade que o juízo afirma é, como vimos, não uma nua realidade, mas uma realidade intelectivamente atualizada. Pois bem, esta atualidade intelectiva tem dois momentos. Um, o que já citei: é o "estar" presente o real desde si mesmo pelo mero fato de ser real. Mas esta atualidade intelectiva, não esqueçamos, tem outro momento decisivo. Enunciei-o já na Primeira Parte do livro. É que ser real na intelecção consiste em a coisa real apresentar-se-nos sendo "de seu" o que apresenta: é o momento que chamei de *momento de prius*, constitutivo formal de toda e qualquer intelecção enquanto tal desde seu primeiro e radical ato intelectivo, que é a impressão de realidade. Este momento é o que "na intelecção" a submerge na realidade. Veremos em seguida o que este *prius* é concretamente na intelecção afirmativa. Mas consignemos já que a atualidade que o juízo intelige coincidencialmente é a atualidade do real em seus dois momentos de estar presente e de *prius*. Pois bem, o "real" atualizado e a atualização "intelectiva" do real são numericamente uma mesma atualidade. O parecer e o ser real se dão na mesma atualidade intelectiva. Daí a possibilidade de comparar não só um juízo com outro, mas a possibilidade de comparar um juízo com o real. Não é senão a possibilidade de comparar o parecer e o ser real na mesma atualidade coincidencial.

Mas isso não é mais que possibilidade. Perguntamo-nos então em segundo lugar: em que consiste o fundamento no qual se apoia esse discernimento possível entre parecer e ser, em última instância entre verdade e erro? Sem dúvida, é um momento da própria atualidade. Mas numa atualidade, como acabo de dizer, está o real como um *prius* com respeito a essa atualidade mesma. Portanto, na atualidade "coincidencial" está o real precisamente nesse mesmo momento de *prius*. Pois bem, a atualidade coincidencial do real é uma coincidência entre parecer e ser real numa mesma atualidade. Enquanto esta atualidade é atualidade coincidencial do *prius* enquanto tal, o atual nesta atualidade tem esse momento formal de estar remetendo coincidencialmente do parecer para o que é real nessa atualidade. Pois bem, este momento da remissão, este momento de atualidade coincidencial em que consiste o *prius* enquanto tal, é justamente o que formalmente constitui o que páginas atrás chamei de exigência. Exigência é precisa e formalmente a atualidade coincidencial do *prius* enquanto tal, é atualidade coincidencial do "de seu" enquanto "seu", é o *prius* coincidencial do "seu". É nisso que consiste exigir intelectivamente. Em virtude dessa exigência, o parecer está formalmente, expressamente, levando ao real que nele "parece". Há um parecer e um ser real na mesma atualidade. E nela o real está sendo um *prius* do parecer. Esta exigencialidade formal do real com respeito ao parecer, este *prius* do ser real com respeito ao parecer na *mesma atualidade intelectiva*, é o que não só permite, mas leva inexoravelmente ao exame do fundamento da coincidência do parecer e do ser real. Não se trata de que o parecer leve por si mesmo ao real como algo para além do parecer mesmo, mas de que o parecer leve ao real como algo real que *está atualizado na mesma atualidade* que o parecer. Eis o fundamento da discernibilidade do erro e da verdade: a atualidade coincidencial do *prius* enquanto tal.

Como esta exigência é justamente a evidência, sucede que na atualidade coincidencial do *prius* enquanto tal já está formalmente constituída a unidade intrínseca de evidência e verdade. É uma unidade dinâmica, porque esta unidade é um fundamento unitário, mas meramente principial. O desdobramento intelectivo desta unidade é por isso assaz problemático: é todo o problema da obra intelectual, como veremos na Terceira Parte. Esta unidade não repousa sobre a unidade de primeiros juízos evidentes por si mesmos com uma primeira verdade "imediata" neles. Isso, que tanto e tão monotonamente se vem repetindo há séculos ao longo da filosofia, é voltar a desnaturalizar a unidade de evidência e verdade. Não se trata de unidade de juízos entre si ou de suas partes constitutivas entre si, mas da unidade de todo e qualquer juízo enquanto tal com o real enquanto tal atualizado segundo um *prius* coincidencial numa mesma atualidade. Os chamados juízos primários recebem sua verdade daquilo mesmo de que a recebem todos os demais juízos: da atualidade coincidencial do *prius*, da prioridade do real com respeito ao parecer numa mesma atualidade intelectiva. Certamente, isso não significa que esta unidade de evidência e de verdade não tenha diferentes modalidades. Mas, segundo penso, esta modalização da verdade evidente nada tem que ver com o que tradicionalmente se entendeu por *tipos de verdade*. Vejamo-lo em poucas palavras.

Tradicionalmente, os tipos de verdade costumam ser conceituados em função da conexão do predicado com o sujeito. Há, diz-se-nos, verdades que são de *evidência imediata*: aquelas em que o predicado pertence ao sujeito com uma evidência que se funda na simples inspeção da mente, *simplex mentis inspectio*. Nos demais casos, tratar-se-ia de verdades de *evidência mediata*: a conexão do predicado com o sujeito se fundaria num terceiro termo. Este terceiro termo poderia ser a unidade racional; e a verdade evidente mediata é então o que se costuma chamar de *verdade de razão*. Há casos em que o terceiro termo não é a razão, mas a experiência: são as *verdades de fato*. Penso antes de tudo que essa conceituação é absolutamente inexata. Porque, embora certamente todo juízo tenha um predicado e o que se costuma chamar de sujeito, nem todo juízo, porém, é uma "conexão" de ambos os termos. Mas, mesmo deixando de lado esta grave dificuldade inicial, a conceituação que nos é proposta não é aceitável.

Começando pelo final, a divisão das verdades mediatas em dois tipos (verdades de razão e verdades de fato) não é suficiente. Sua diferença se encontraria na necessidade da conexão mediata do predicado com o sujeito. Mas estes termos e sua conexão são conceituados como momentos da realidade. É a realidade mesma o que é ou necessário, ou meramente de fato. Pois bem, esta diferença me parece insuficiente, mesmo na própria linha dos momentos da realidade. Há verdades que não são de razão e que, no entanto, são mais que verdades de fato. Por exemplo, se dizemos que a necessidade de todo efeito ter uma causa é verdade de razão (não discutamos a propriedade deste exemplo, tomo-o porque é um dos que se costuma aduzir), então será verdade de fato, por exemplo, que este papel é branco. Penso, no entanto, que há verdades que não são de necessidade de razão (chamemo-las de verdades de necessidade absoluta), e que contudo são mais que verdades de fato, porque são verdades que concernem àquele momento estrutural do real segundo o qual é necessário que o real tenha notas de fato. São assim, por exemplo, as propriedades do cosmos e as propriedades da história. O cosmos e a história não são necessidades absolutas do real, e no entanto são mais que meros fatos: são aquilo no qual é fato toda realidade fáctica. Todo fato se produz necessariamente no cosmos e na história. O cosmos e a história são algo assim como o fato necessário de todo e qualquer fato. Por isso, se chamo as verdades de fato de *verdades fácticas*, chamo estas outras verdades – para dar-lhes algum nome – de *verdades factuais*. A própria essência constitutiva de toda realidade é um momento factual desta. Portanto, deste ponto de vista não há somente dois tipos de verdade, mas três. Há verdades de *razão* (conservo a denominação, ainda que inadequada); são verdades de necessidade do real enquanto real, o que não significa nem remotamente que esta necessidade seja *a priori*, nem, rigorosamente falando, absoluta. Há verdades *fácticas*; são verdades de fato. Incluo nelas toda a realidade fáctica, com suas leis; as leis são necessidades *no* fáctico. Mas há *verdades factuais* que concernem à necessidade de que no real haja facticidade. São portanto verdades anteriores a toda verdade fáctica. Acabo de dizer que o fáctico compreende as leis. Mas estas leis são, como digo, necessidades *no* fáctico. Em contrapartida, a necessidade *do* fáctico é anterior a todo fato e a toda lei; é justamente o factual, é a necessidade do fáctico. As verdades sobre o cosmos e a história enquanto tais pertencem a este tipo de verdades.

Ainda assim, a diferença entre estes três tipos de verdades (verdades de razão, verdades factuais, verdades fácticas) enquanto verdades é completamente inexata em se tratando formalmente de verdades. Porque essa diferença não concerne à verdade, mas tão só à realidade que é verdadeira. Pois bem, a verdade é formalmente um momento não da nua realidade, mas da atualidade intelectiva do real. E, como tal, a verdade tem uma evidência sempre necessária. Pode ser que este papel seja branco somente de fato, e que pudesse não sê-lo. Mas, supondo que eu tenha em minha apreensão este papel branco, tão evidente e necessário é inteligir que este papel é branco quanto inteligir que todo efeito tem uma causa, ou que todo fato há de dar-se num cosmos e todo acontecimento numa história. A diferença entre esses três tipos não é, portanto, uma diferença de verdade, mas de realidade. E, por conseguinte, apelar para ela é no nosso problema pura e simplesmente sair da questão, porque o que aqui procuramos é uma diferença entre verdades enquanto verdades. A verdade de fato é como verdade tão necessária quanto a verdade de razão enquanto verdade. E, no entanto, há diferentes tipos de verdade enquanto verdade.

E, deste preciso ponto de vista, a concepção que criticamos tem ainda mais graves efeitos. Em primeiro lugar, fala-nos de verdades de evidência imediata e de evidência mediata. E esta diferença é inaceitável. Costuma-se entender por evidência imediata aquela cuja verdade se funda na simples inspeção do predicado e do sujeito. E isso não é assim. Uma vez que a intelecção é distanciada, sua suposta conexão é essencialmente e constitutivamente uma conexão que se dá num meio de intelecção. A suposta simples inspeção, por mais simples que seja, é sempre inspeção num meio: no meio da realidade. Que não haja um termo intermediário não significa que a conexão não seja evidente num meio. A imediatez se refere à carência de um terceiro termo que estabeleça a conexão; mas há um meio e uma mediação em que esta conexão se estabelece. Ter confundido a *imediatez* com a *imediação* é um erro capital.

Mas, em segundo lugar, a conceituação corrente entende que a verdade evidente consiste num modo de conexão do que é o conteúdo do predicado com o que é o conteúdo do sujeito. Pois bem, nada mais inexato. Porque a afirmação enquanto tal, como vimos, não recai sobre esses dois conteúdos e sua conexão, mas sobre a realidade do conteúdo do sujeito e a realização nele do conteúdo do predicado. Portanto, a verdade evidente não é uma conformidade entre duas representações objetivas, mas algo essencialmente diferente: a conformidade intencional de minha afirmação com a realização do real. O *prius* constitutivo da exigência evidencial é o *prius* do real com respeito à sua atualidade coincidencial como real. Ou seja, essas supostas evidências imediatas não são imediatas nem são evidências (falta-lhes o momento de exigência). O que, uma vez mais, deixa de pé o problema dos diferentes tipos de verdades evidentes enquanto verdades.

Na atualidade intelectiva do real, é o real mesmo o que "dá verdade", o que "verdadeia". Pois bem, o real tem diferentes modos de verdadear. E esses diferentes modos são justamente os diferentes tipos de verdade enquanto verdade. As formas de realidade (de razão, factual, fáctica) são verdades diferentes segundo sua diferente forma de atualização coincidencial enquanto tal. Há um modo segundo o qual o real dá autenticidade ao afirmado na afirmação. Em virtude disso, direi que o real verdadeia como *autentificação*. Há outro modo segundo o qual o real mesmo é que, por assim dizer, nos dita o que dele devemos afirmar. Recordemos que já para Heráclito o *logos* é algo que o *sophós*, o sábio, deve "escutar". Neste aspecto, já faz muitíssimos anos que interpreto o *logos* de Heráclito como a voz das coisas. A afirmação é um "veredicto"; é justamente o que a palavra "juízo" expressa. Não há vocábulo adequado para expressar isto que chamo de "ditar a verdade". Se, por amor de simetria, e sem ânimo de voltar a empregá-lo fora deste lugar, se me permite forjar um vocábulo, o verbo "veredictar", direi que o real tem esse modo de verdadear no juízo que chamo de *veredictante*. Finalmente, na verdade como cumprimento – e disso, repito ainda, me ocuparei amplamente na Terceira Parte – o real verifica a busca da verdade. O real tem então esse modo de verdadear que é verificação. Definitivamente, *autenticação, veredictância e verificação*: aí estão os três tipos de verdade enquanto verdade, isto é, os três modos segundo os quais o real é um *prius* na atualidade coincidencial.

Prescindindo por ora do terceiro modo, diremos, portanto, que a autenticidade e o que chamei de conformidade (e que é veredictância) são duas fases da verdade, duas formas de verdadear. Precisamente por isso são fases de um só movimento em que dinamicamente se vai constituindo formalmente a verdade. Portanto, depois de ter examinado sumariamente cada uma dessas fases em e por si mesma, é preciso enfrentar agora a unidade de ambas as fases: é o problema da unidade fásica da verdade dual.

c) *A unidade fásica da verdade dual.* Repitamos algumas ideias. Toda intelecção é mera atualidade intelectiva do real. Quando esta atualidade é a atualidade de algo real em e por si mesmo, a intelecção é apreensão primordial do real. Enquanto tal, esta intelecção tem sua verdade real. Quando se intelige uma coisa já apreendida como real, mas "entre" outras, então a intelecção é uma intelecção em distância: é a intelecção afirmativa ou juízo. Nela não se apreende o real como real (isso já foi apreendido na apreensão primordial de realidade), mas se intelige o que esta coisa real é em realidade. Nesta intelecção não deixamos de lado a atualidade inteligida em apreensão primordial; ao contrário, essa intelecção em distância acontece formalmente *dentro* desta apreensão, mas com um caráter próprio: o movimento. Neste movimento, a coisa real já apreendida em apreensão primordial adquire uma segunda atualidade: atualidade coincidencial. É uma atualidade, portanto, que acontece num movimento. Nesta atualidade coincidencial, o real adquire o caráter de parecer. Como este movimento se dá dentro da apreensão primordial de realidade, isto é, dentro da radical atualidade intelectiva do real em e por si mesmo, sucede que o parecer e o ser real forjados na atualidade coincidencial se dão na mesma atualidade do real já apreendido como tal. A atualidade coincidencial como coincidência do parecer fundado no ser real é a verdade dual. Portanto, a verdade dual é algo que não "está" num enunciado, senão que "acontece" num movimento coincidencial afirmativo, porque é nele que acontece a atualização coincidencial do real. Daí que a verdade dual "acontece". A forma verbal "é" predicativa, quando existe, expressa o acontecer não do real como tal (este é outro problema), mas o acontecer do real atualizado em atualidade coincidencial. Nela coincidem, pois, o parecer e o ser real. E a possibilidade de inteligir esta unidade é o momento do *prius* de toda atualidade intelectiva. Na atualidade coincidencial, este *prius* adquire esse caráter formal próprio que é a exigência. Exigência, dizia eu, é atualidade coincidencial do *prius* enquanto tal.

Esta atualidade, e portanto esta verdade, é formalmente dinâmica. Acontecem – repitamos – num movimento que começa por distanciar-nos dentro da coisa real para que intelijamos retrativamente o que "seria" em realidade e voltamos depois intencionalmente ao que "é". Nesta volta, o que o real é em realidade fica atualizado como parecer. E sua coincidência com o real já apreendido enquanto tal é o caráter formal da atualidade coincidencial, e portanto da intelecção dual do que a coisa é em realidade: a coincidência entre o parecer e o ser real fundada neste. Tal é o caráter estruturalmente dinâmico da verdade dual.

O acontecer desta atualidade coincidencial tem um caráter essencial: é a "conformidade" entre o inteligido e o real. E esta conformidade é uma conformação dinâmica da intelecção, pela mesma razão por que é dinâmica a atualidade coincidencial do real. Este dinamismo tem, como vimos, duas fases. Antes de tudo, é uma conformidade do que o real é em realidade com o que em simples apreensão inteligimos que "seria": é a conformidade como autenticidade. Mas tem uma segunda fase. É a fase que provisoriamente chamei de conformidade afirmativa. Já adverti que esta expressão é inexata, porque também a autenticidade é conformidade afirmativa. Vimos que o que então chamei de conformidade afirmativa é "veredictância". A veredictância é conformidade afirmativa, assim como o é a autenticidade. Portanto, a essência unitária das duas fases está em ser *conformidade*. Na atualidade de conformidade, o real é atualizado segundo a simples apreensão do que seria: é a autenticidade; a conformidade do real com respeito à simples apreensão do que seria. Na veredictância, é conformidade do inteligido com o real. As duas são conformidade, conquanto de signo diferente. A primeira é realização da propriedade em si mesma; a segunda é realização desta propriedade no sujeito do juízo. É o dinamismo fásico da conformidade: vai-se passando da autenticidade do predicado à sua realização no sujeito já real. É neste passar que consiste o acontecer próprio da verdade dual como conformidade. Em suas duas fases, trata-se, com efeito, de conformidade. Portanto, é a conformidade mesma que é essencial e constitutivamente dinâmica. Cada momento dela é uma fase sua. Reciprocamente, a unidade formal dinâmica da autenticidade e da veredictância consiste em ser o acontecer da conformidade. A conformidade é o que acontece num movimento de conformação.

Mas isso não é tudo. Porque apenas com o já dito se poderia pensar que a conformação é certamente um movimento, mas que a conformidade mesma, que a conformação conforma, não o é. E, no entanto, digo que a conformidade é intrínseca e formalmente dinâmica. Como e por quê?

Para entendê-lo, é preciso fazer uma distinção essencial entre dois momentos da verdade dual: a conformidade e a adequação. A promiscuidade com que tradicionalmente foram empregados os dois vocábulos não pode esconder a fundamental diferença do designado por eles: são dois momentos muito diferentes do juízo verdadeiro. Em que consiste essa diferença? De onde nasce? E, sobretudo, qual é sua intrínseca articulação? Aí estão os três pontos que temos de elucidar: será o esclarecimento do caráter estruturalmente dinâmico da verdade dual.

a) Em primeiro lugar, em que consiste essa diferença? É algo bem conhecido. Conformidade significa que aquilo que no juízo se afirma da coisa real está realizado nela. E isso acontece tanto no que chamei de autenticidade quanto no que chamei de veredictância. Mas é claro que isso não significa que o que se afirma estará realizado na coisa real de forma tal, que haja um recobrimento total entre a simples apreensão, cuja realização se dá efetivamente na coisa, e o que esta coisa é em realidade. Só quando houvesse este recobrimento é que haveria uma estrita "equação": é a "ad-equação". A conformidade seria então mais que mera conformidade: seria adequação. A conformidade se dá sempre na verdade dual, mas não a adequação. Se digo que este papel é branco, digo algo conforme com este papel. Mas isso não quer dizer que o branco deste papel consista em pura e perfeita brancura. Há conformidade, mas não adequação. Para que houvesse adequação, seria necessário dizer não só "branco", mas "branco em tal ou qual grau", e assim ao infinito. Dizer simplesmente branco não expressa adequadamente a cor branca deste papel. A conformidade não é simplesmente adequação. A diferença entre estes dois aspectos do juízo é bem conhecida. Embora a filosofia corrente nos diga que a diferença existe, não se perguntou sobre o problema da origem, e sobretudo o da articulação destes dois momentos.

b) De onde nasce a diferença entre conformidade e adequação? Por menos que se reflita sobre o que acabo de dizer, ver-se-á que a diferença não surge da conexão entre o conteúdo do predicado e o conteúdo do sujeito. Ao contrário, nasce de que o sujeito é a coisa real de que se julga, e de que o predicado é a realização da simples apreensão nesta coisa real. Pois bem, a coisa real de que se julga já é dada previamente em apreensão primordial de realidade. Portanto, a diferença nasce da própria índole da verdade dual enquanto tal. A coisa real, com efeito, já está aí para ser inteligida no que é em realidade. Para isso, a inteligência toma essa distância retrativa que é a simples apreensão: estas simples apreensões de toda ordem são inumeráveis. Pois bem, entre elas, orientado pelas demais coisas de que parto em simples apreensão de meu movimento intelectivo, escolho uma por uma ação livre. Daí uma dupla fonte de inadequação.

Antes de tudo, a aproximação à adequação é gradual: a conformidade pode ir-se tornando cada vez mais adequada. Mas, além da gradualidade, há um momento que me importa muito mais sublinhar muito tematicamente. É que o movimento da verdade, não o esqueçamos, tem um caráter direcional. E isso significa unicamente que inteligimos indo para o real numa direção determinada, mas significa, ademais, algo essencialmente novo. Na direção para o real, de fato, as verdades conformes com o real, mas não adequadas a ele, constituem em sua própria conformidade não tanto uma *representação* da coisa quanto um *enfoque* para a adequação. Isso não significa que a realidade é tal como a afirmo, mas que, ainda que o seja, a própria conformidade, no entanto, é como a indicação de um caminho cuja verdade consiste em que, se o percorrêssemos totalmente, teríamos encontrado a adequação buscada. As conformidades são, no fundo, enfoques justificados. Tomado o enfoque em cada uma dessas conformidades, sucede que o que estas constituem é um esquema intencional da verdade adequada. Gradualidade e enfoque direcional são dois caracteres da unidade dinâmica da verdade dual.

Por essas duas razões, que no fundo são a mesma, a simples apreensão, e portanto a afirmação de sua realização, mesmo sendo conforme ao real, não é forçosamente adequada ao real. Não há "equação": tal é a origem da diferença que estudamos. Não se deve à conexão entre o conteúdo do predicado e o conteúdo do sujeito, mas ao caráter de intelecção distanciada do que a coisa, já real, é em realidade. A diferença entre apreensão primordial de realidade e intelecção em distância do que é em realidade é a única origem da diferença entre conformidade e adequação.

c) Com isso demos um passo decisivo no nosso problema: tocamos o ponto preciso e o modo como se articulam a conformidade e a adequação. Se a filosofia não se perguntou sobre a origem da diferença, não nos pode surpreender que não se tenha perguntado sobre a articulação entre esses dois momentos da verdade. A apreensão primordial de realidade nos atualiza o real como aquilo que temos de inteligir distanciado num movimento intelectivo. A coisa real já está "posta", mas posta "entre" outras realidades para que se intelija em distância o que aquela é em realidade. Esta intelecção é, por isso, um movimento que "desde" as outras coisas vai "para" [*hacia*] o que é em realidade a coisa real posta como termo de intelecção. Como termo do "para", a coisa real é a "meta" do movimento intelectivo. Pois bem, neste movimento o *intentum* próprio da apreensão simples de realidade fica, como vimos, distendido em *intenção*. E nesta distensão a intenção não é só *intentum*, distanciadamente distendido, mas é intenção num "para" peculiar. O "para" aponta para a coisa real já posta. Neste aspecto, o termo formal do "para" é a adequação. Este é o radical momento estruturalmente dinâmico da verdade dual: a adequação como termo da direção da intelecção em "para". Mas como transcorre este movimento intencional? Transcorre passo a passo. E cada um desses passos é termo físico do movimento intencional para a adequação. Cada fase, por isso, também é intencional. O termo desta intenção física, porém, não é a coisa real "posta" pela apreensão primordial, mas o que em cada passo vamos inteligindo dela em conformidade com ela. Vamos inteligindo o que a coisa é em realidade em diversas simples apreensões, cada uma das quais está realizada na coisa real. Mas nenhuma o está adequadamente. Este estar realizado de cada uma delas na coisa real é justamente aquilo em que a conformidade consiste. A intenção do movimento afirmativo ficou assim desdobrada em dois momentos intencionais: a intenção dirigida para a coisa real posta pela apreensão primordial, e a intenção conforme (em cada fase sua) com o que a coisa é. Na intenção afirmativa há, pois, como que duas intenções, ou melhor, como que duas fases intencionais diferentes. Portanto, as intenções "conformes" não são senão o sistema físico em que se vai "adequando" cada vez mais a intenção final do "para". Esta unidade dos dois momentos intencionais é, portanto, formal e estruturalmente dinâmica: a conformidade é a fase intencional da intenção final adequada à coisa real, posta para a intelecção afirmativa. Cada fase de conformidade é a atualidade coincidencial inadequada do parecer e do ser real (fundante do parecer); por isso, esta coincidência não é senão um momento intencional para a atualidade coincidencial adequada à coisa real plena, dada na apreensão primordial de realidade. Aí está a precisa articulação entre conformidade e adequação.

Esta articulação é, pois, essencialmente dinâmica. A conformidade é em si mesma a unidade fásica das duas fases suas, da fase de autenticidade e da fase de veredictância; e esta conformidade é por sua vez uma fase para a adequação, que é formalmente o termo final do movimento intelectivo. Cada conformidade é uma direção para a adequação: tal é a estrutura dinâmica da verdade dual enquanto verdade. Já nos dizia Heráclito (fr. 93) que o oráculo de Delfos não declara nem oculta, mas indica, significa (*semaínei*), o que vai ocorrer. Esta é a índole da verdade dual: que cada conformidade aponte para a mesma adequação.

Isso é próprio de cada verdade dual. Dizer que este papel é branco é uma conformidade que gradualmente vai apontando para o branco adequado que é o deste papel. Todos os juízos verdadeiros como conformidade apontam para uma remota adequação em distância. Este ponto nunca se conseguirá alcançar por um movimento intelectivo. A cor adequada é dada como tal cor na impressão de realidade de apreensão primordial, mas nela não nos é dada formalmente como adequada. Para chegar a apreendê-la adequadamente, necessitamos de um movimento intelectivo que vá precisando cada vez com mais exatidão o branco real deste papel. Ao irmos para ele num movimento intelectivo, vamos atualizando momentos de riqueza em conformidade com o que é o branco real deste papel. Mas chegar a ele nesta intelecção dinâmica adequadamente é uma tarefa interminável e, ademais, irrealizável. Para a intelecção em movimento, a adequação será sempre e somente uma meta sempre distante. Daí que todo juízo verdadeiro, toda verdade dual, seja estruturalmente aproximação: é a aproximação gradual do real, uma aproximação em que cada um dos momentos é uma conformidade. Toda verdade dual é, por isso, intrínseca e estruturalmente aproximada dentro da realidade, aproximada do que teria de ser uma verdade adequada. Esta aproximação é um movimento que desliza sobre o real dado em apreensão primordial. É o que dificulta conceituar que sua atualidade dual seja formalmente dinâmica.

Que é esta aproximação? A aproximação é sempre algo gradual. Mas isso não significa que cada grau seja uma espécie de inexatidão ou deficiência. Há diferentes tipos de aproximação. No exemplo citado do papel branco, certamente o "branco" é inadequado porque se aproxima mais ou menos da cor real deste papel, e esta aproximação consiste em que cada grau é tão somente uma espécie de grau de exatidão, isto é, cada grau é em si mesmo uma inexatidão, uma deficiência. Mas não é necessário que seja sempre assim. Toda inexatidão é aproximação, mas nem toda aproximação é inexatidão. E isso é essencial para entender outros tipos de juízos, como, por exemplo, os juízos matemáticos, a verdade matemática.

Não me refiro à chamada "matemática de aproximação", mas à mesma "matemática de precisão" que enuncia propriedades, por assim dizer exatas, da realidade matemática: de um número, de uma figura, etc. Estes juízos verdadeiros são aproximações? Certamente não o são no sentido de uma gradual inexatidão. Mas há aproximação de um tipo diferente de gradualidade. Qual? Nas realidades perceptivas, essa realidade está "posta" em apreensão primordial de realidade como termo de um movimento que a recubra adequadamente. Com efeito, realidade e verdade adequada não são a mesma coisa, porque a verdade adequada é tão somente a realidade, mas como termo de um movimento intelectivo que alcança e recobre a realidade já primordialmente apreendida. Em se tratando de realidades matemáticas, estas realidades são algo "posto" por um duplo ato: uma "definição" *do que é* essa realidade e um "postulado" de sua *realidade*. Pois bem, destas realidades assim definidas e postuladas, a intelecção matemática enuncia juízos rigorosamente verdadeiros. São aproximados? Para responder a essa pergunta, é preciso haver acordo quanto ao que é termo dessa suposta aproximação. Este termo é justamente o definido e postulado. O movimento intelectivo enuncia aqui juízos que são rigorosamente necessários e, portanto, verdadeiros. Mas não é esta a nossa questão. Porque esta necessidade rigorosa concerne somente à conformidade.

E nossa questão reside em saber se essas mesmas propriedades rigorosamente conformes com a coisa recobrem adequadamente aquilo a que se referem; por exemplo, um número ou uma figura. Para isso seria preciso saber o que "é" essa figura ou esse número. A pergunta já tem um ar inevitavelmente desconcertante. Que significa aqui esse "é"? Porque, afora o fato de estas "coisas" poderem ser entendidas de diferentes maneiras, e poderem portanto "ser" de modo não unívoco (uma reta pode ser entendida como o caminho mais curto ou como a linha que tem todos os seus pontos na mesma direção, etc., etc.), a estranheza da pergunta reside em que essas coisas já são de saída as que definimos e postulamos. Mas aqui surge a dificuldade. Porque essas "coisas" não são o que são por serem definidas e postuladas isoladamente cada uma por si, independentemente das outras, mas por ser cada uma delas o que é *dentro* da definição e do postulado que estrutura o conjunto inteiro a que pertence. Isto é essencial. Nenhum "ente" matemático é o que é senão dentro de um conjunto total definido e postulado, e só em referência a este tem sentido a apreensão de cada um dos entes matemáticos em questão. Cada coisa não é senão um "aspecto" desta totalidade, é uma realização aspectual do definido e postulado. O orbe matemático não é uma justaposição de entes matemáticos definidos e postulados cada um em e por si mesmo, mas cada um desses entes só tem entidade dentro do conjunto total e como momento dele: assim, cada figura é figura de um espaço, etc., cada número pertence a um campo de números, etc. Não é senão deste caráter aspectual que cada "coisa" matemática recebe sua realidade. Pois bem, se aquele conjunto não tivesse outras propriedades estruturais além das definidas e postuladas, então todo juízo matemático teria a verdade de ser um aspecto, e portanto o todo definido e postulado seria adequadamente apreendido em cada coisa. Mas não é assim. O teorema de Gödel mostra que o todo assim postulado e definido tem necessariamente propriedades que ultrapassam o definido e postulado. Esta definição e estes postulados apresentam efetivamente problemas que não são resolúveis somente com eles. E portanto estas soluções são justamente a descoberta de propriedades que ultrapassam o definido e postulado. Então, a intelecção adequada de cada coisa nesse todo deixa, em cada passo, fora do definido e postulado propriedades que o movimento intelectivo não alcança. Estas propriedades não são meramente "outras além" das definidas e postuladas, mas propriedades necessárias da coisa, e conferem à realidade dela uma estrutura diferente no conjunto total. Como cada coisa não é inteligível senão como aspecto deste todo, sucede que cada coisa tem um modo de realidade que é de alguma maneira diferente do que seria apreendido num movimento plenamente adequado. Em virtude disso, cada conformidade necessária é uma inexorável aproximação de uma adequação que ultrapassa o definido e postulado. Não há aproximação de inexatidão, mas aproximação de aspectualidade. Se a matemática não fosse mais que um sistema de teoremas e demonstrações logicamente encadeadas, a distinção entre conformidade e adequação não passaria de sutileza conceitual. Mas a matemática não é isso; é a intelecção de realidades matemáticas, dotadas de estrutura própria. Por isso é que, a meu ver, o teorema de Gödel não só remete à "realidade" postulada, mas mostra que com respeito a ela toda verdade matemática é uma aproximação aspectual, porque aquela realidade tem uma "estrutura" própria translógica.

Não posso entrar em outras considerações. Há tipos de aproximação diferentes da aproximação de inexatidão e da aproximação aspectual. Isso depende dos diferentes tipos de realidade, problema em que aqui não vou entrar.

Definitivamente, toda verdade real, sem exceção, é como conformidade o acontecer mesmo da aproximação dinâmica da adequação.

Pois bem, isto não acontece tão somente com cada uma das verdades duais. Acontece com o movimento intelectivo enquanto tal. A intelecção do real "entre" outras realidades é por sua própria estrutura um dinamismo de aproximação da verdade real. Ou seja, "a verdade" enquanto tal é um gigantesco movimento intelectivo para o que "o real" é "em realidade" num enfoque direcional, esquemático e gradual. Não só cada verdade dual, mas também "a" verdade dual, é aproximação d*a* verdade real. É a obra inteira do saber humano: aproximação intelectiva da realidade.

Com isso damos por terminada nossa breve análise da verdade dual. A verdade dual é a qualidade de uma intenção afirmativa em que o que a coisa é em realidade fica coincidencialmente atualizado na intelecção "entre" outras. Quando nesta coincidencialidade o parecer se funda no ser real, então a afirmação é verdadeira. Esta afirmação e sua verdade são de estrutura formalmente dinâmica: a atualização acontece num meio, numa direção determinada e segundo uma estrutura também dinâmica. A verdade dual é, portanto, constitutivamente dinâmica precisamente porque concerne à atualidade coincidencial. Em contrapartida, a verdade real, como vimos, é atualização intelectiva do real em e por si mesmo. São, portanto, dois tipos de verdade. Mas esses dois tipos não estão meramente justapostos. Várias vezes aludi à sua articulação interna. Agora é preciso recolher esta alusão numa sumária conceituação da unidade intrínseca e formal da verdade real e da verdade dual.

3. A unidade da verdade

Em que sentido falo da unidade da verdade? Recolhamos rapidamente as ideias. Não se trata da unidade física da verdade dual, mas da unidade dos dois modos de verdade, a verdade simples e a verdade dual. Ambas as verdades têm, antes de tudo, a unidade que lhes é conferida justamente pelo ser verdade: são verdade, e em virtude disso são mera atualidade intelectiva do real. Enquanto o atualizado é real, constitui o que chamamos simplesmente de *realidade*; enquanto este real está intelectivamente atualizado, constitui *a verdade*. Os dois momentos do real não são idênticos; mas não são, como já vimos, independentes. Tampouco são simplesmente correlativos, mas se acham intrínseca e formalmente fundados entre si: a verdade é sempre e somente verdade do real, mas é inadmissível pensar que realidade seja o mero correlato da verdade. O real, por ser o que "de seu" é, dá sua verdade à intelecção, é o que verdadeia nela. O real é então *realidade verdadeira* (no sentido de "verdadeante"), ou realidade "em verdade".

Esta atualização intelectiva do real tem, por sua vez, os dois momentos: é atualidade da coisa real e é atualidade do campo da realidade que tal coisa determina. A verdade é, portanto, constitutivamente verdade da coisa e verdade campal.

Este "e" dos dois momentos pode, por sua vez, estar atualizado de dois modos, e portanto a verdade tem também esses dois modos. Um é aquele modo segundo o qual o real é intelectivamente atual em e por si mesmo. Isso significa que seus dois momentos individual e campal são atualizados *unitariamente*: é uma apreensão direta da coisa real, imediata e compacta. A atualização intelectiva é então o que chamei de *verdade real ou simples*, no sentido de que o real está atualizado em e por si mesmo. Mas há outro modo, aquele segundo o qual a coisa real está atualizada não em e por si mesma, mas está atualizada "entre" outras. A coisa está certamente atualizada como "real" individual, mas seu momento campal abarca as demais coisas. Daí que esta atualização do real tenha dois aspectos. Por um lado o real está inteligido, mas por outro este real fica distendido intelectivamente em campo, e portanto sua unidade com a formalidade individual é problemática. Como esta unidade é o que a coisa real é "em realidade", sucede que o problemático desta atualização se encontra no que a coisa real é "em realidade". Deixo de lado a intelecção atentiva por razões óbvias. A intelecção do real é então dual; é um movimento intelectivo distanciado de afirmação, no qual o real fica atualizado em atualidade coincidencial. Esta atualidade coincidencial é justamente a *verdade dual*.

Portanto, a verdade é sempre e somente atualização intelectiva do real. Os dois modos de verdade, a verdade simples e a verdade dual, têm antes de tudo a unidade que lhes é conferida pelo ser verdade, isto é, pelo ser atualização intelectiva do real enquanto intelectiva. Mas isso não é suficiente para falar de unidade da verdade, porque se poderia tratar de duas espécies de verdade, isto é, de duas espécies de atualização. E não é assim; há uma unidade intrínseca, e até formal, de ambos os modos de verdade, em virtude da qual esses dois modos de atualização não são somente "espécies", mas justamente "modos" de atualizar: a atualização mesma está intrinsecamente modalizada. E esta modalização se expressa num segundo caráter de unidade. O primeiro era a unidade que consiste em que ambas são atualização intelectiva. O segundo é que estas duas atualizações não são independentes. A atualização coincidencial da verdade dual leva intrínseca e formalmente em seu próprio seio a verdade simples do real. É necessário sublinhar a presença formal da verdade real ou simples em toda verdade dual. Esta presença é dupla. Em primeiro lugar, porque à verdade dual é intrinsecamente presente a verdade real daquilo de que se julga. Ademais, a verdade dual se acha fundada no meio de intelecção; e o meio de intelecção é a verdade real do campo. A intelecção afirmativa só é de fato possível pela apreensão primordial da realidade, e transcorre num meio que é também verdade real. Daí que toda verdade dual seja sempre e somente *modulação* da verdade simples do real. Mas esta verdade simples não é somente fundamento intrinsecamente *presente* para a verdade dual, pois na dualidade do real adquire, por assim dizer, seu interno desdobramento, o desdobramento que consiste em atualizar o que a coisa real é em realidade. A verdade simples, portanto, é *incoativamente* uma verdade dual. Mas a modulação da verdade simples e a incoação da verdade dual apontam ainda para uma terceira unidade mais profunda que a *mera atualidade* e que a *simples dependência*. Qual é esta unidade?

É que a atualização do real enquanto atualização é constitutivamente aberta. A *abertura* é a unidade intrínseca e formal dos dois modos de verdade; mais ainda, é um caráter de toda verdade, tanto da simples como da dual. Modular e incoar são expressão da abertura. É o terceiro e radical caráter da unidade da verdade. Em que se funda a abertura? Em que consiste a abertura como momento da atualização em si? Qual é o âmbito da abertura? Aí estão os três pontos que temos de considerar brevemente.

a) Em que se funda a abertura? A abertura de que aqui tratamos é um modo de atualidade, e como tal afeta formalmente a intelecção enquanto tal. Se nossas intelecções não fossem mais que uma adição simultânea ou sucessiva de vários atos de inteligir, não haveria lugar para falar de abertura. Mas isso não é assim. Porque o termo formal e radical da atualidade intelectiva é impressão de realidade; quer dizer, a intelecção em que o real se atualiza é constitutivamente senciente. E a impressão mesma de realidade é formalmente aberta: é, como já vimos na Primeira Parte, a transcendentalidade da impressão de realidade. Então, a diversidade de intelecções pode ser às vezes a exibição de uma mesma impressão de realidade. É nesta exibição que o real fica atualizado não só em e por si mesmo, mas também "entre" outras coisas reais. Disso resulta que a primária apreensão intelectiva do real torna necessária a versão para outras apreensões intelectivas. Esta versão é justamente a abertura, ou melhor, é a expressão da abertura: toda intelecção é uma versão, e é versão porque é constitutivamente aberta, e é constitutivamente aberta porque é constitutivamente senciente. E, como a atualidade intelectiva do real é a verdade, sucede que a abertura da intelecção é abertura da verdade e à verdade. Por ser senciente a intelecção, a verdade é constitutivamente aberta. Cada verdade implica as outras e está incoativamente vertida a elas. A abertura é a radical condição segundo a qual todo o real é apreendido, ou atualmente ou incoativamente, entre outras realidades.

b) Em que consiste essa abertura? Na atualidade senciente do real, o real fica atualizado na unidade de seus dois momentos individual e campal. Pois bem, a abertura do real que aqui nos interessa se encontra formalmente em seu momento de campalidade. Todo o real está atualmente ou incoativamente aberto ao campal. Portanto, sua atualidade intelectiva, sua verdade, também o está.

Toda e qualquer atualidade é atualmente ou incoativamente aberta. E esta diversidade é apreendida intelectivamente de dois modos: o modo unitário e o modo diferencial. Como já sabemos, em modo unitário a apreensão de realidade envolve o momento campal em unidade compacta com o momento individual, enquanto em modo diferencial este momento campal fica incompactamente autonomizado em movimento intelectivo. Em ambos os casos, trata-se da mesma estrutura formal: a estrutura de campalidade. Mas é preciso evitar cuidadosamente uma confusão. Como a intelecção *no* campo de realidade, como vimos, é dinâmica, pareceria que toda intelecção é formalmente dinâmica. E isso é completamente falso. Porque o dinamismo não é próprio da estrutura de toda e qualquer intelecção, mas somente da intelecção distanciada no campo, isto é, da intelecção do real "entre" outras realidades. Certamente, em toda intelecção há ou pode haver dinamismo. Mas isso não contradiz o que acabo de dizer. Porque na apreensão primordial de realidade pode haver dinamismo porque há atualização, isto é, porque já é intelecção. Tal é o caso, por exemplo, do esforço atentivo. Ao passo que no movimento intelectivo diferencial vem a haver atualização porque há dinamismo: é o movimento intelectivo que determina a atualização intelectiva do real. Quer dizer, a intelecção não é formalmente dinâmica; só a intelecção dual é formalmente dinâmica. A apreensão primordial de realidade não é formalmente dinâmica porque não é formalmente apreensão do real "entre" outras realidades. O que sucede é que o real em e por si mesmo está incoativamente aberto a ser atualizado entre outras realidades. Portanto, sua intelecção não é dinâmica formalmente, mas tão só consecutivamente à atualização primária do real; contudo, está incoativamente aberta a ser atualizada em movimento intelectivo, em dinamismo, um dinamismo de reatualização. A razão é clara: todo o real é incoativamente inteligido segundo o que é em realidade. E, como esta intelecção, quando é um movimento intelectivo, por sê-lo já é formalmente dinâmica, sucede que a intelecção do real, conquanto não seja sempre formalmente dinâmica, está no entanto sempre incoativamente aberta a uma intelecção dinâmica.

Dito isso, é claro que a abertura de que aqui falamos consiste formalmente na campalidade. A verdade dual é formal e constitutivamente aberta por ser atualidade do real em seu momento de campalidade, no âmbito de realidade. É o terceiro ponto que precisamos considerar.

c) O âmbito da abertura é o âmbito da verdade inteira. De fato: toda verdade simples está incoativamente aberta a uma verdade dinâmica, e cada momento desta verdade dinâmica é um momento de conformidade estruturalmente aberto para a adequação com "a" realidade, aberto "à" verdade. Mas esta abertura "à" verdade tem diversos aspectos, porque a abertura da verdade não é senão a abertura da atualização do real, e portanto não é senão a abertura do campal do real mesmo como real. Há um aspecto do real de caráter cósmico; toda verdade é, neste aspecto, uma verdade aberta a todas as demais verdades cósmicas. Mas há no real outro momento: o momento transcendental, o momento que concerne ao real enquanto real. Pois bem, como vimos na Primeira Parte do livro, este caráter transcendental é formal e constitutivamente aberto. O real enquanto real não é algo já necessariamente concluso. É, ao contrário, não um caráter *a priori*, mas realmente fundado no caráter real dos tipos de realidade. Esta ordem transcendental é, pois, constitutivamente aberta. Portanto, se chamamos de ciência a verdade da unidade cósmica do real, e chamamos de filosofia a verdade da unidade transcendental do real, será preciso dizer que essa diferença de tipos de saber depende essencialmente da índole mesma do real sabido. Ciência e filosofia são verdade aberta. O saber humano é a ingente atualização desta constitutiva abertura cósmico-transcendental do real.

Naturalmente, nem toda verdade é científica ou filosófica no sentido mencionado. Mas toda verdade envolve a atualidade campal do real. Por isso o homem é um animal aberto não só a mil modos de saber, mas a algo mais profundo. Em face do puro animal, que é um animal de vida encerrada, o homem é sem dúvida o animal aberto a toda forma de realidade. Mas, como animal de realidades, o homem não é só um animal cuja vida é aberta; é antes de tudo o animal intelectivamente atualizante da própria abertura do real como real. Não é senão por isso que sua vida é aberta. A inteligência senciente, essa modesta faculdade de impressão de realidade, atualiza assim no animal humano o todo aberto do real como real. A inteligência atualiza a abertura do real. Por sua vez – não é o nosso tema –, ao surgir de uma inteligência senciente, o real mesmo está aberto, mas é outro tipo de realidade enquanto realidade.

Que é esta abertura ao real? Poder-se-ia pensar que é a abertura ao ser. Se assim fosse, o homem seria o compreensor do ser. Não é assim. O homem é o apreensor senciente do real. A verdade não é verdade do ser nem do real enquanto é, mas é verdade do real como real. Portanto, apresenta-se-nos agora não só o problema de "verdade e realidade", mas o grave problema de "verdade, realidade e ser". Depois de termos examinado o que é a verdade, e o que é a verdade do real (em suas diversas formas e em sua unidade primária), temos de nos formular o terceiro problema: verdade, realidade e ser.

§ 3. Verdade, realidade e ser

Toda e qualquer verdade, como dissemos, é atualidade intelectiva do real enquanto intelectiva. Pois bem, esta atualidade assume duas formas: a verdade da apreensão primordial de realidade e a verdade da afirmação. Essas duas formas são unitariamente as duas formas de abertura da intelecção à *coisa real*. A filosofia corrente não o entendeu assim. Pensou que aquilo a que a intelecção está firmemente aberta é *o ser*. Esta conceituação é determinada por uma análise apenas da verdade dual. Centra-se toda a intelecção na afirmação, e, ademais, identifica-se a afirmação com a afirmação predicativa "A é B"; qualquer outra possível forma de intelecção seria uma predicação latente. Ver esta cor branca como real seria um modo latente de afirmar que esta cor "é" branca. Este juízo predicativo foi o fio condutor da análise corrente da intelecção. Penso, no entanto, que essa conceituação não é viável. Antes de tudo, porque o próprio juízo não só em sua forma predicativa, mas enquanto afirmação, não recai sobre o "é" designado como ser copulativo, mas somente sobre o "real". A verdade da afirmação não é primária e formalmente verdade do que "é", mas do "real". Ademais, há uma intelecção da realidade não afirmativa de que, apesar de sua irrefutável originalidade e prioridade, a filosofia atual passa ao largo: é a apreensão primordial de realidade. E a apreensão primordial de realidade não é um modo latente de intelecção afirmativa. Primeiramente, porque esta apreensão primordial não é afirmação, e ademais porque esta apreensão não recai sobre o ser. Seu termo formal não é o ser substantivo; o chamado ser substantivo não é o termo formal da apreensão primordial; seu termo é o real em e por si mesmo. Por isso, a verdade da apreensão primordial de realidade não é verdade acerca do ser substantivo, mas acerca da realidade substantiva. Realidade, portanto, não é ser, e a verdade acerca da realidade não é verdade acerca do ser. No entanto, apesar de o ser não estar incluído formal e primariamente na intelecção do real, tem uma interna articulação com o real na estrutura de toda e qualquer intelecção. Portanto, se queremos analisar a índole da verdade, temos de proceder passo a passo. Temos de ver antes de tudo que a afirmação, e portanto sua verdade, não são afirmação e verdade de ser, mas de realidade. Temos de ver depois que a intelecção primária, isto é, a apreensão primordial do real, não apreende o ser substantivo, mas a realidade. Sua verdade é o que chamei de verdade real. Como porém o ser, apesar de não constituir o termo formal da intelecção, pode estar incluído de alguma maneira em toda e qualquer intelecção, temos de determinar a estrutura positiva de toda e qualquer verdade enquanto tal segundo a interna articulação de seus dois momentos de realidade e de ser.

Assim, portanto, apresentam-se-nos três questões:

A) A afirmação como afirmação de realidade. É o problema "verdade e ser copulativo".

B) A apreensão primordial como intelecção de realidade. É o problema "verdade e ser substantivo".

C) Estrutura interna da verdade da intelecção em seus dois momentos de realidade e de ser. É em toda a sua generalidade o problema "verdade, realidade, ser".

1. *Verdade e ser copulativo*

O juízo, como vimos, tem três diferentes formas: forma predicativa, forma proposicional e forma posicional.

a) Comecemos pela análise do juízo predicativo "A é B", que é o fio condutor de toda a conceituação clássica da verdade em sua unidade com o ser. Sobre o que recai este juízo? Já vimos que o "é" tem três diferentes funções. Significa a "relação" em que estão A e B. É propriamente o que deu origem ao vocábulo mesmo de "cópula": é o ser copulativo. Mas o "é" tem uma função mais profunda e anterior à daquela relação: é a função de expressar a própria conexão de A e de B, isto é, sua "unidade conectiva". Além disso, porém, e antes de expressar esta unidade conectiva, o "é" expressa a afirmação enquanto tal. E estas três funções têm, como também já vimos, uma precisa ordem de fundamentação. A cópula se funda na conexão: só porque A e B estão em unidade conectiva adquirem a autonomia funcional suficiente para dar lugar à relação de B e A. Mas, por sua vez, esta unidade conectiva não constitui o juízo predicativo; o que constitui o juízo predicativo é a afirmação da unidade conectiva mencionada, e portanto da copulação: o juízo predicativo consiste em afirmar que a unidade A-B está no termo do juízo. Portanto, todo o nosso problema está centrado nesta função primária, a saber, no "é" como afirmação. Que é esta afirmação?

Não nos perguntamos pela estrutura do ato de intenção predicativa, mas pelo predicado mesmo enquanto tal, quer dizer, perguntamo-nos sobre o "é" a que alude a cópula. Sobre o que recai esta cópula?

Sem dúvida, não recai formalmente sobre uma objetividade: o "é" não consiste em "objetivamente é assim". O ser é mais que objetividade. Então se propenderia a pensar que o "é" da afirmação recai sobre o "ser" do afirmado. A afirmação predicativa recairia sobre o ser de A, de B e de sua conexão. Só depois poderia expressar a relação. Deixando por ora este aspecto "relacional" da cópula, perguntamo-nos: a afirmação predicativa recai sobre o ser? Certamente não. Aquilo sobre o qual a afirmação predicativa recai é a realidade de A, de B e de sua unidade conectiva. Ao contrário, segundo a interpretação corrente, a afirmação recairia sobre o ser de A e sobre o ser de B. Esses dois seres formalmente nada têm que ver entre si, porque ser A não é ser B, nem reciprocamente. Portanto, o ser a que aludiria a cópula "é" seria a unidade daqueles dois seres. Nesta unidade, o ser de A e o ser de B ficariam modificados por sua unidade conectiva. Assim se compreende que o ser de "A-B" seja um ser rigorosamente copulativo. A afirmação consistiria em afirmar copulativamente a unidade dos dois seres de A e B. Mas isso não é assim. A afirmação e seu "é" não recaem direta e formalmente sobre o ser de A, de B e de sua conexão, mas sobre a realidade de A, de B e de sua conexão. Na afirmação predicativa há certamente uma conexão, mas não é uma conexão de seres, e sim uma conexão ou complexão real: é B realizando-se na realidade de A. Que A, B e sua unidade se nos apresentem como "sendo" não significa que minha afirmação recaia sobre o "sendo" mesmo, sobre o ser mesmo, nem se funde nele: recai sobre o real, por mais "sendo" que se queira, mas enquanto real. Não é a coisa, a *res* como *res essente* enquanto *essente*, como *res essente* enquanto *res*. Já o vimos na análise da afirmação. Aquilo de que se afirma é sempre o real já apreendido em apreensão primordial de realidade. Este real é "re-inteligido" entre outras coisas reais. E a unidade desta intelecção está no momento campal de realidade.

O meio de intelecção em distância não é o ser, mas a realidade campal. E a afirmação mesma consiste em afirmar a realização da simples apreensão B na realidade A já primordialmente apreendida. Quando esta afirmação é predicativa, o movimento intelectivo tem um caráter próprio: é *coligente*. Explico-me. A afirmação predicativa, como toda e qualquer afirmação, é uma intelecção dual: inteligir uma coisa real entre outras e desde outras. Mas é dual num segundo aspecto, próprio somente da afirmação predicativa: porque aquilo que se intelige está no inteligido, mas somente em conexão com ele. Todo juízo é afirmação de uma realização da simples apreensão naquilo de que se julga. E, quando esta realização tem caráter conectivo, então há duas dualidades: a dualidade própria da afirmação como intelecção em distância, e a dualidade da unidade conectiva de B e A. Esta segunda dualidade é o peculiar do juízo predicativo. A afirmação predicativa consiste em afirmar a unidade desta dualidade. Em virtude disso, o movimento intelectivo de afirmar B em A (ou igualmente a realização de B em A) é, enquanto ato, um ato de conexão; e este ato conectivo enquanto ato é o que chamo de coligir no sentido etimológico de "reunir-com", e não no sentido também usual de inferir nem nada parecido. O movimento intelectivo em distância é agora um movimento coligente. Neste coligir inteligе-se o real conectivo mesmo. O real está atualizado agora intelectivamente no coligir: o real na estrutura conectiva de sua atualidade está inteligido, está intelectivamente atualizado, no movimento do coligir. Se se quiser: todo juízo afirma uma realização, e, quando a realidade mesma é conectiva, esta realização é inteligida coligentemente. Este coligir não é apenas mais uma forma de movimento, mas constitui no movimento mesmo um movimento próprio de intelecção. O coligentemente inteligido é o real em sua unidade conectiva; isto real é o que se afirma de "modo reto".

Mas a afirmação coligente afirma o real conectivo na cópula "é". Que é este "é"? O "é" não constitui a afirmação. Como afirmação, a afirmação é constituída tão somente como afirmação do real. O "é" tem, no entanto, uma significação própria: expressa o real afirmado enquanto afirmado. Este expressar não significa o real nem sua verdade, mas o afirmado *enquanto afirmado*. A afirmação, como vimos, é intelecção distanciada em movimento intelectivo. Por isso, a afirmação é uma atualidade coincidencial entre os foros da inteligência e os foros do real. Pois bem, quando a afirmação é conectiva, a coincidência é atualização num coligir. Então, a copulação não é somente coligir ou reunir B e A, mas é antes de tudo reunir ou coligir a intelecção na própria realidade conectiva. Os termos da copulação são a inteligência e o afirmado. O "é" copulativo expressa esta unidade coligente da inteligência e do real. Esta unidade é o afirmado "enquanto afirmado". Então, uma coisa é clara: como o "é" expressa o afirmado real enquanto afirmado, sucede que o "é" está apoiado na realidade, e não o contrário. É a ulterioridade do ser com respeito à realidade. Pois bem, na afirmação inteligimos o real distanciado, dado distancialmente em forma de impressão de realidade. Portanto, o "ser" é a expressão de uma primária impressão de realidade. A afirmação não intelige de modo reto o ser do real, mas a realidade mesma; mas intelige de modo oblíquo o ser do real. A obliquidade é justamente o que a ideia de expressão designa. A afirmação afirma de modo reto a realidade, e de modo oblíquo a expressão do afirmado enquanto afirmado, isto é, o ser. Como? É a questão essencial. Veremos isso em seguida. Em todo o caso, porém, já se vê com clareza o que eu dizia muitas páginas atrás: a dialética do ser se funda na dialética da realidade. E este fundar-se é o que, neste caso, o verbo "expressar" designa. O ser e sua dialética não são senão expressão do real e de sua dialética conectiva. O elemento do juízo predicativo não é o ser, mas a realidade. Portanto, sua verdade não é a verdade do ser, mas a verdade do real.

Mas esta não é a única falha da conceituação que discutimos. Estamos tentando ver se, de fato, o juízo é formalmente o lugar do ser e de sua verdade. Procurei fazer ver que não é assim no juízo predicativo. Mas a esta falha se soma outra, mais fundamental: nem todo juízo é predicativo. Que sucede com as outras duas formas de juízo, o juízo proposicional e o juízo posicional?

b) A filosofia atual não se ocupou *devidamente* dessas formas de juízo; entendeu simplesmente que não são senão formas latentes de intelecção do que o afirmado "é". Pois bem, isso não é assim. E nisso se denuncia bem claramente a não universalidade do "ser copulativo" como caráter de todo ato intelectivo. Há intelecções, com efeito, que não fazem intervir o "é" copulativo nem sequer latentemente. É o que agora devemos ver rapidamente.

O que chamei de juízo proposicional é o constituído pelo sentido da frase nominal. Esta frase carece de verbo. A filosofia clássica, como já dissemos, não se ocupou desta proposição. No máximo, pensou, quando algumas vezes reparou nela, que esta frase é um juízo predicativo latente. Dizer "a mulher, volúvel" seria um modo elíptico de dizer "a mulher é volúvel". Mas isso é radicalmente insustentável. Nenhum linguista admitiria hoje que a frase nominal traz elipticamente uma cópula subentendida. A linguística pensa, e com razão, que a frase nominal é um tipo originário e irredutível de frase a-verbal. Há duas classes de frases: a frase verbal e a frase averbal; e ambas são duas maneiras de afirmação essencialmente irredutíveis. Não há na segunda uma elipse verbal. A coisa fica ainda mais clara se atentarmos para o fato de que as frases com elipse verbal são muito frequentes; por exemplo, no sânscrito clássico. Mas junto a elas há frases estritamente nominais sem elipse verbal; por exemplo, no Veda e no Avesta a frase nominal raras vezes é elíptica. E isto é essencial por duas razões. Primeiro, pelo que acabo de dizer: a frase nominal é em si mesma e por si mesma uma frase averbal. Carece, pois, de ser copulativa. Não é portanto predicação latente. A filosofia corrente refletiu, ainda que com pobres resultados, sobre os juízos que carecem de sujeito (os impessoais) ou sobre os juízos que carecem de predicado (os chamados juízos existenciais). Mas nem sequer lhe ocorreu pensar que há juízos sem cópula. Pois bem, a frase nominal carece de cópula e, no entanto, é um juízo no sentido mais rigoroso do vocábulo. E isto nos revela a segunda razão pela qual a teoria do juízo latente é insustentável. A frase nominal, com efeito, não só carece de cópula, mas precisamente por isso mesmo, como vimos, afirma a realidade com muito mais força do que se empregasse a forma verbal "é". Dizer "a mulher, volúvel" é afirmar a realidade da volubilidade de modo muito mais forte do que dizendo "a mulher é volúvel". A frase nominal é uma afirmação explícita de realidade sem cópula nenhuma. E isso mostra mais uma vez que o formal do juízo não é a afirmação copulativa do "é", mas a afirmação do real como realidade.

Isso fica ainda mais claro, se tal é possível, se considerarmos o juízo posicional: é o real inteligido como "sendo", por exemplo, fogo, chuva, etc. Mas não é este ser o que afirma de modo reto, senão que o afirmado de modo reto é o real já apreendido numa apreensão primordial, como realização primeira e por inteiro de uma simples apreensão. Aquilo de que se julga é o real em e por si mesmo, mas sem prévia qualificação denominativa. Por isso há um só nome. E isso é mais verdadeiro do que à primeira vista se poderia supor. Porque o "é" copulativo não se limita a estar ausente como na frase nominal e no juízo proposicional; há fatos muito mais graves para o nosso problema: é que há línguas que carecem da cópula "é", ou em que, se a têm, nunca o "é" tem função copulativa. Apesar de tudo, emitem-se e expressam-se nestas línguas afirmações sobre o real. Não são línguas indo-europeias. A teoria da afirmação se fundou exclusivamente nas línguas indo-europeias, e dentro delas no logos helênico, o célebre *lógos apophantikós* de Aristóteles. E isso pôde levar a uma falsa generalização, a pensar que o "é" é o momento formalmente constitutivo de toda afirmação. É claro, como nos expressamos em línguas que procedem do tronco indo-europeu, que não nos é possível eliminar de nossas frases a forma verbal "é", e temos de dizer forçosamente que tal ou qual coisa "é" real, etc.; assim como a própria filosofia grega, de Parmênides a Aristóteles, teve de empregar frases em que se diz "o ser é imóvel, etc.". Aqui aparece duas vezes o "é", uma como aquilo de que se afirmam predicados e outra como a própria cópula que os afirma. Estes dois sentidos nada têm que ver um com o outro. O que patenteia a enorme limitação da frase indo-europeia neste tipo de problema. Como as línguas já estão constituídas, o essencial é não confundir esta necessidade histórica e estrutural de nossa linguagem com a conceituação da própria afirmação. Deixando pois de lado o ser como aquilo que se afirma, o que nos importa aqui é que o ato mesmo de sua afirmação, o "é" copulativo, não é constituído pela afirmação sobre o ser. A afirmação recai certamente sobre o real como algo "sendo", mas é "realidade" sendo e não é "sendo" realidade. É o real posto como realização de uma simples apreensão, mas não é o real já posto como tal realidade qualificada e proposta para um ato ulterior de outra simples apreensão. Seria absurdo querer que, ao exclamar "Fogo!", estou dizendo "Isto é fogo". Isso seria mera tradução de minha exclamação, e, ademais, má tradução. A afirmação exclamativa não recai sobre o ser, mas tão somente sobre o real. E, uma vez mais, esta afirmação afirma a realidade com muitíssimo mais força que sua tradução em frase copulativa. Poder-se-ia traduzir menos mal dizendo "é fogo". Mas a afirmação de realidade é evidentemente muito mais fraca que na exclamação sem "é".

Contudo, tanto a afirmação posicional quanto a afirmação proposicional afirmam de modo reto o real, mas "ao mesmo tempo" com isso se afirma de modo oblíquo sua expressão como "sendo". A exclamação é *em si* mesma a expressão do real enquanto afirmado: envolve o ser como expressão da impressão de realidade. Quer dizer, tanto no juízo copulativo como no juízo proposicional e no juízo posicional, há um momento própria e formalmente constitutivo, a saber, a realidade, mas também há um momento, por assim dizer, congênere, que é a expressão do inteligido como sendo. Como isso é possível? Poder-se-ia pensar que isso, apesar de a afirmação não consistir de forma expressa nem latente num "é" copulativamente inteligido, poderia provir de que aquilo de que se julga, o real, consiste em ser um "ser substantivo", diferentemente do ser copulativo, que não se daria senão no juízo. A verdade seria então a verdade do ser substantivo afirmada no ser copulativo. Pois bem, isso é impossível.

Vimos que o juízo não consiste formalmente no "é" copulativo. Examinemos agora se o real de que se julga consiste, enquanto julgado, num ser substantivo.

2. Verdade e ser do substantivo[1]

Tratei este problema na Primeira Parte da obra, depois das páginas dedicadas ao tema em *Sobre la Esencia*. Mas para maior clareza repito o já dito.

Aquilo de que se julga é o real apreendido em apreensão primordial de realidade. É a forma primária e radical de intelecção, anterior portanto a qualquer possível juízo, e que recai sobre o real em e por si mesmo. Portanto, sua verdade não é verdade de conformidade nem de adequação como no juízo, mas é pura e simplesmente verdade real. O que nos perguntamos agora é se esta apreensão e sua verdade real recaem formalmente sobre a coisa enquanto tem ser. Como a coisa real é substantiva, a questão enunciada é idêntica à de perguntar se o que é termo de apreensão primordial e de sua verdade real é a coisa como ser substantivo. Foi a ideia de toda a filosofia a partir de Parmênides: a afirmação enunciaria o que é o real como ser substantivo. Mas isso me parece insustentável. A intelecção primária e radical apreende simplesmente o real em e por si mesmo como realidade. O chamado ser substantivo está certamente nesta intelecção, mas só como momento fundado na formalidade de realidade. Pensar que realidade seja mais um modo de ser substantivo é, como direi em seguida, uma ingente *entificação da realidade*. Para vê-lo com mais rigor, voltemos a dizer, brevemente, que é o real que apreendemos primordialmente, o que é ser, o que é ser substantivo e por que a intelecção da realidade é "ao mesmo tempo" intelecção do real e de seu ser substantivo, isto é, o que é *ser* verdade real.

---

[1] Naturalmente, aqui "o substantivo" (em espanhol, "lo" sustantivo e não "el" sustantivo) não se refere à classe gramatical. Aparece na locução "ser do substantivo", cujo sentido preciso é "substantividade *in essendo*, sendo". (N. T.)

a) Não temos de tratar diretamente do real enquanto real; este seria um problema metafísico. Perguntamo-nos pelo real em e por si mesmo, mas tão só enquanto é apreendido em apreensão primordial de realidade. Nesta apreensão primordial, o apreendido tem formalidade de realidade; não é estímulo, mas algo real, quer dizer, é apreendido não como um signo de resposta, mas como algo "de seu". Este "de seu" não é uma necessidade lógica, por assim dizer; significa somente que os momentos do apreendido pertencem a ele não em razão da resposta que possa suscitar, mas lhe pertencem como algo "em próprio". Por forçosidades idiomáticas, expressamo-lo dizendo que o apreendido "é" em próprio o que é e como é. Mas aqui o "é" não designa o caráter próprio e formal do apreendido, como já vimos anteriormente. O apreendido é realidade e não ser no sentido estrito do vocábulo.

Consideramos esta diferença entre realidade e ser, antes de tudo, apenas negativamente: realidade não é ser. No próximo ponto, veremos positivamente a índole desta diferença.

Tomemos um pedaço de ferro. Repetimos até a exaustão: tem tais ou quais propriedades. Mas estas propriedades não são o ser do ferro, e sim o ferro mesmo, a realidade férrea: não é "ser ferro", mas "realidade férrea". E o mesmo acontece se o que se quer dizer é que o ferro existe. A realidade é o "de seu", e portanto está para além da diferença entre essência e existência em sentido clássico. Essência e existência concernem tão somente ao conteúdo do apreendido. Mas o "de seu" não é conteúdo nem formalidade. Seja qual for a índole daquela diferença, tanto a essência como a existência clássicas são o que são tão somente porque essa essência e essa existência competem "de seu" à coisa. O "ser" do ferro não é o "ferro". Que significa negativamente esta diferença? Recordemos que falamos da realidade e do ser da coisa real enquanto apreendida em apreensão primordial. Pois bem, poder-se-ia pensar que em face do "ser" ferro se pode lançar mão de outro verbo para expressar a realidade férrea. Seria o verbo "haver". Dir-se-ia "há" ferro, diferentemente de "é" ferro. O "há" expressaria a nua realidade. Não penso assim. O "há" designa sempre e somente algo que há em minha vida, em minha situação, etc. Mas isso não designa simplesmente "realidade". A realidade é uma formalidade da coisa em e por si mesma; não é questão de que haja ou não haja. O verbo que a meu ver, pelo menos em espanhol,[2] serve para o nosso tema é o *verbo estar*, diferentemente do *verbo ser*. Sublinhou-se muitas vezes esta diferença dizendo que estar significa algo circunstancial, como, por exemplo, "estar doente". Em contrapartida, ser significaria a realidade permanente, quando, por exemplo, se diz de alguém que "é um doente". No entanto, não creio que seja essa a significação radical do verbo "estar". "Estar" designa o *caráter físico* daquilo em que se está *in actu exercito*, por assim dizer; em contrapartida, o ser designa o estado "habitual" do sido, sem alusão formal ao caráter físico de realidade. O tuberculoso "é" um doente. Em contrapartida, porém, ao dizermos que está tossindo, que está febril, etc., designamos formalmente o caráter da tosse e da febre em seu caráter físico: "está" tossindo, "está" febril, etc. É verdade que com enorme frequência se expressa o circunstancial mediante o verbo "estar"; mas precisamente vendo no circunstancial o caráter formalmente físico de sua realidade. A contraposição entre ser e estar não é primariamente uma contraposição entre o permanente e o circunstancial, mas a contraposição entre um "modo de ser", habitual ou outro, e o "caráter físico" de realidade. Por isso, às vezes até para designar o caráter físico do habitual se lança mão do verbo "estar", como, por exemplo, ao se dizer de alguém que "está tuberculoso". Pois bem, o verbo "estar" designa a realidade física, diferentemente do verbo "ser", que tem outro significado, que explicaremos em seguida. Na apreensão primordial de realidade, a coisa "está" física e realmente apreendida em e por si mesma em minha apreensão. Recorrendo ao conceito de atualidade que viemos espargindo ao longo de toda a obra, lembremos que atualidade não significa "presença", mas o "estar" presente enquanto estar: é o real "estando" presente em e por si mesmo como real. Realidade não é, pois, ser. Que é então ser?

---

[2] E também em português, poder-se-ia dizer. (N. T.)

b) Ao falar do ser do ferro, pode-se aludir não às suas propriedades ou à sua existência, mas a que o ferro "seja". Propriamente é este "ser" o que se contrapõe ao "estar". Mas salta aos olhos que este "ser" não é um momento formal da realidade férrea, porque é o ferro, ele, a realidade férrea mesma, que "é". Não é "ser ferro" (já vimos que não é assim), mas o "ferro é". Que é este ser? Todo o real é, enquanto real, respectivo (não confundamos respectividade e relação). E esta respectividade do real enquanto real é o que entendo por mundo. Esta respectividade é constitutiva do real enquanto real; quer dizer, todo o real é formalmente mundanal. Pois bem, a coisa real respectiva enquanto realidade é a realidade física dela e do mundo intrínseca e formalmente constituído por aquela. Posso porém considerar a coisa real não como constitutiva e formalmente real (em sua dupla dimensão individual e mundanal), mas como uma realidade "atual" no mundo. O mundo é "respectividade"; a atualidade nesta respectividade do real enquanto "está" no mundo constitui a atualidade do real no mundo. A realidade então não é somente algo que constitui mundo, mas é atual no mundo já constituído por ela. Pois bem, a atualidade do real no mundo é justamente "ser". O "ferro é" significa que aquilo que fisicamente constitui o ferro real é *ferreamente atual* no mundo. Este estar no mundo como atualidade do real (*estar*) na respectividade (*mundo*) é o que constitui o *ser*. Se o ferro pudesse sentir sua realidade, senti-la-ia como realidade férrea, ferreamente atual no mundo. Isto, e não outra coisa, significa "o ferro é". Tudo o mais não é o ser, mas a realidade. Assim, uma coisa é descrever o homem como realidade nascendo de certos progenitores e entre outras coisas reais, e outra é descrevê-lo dizendo que "viu à luz". Isto é a atualidade do gerado (realidade) no mundo (luz). À realidade não pertence como momento formal o ser; o ser não é um momento próprio e formal da realidade. Que é então o real enquanto é? Que o ser não pertença formalmente à realidade do real não significa que o ser não pertença ao real. E isto é o que agora nos perguntamos: em que consiste esta pertença.

c) O real não é sujeito de notas, mas sistema constructo de notas constituintes e constitutivas. Quer dizer, o real não é um sujeito substancial, mas uma substantividade. Desta substantividade dizemos, e com razão, que "é". Isso significa por ora que o ser, ainda que não se identifique com a realidade, no entanto a transfunde completamente, por assim dizer. E a transfunde como realidade substantiva. O ser é então ser da substantividade. E isso é o que se poderia chamar de ser substantivo. Mas seria uma denominação inexata, porque não se trata de que o ser seja o substantivo, nem de que a substantividade seja o ser, mas de que a substantividade do real "é". Não é um *ser substantivo*, mas o *ser do substantivo*. É a forma mais radical do "ser", não porque a realidade substantiva seja um modo de ser, mas porque o ser do substantivo é o ser do mais radical de uma coisa real, é o ser de sua própria substantividade. Não confundamos, portanto, ser do substantivo e ser substantivo. Se por vezes falo de ser substantivo, entenda-se sempre que me refiro ao ser do substantivo. E isso nos leva a consequências essenciais na ordem da intelecção.

d) De fato, realidade e ser não se identificam, mas tampouco são independentes. Ao tomar "ao mesmo tempo" a realidade substantiva e seu ser na intelecção primária, quer dizer, na apreensão primordial de realidade, deparamos com três caracteres essenciais.

Em primeiro lugar, deparamos não só com a distinção, mas também com a anterioridade da realidade com respeito ao ser. Realidade não é o modo supremo de ser; ao contrário, o ser é um modo da realidade. Por isso não há um *esse reale*, um ser real, mas tão só, como digo, *realitas in essendo*, a realidade em ser. A coisa real "é": é ela, a coisa real, que "é"; mas não é que o ser seja a realidade da coisa real. Realidade não é entidade. Tudo o mais é uma inaceitável entificação da realidade. A filosofia grega e a europeia posterior sempre identificaram realidade e ente. Tanto em filosofia como inclusive em teologia, as coisas reais foram consideradas formalmente como entes reais, e Deus mesmo, como realidade suprema, seria o ser subsistente, o ente supremo.

Mas isso me parece completamente inaceitável. Realidade não é entidade, nem o real é ente. Ente é somente o real enquanto é. Mas, antes de ser ente, o real é real. Só enquanto o real está incurso na atualidade ulterior de seu ser, só então pode e deve receber a denominação de ente, uma denominação posterior, portanto, à sua condição de real. Por isso a entificação da realidade é, no fundo, apenas uma gigantesca hipótese conceptiva. Mesmo em se tratando de Deus, é preciso dizer que Deus não é o ser subsistente nem o ente supremo, mas é realidade absoluta na linha de realidade. Deus não "é". Só se pode chamar Deus de ente desde as coisas criadas que estão sendo. Mas em e por si mesmo Deus não é ente. A coisa real não é real porque "é", mas "é" porque é real. Não se identificam, portanto, realidade e ente. O ser é ulterior à formalidade de realidade.

Em segundo lugar, esta ulterioridade não significa que ser seja algo assim como um acidente ontológico do real. Isso seria absurdo. Todo o real "é", e "é" inexoravelmente, porque todo o real é formalmente respectivo, e portanto é atual nesta respectividade, ou seja, "é". Como "realidade" é uma formalidade física do apreendido em intelecção senciente, sucede que a ulterioridade do "é", conquanto o "é" e sua ulterioridade não sejam um momento físico de sua formal realidade, sucede, digo, que esta ulterioridade de sua atualidade no mundo enquanto tal, ou seja, o ser, é uma ulterioridade certamente ulterior, mas física à sua maneira, como física é a atualidade do real. O real não é modo de ser, mas o real está (e portanto está presente) no mundo, quer dizer, "está sendo". Dizer que o real está em ser significa mais concretamente que o real está sendo. Ainda que o ser não seja um momento formal do real, estar sendo é um momento físico do real, mas consecutivo à sua formal realidade.

Daí que o ser não seja primariamente algo entendido, como se pretendeu desde Parmênides, mas algo sentido ao se apreender sencientemente a coisa real em e por si mesma. O ser é sentido, mas não de modo reto, quer dizer, não é termo formal daquela apreensão; o ser é cossentido, sentido de modo oblíquo como atualidade ulterior. O real "está sendo" por já ser real. O apreendido de modo reto é o "estar"; o "sendo" não se apreende senão de modo oblíquo. Voltarei a isso.

Em terceiro lugar, a intelecção é mera atualização na inteligência senciente, e o real nesta sua atualização é a verdade: é verdade real. A verdade real não faz intervir como termo formal seu o "é". Ao inteligirmos em e por si mesmo o real, inteligimos que o real está sendo *por ser real*. A verdade real é a unidade do real como algo que "está" atualizado em intelecção, e como algo que por isso está "sendo". A verdade real não faz intervir formalmente o ser, mas apenas o real. Somente porque o real "está" sendo é que o "sendo" é cointeligido ao se inteligir o real. Se o "sendo" se acha nesta intelecção, não é para constituí-la *formalmente*, mas como momento *obliquamente inteligido* no real. O ser está na apreensão primordial, mas não como constitutivo formal dela, e sim como momento ulterior dela, se bem que *n*ela mesma. Não confundamos estar na apreensão com constituí-la formalmente. A verdade real não é a verdade do ser do substantivo, mas abarca inexoravelmente, ainda que obliquamente, este ser do substantivo. Como? É a questão da interna articulação de verdade, realidade e ser na intelecção.

3. Articulação de verdade, realidade, ser

Nos dois pontos anteriores foram aparecendo os aspectos essenciais desta articulação, mas sobretudo por sua carga negativa, para fazer ver quão inaceitável era a concepção que discutíamos. Era uma conceituação segundo a qual a verdade recai sobre o ser, tanto copulativo como substantivo, de forma que realidade consistiria tão somente num modo de ser, ainda que modo radical. Como se costuma dizer, "ser" significaria "ser real". Ao criticar esta conceituação, é que apareceram negativamente aspectos essenciais do problema. Agora, bastar-nos-á recolher positivamente estes mesmos aspectos. Isso fará ver a índole rigorosa da articulação que buscamos.

Esta é uma articulação na intelecção. A realidade, repito, é "de seu" intrínseca e formalmente respectiva enquanto real; ou seja, é mundanal no sentido preciso de mundo como unidade de respectividade do real enquanto real. Mas sua mundanidade se funda precisa e formalmente na realidade. É a realidade que, por ser real, funda o mundo e é mundana. Daí que a realidade, por ser mundana, tenha uma atualidade própria nesse mundo enquanto mundo constituído por ela: é o ser. Portanto, ao inteligirmos o real, cointeligimos, cossentimos, o real como sendo. E então se apresenta o problema do que é e como é possível esta cointelecção: é justamente a interna articulação de realidade e ser na intelecção.

Vimos que os dois momentos não se identificam nem são independentes: o ser é sempre uma inexorável "necessidade" real da realidade; portanto, é sempre "ulterior" ao real como real. A cointelecção se funda nesta ulterioridade. Esta ulterioridade tem diferentes aspectos na intelecção, segundo se trate da intelecção primordial de realidade ou da intelecção afirmativa. É por um lado a ulterioridade do que chamo de "ser do substantivo", cointeligido na apreensão primordial de realidade. Por outro, a ulterioridade do ser na intelecção afirmativa, o que chamo de "ser do afirmado". As duas ulterioridades não são independentes, mas têm uma intrínseca e radical unidade. A articulação cointelectiva de realidade e ser é o que constitui integralmente a verdade. O problema da articulação se desdobra assim em quatro questões:

a) A intelecção da realidade em seu ser do substantivo.

b) A intelecção da realidade em seu ser do afirmado.

c) A unidade do ser na intelecção.

d) Realidade e ser na verdade.

a) *A intelecção do real em seu ser do substantivo.* Já o vimos na Primeira Parte deste estudo; mas é preciso recordá-lo expressamente. Ao inteligirmos o real em apreensão primordial, cointeligimos o momento de ser, como acabamos de dizer. Como e por quê? Esta é a questão.

Em apreensão primordial, realidade é a formalidade do impressivamente apreendido. Nesta impressão de realidade, o real está apreendido em e por si mesmo. Mas esta realidade impressivamente apreendida tem em sua formalidade mesma uma dimensão mundanal. E a atualidade do apreendido nesta dimensão mundanal é o que chamei de ser do substantivo. Que toda apreensão primordial seja mundanal é claro, porque esta apreensão apreende a formalidade em seus dois momentos individual e campal. Pois bem, o campo de realidade não é senão a respectividade mundanal enquanto apreendida em impressão. Daí que perceber uma coisa real em seu momento campal seja percebê-la de algum modo em sua própria respectividade mundanal. Então, a atualidade de algo real em intelecção impressiva é também atualidade no campo da realidade e, portanto, no mundo. E a atualidade do real no campo e no mundo é o ser do substantivo. Só porque o real é em e por si mesmo campal e mundanal, só por isso o real tem atualidade campal e mundanal; isto é, só por isso o real "é". Esta atualidade, este ser dado em impressão de realidade é, portanto, como já disse, um momento ulterior e físico do real. Mas que a ulterioridade seja física não quer dizer que o termo da ulterioridade seja também algo formalmente físico; esta é outra questão. Assim, veremos em seguida que a ulterioridade é um momento físico do real, mas que o ser não é físico no mesmo sentido em que o são as notas da coisa. O real é real e tem em si mesmo um "é" em ulterioridade física, mas o ser não é formalmente senão ulterioridade de realidade física; não é algo, não é nota. Portanto, o real apreendido em impressão nos está remetendo na impressão mesma ao ulterior dela, a seu ser. Esta remissão não é, pois, uma espécie de movimento lógico, mas um momento fisicamente apreendido na realidade em impressão: a realidade em impressão está fisicamente apreendida e é impressivamente remetente desde a formalidade de realidade para o ulterior dela, para sua atualidade mundanal, porque a ulterioridade mesma é um momento físico da impressão de realidade. Dessa forma, o ser mesmo é formalmente algo "sentido".

Então, esta ulterioridade tem na apreensão um preciso caráter a que não aludi explicitamente na Primeira Parte do estudo, mas que aqui é importante destacar. O real não é simples alteridade em afecção, mas é o real mesmo remetendo-nos, em sua própria formalidade, desde esta formalidade individual para sua atualidade campal e mundanal, para seu ser. Esta remissão física é uma remissão "desde" o que em impressão nos é presente; portanto, este "desde" é rigorosamente um *ex*. A apreensão primária do ser do substantivo é por isso "ex-pressão"; é o que está expresso na "im-pressão" de realidade. O caráter formal da ulterioridade apreendida em apreensão primordial é expressão. Na impressão mesma, apreende-se em *ex* o que nos está presente, apreende-se o impressivamente presente em sua física ulterioridade. É, se se quiser, uma espécie de empuxo físico da impressão desde ela mesma para seu ser. O *ex* pressupõe a impressão, e só se apreende nela; mas sua apreensão não é um segundo ato: é o mesmo ato em sua dimensão de ulterioridade oblíqua. Não é senão o *ex* da apreensão na própria impressão. Impressão e expressão são duas dimensões de uma mesma e única apreensão primordial de realidade: a dimensão de *in* (reta) e a dimensão de *ex* (oblíqua). Essas duas dimensões são congêneres, mas não são coordenadas: a expressão é somente da e na impressão mesma. Nesta expressão, o expresso é o ser para o substantivo. Expressão é um caráter físico da apreensão primordial de realidade. É um fisicamente estar expresso seu caráter de "estar sendo". O ser compete às coisas reais por si mesmas, ainda que não houvesse intelecção de nenhuma delas; mas, em sua intelecção, o ser do real é expressão. Na apreensão primordial de realidade, inteligimos a realidade em e por si mesma impressivamente; inteligimos nela o ser substantivo expressivamente. E como a ulterioridade é um momento físico do real – o real "está sendo" – sucede que não só expressamos a realidade em impressão, mas temos de expressá-la inexoravelmente. Ou seja, à apreensão primordial de realidade em impressão compete essencialmente sua expressão. Portanto, ao inteligirmos o real, cointeligimos necessariamente seu ser, sua atualidade mundanal.

Não é preciso advertir que se trata de uma expressão intelectiva. A expressão em toda a sua amplitude não é algo que se limite a expressar intelectivamente o real. Mas aqui tratamos da expressão tão somente como expressão intelectiva: é a estrutura formal da física ulterioridade do apreendido em impressão de realidade. Não será demasiado esclarecer um pouco o caráter desta expressão em que a intelecção do ser do substantivo consiste.

Em primeiro lugar, esta expressão, já o dizíamos, não é um segundo ato, como se fundados na apreensão do real executássemos "depois" o ato de expressá-la. Não se trata disso. Não é um segundo ato, mas uma segunda dimensão, a dimensão *ex* do mesmo ato apreensivo. Por isso, o que temos na expressão não é algo *expressado*;[3] a rigor, é algo *expresso*. O expresso da realidade em seu estar "sendo" é a apreensão da realidade em ser. Por isso a "realidade expressa" enquanto "expressa" é seu ser. *Expressão é, pois, atualidade ulterior expressa.*

Em segundo lugar, esta ex-pressão, por ser tão só a segunda dimensão do único ato apreensivo de realidade, é também de caráter simples, isto é, é uma dimensão imediata da apreensão primordial de realidade. Por ser imediata, é que não é uma espécie de afirmação latente (nem nada semelhante) de um "é". Não é predicação latente, mas dimensão intrínseca da apreensão primordial de realidade. O que há é que, como o "ex" é uma dimensão desta apreensão fundada na dimensão do "in", a apreensão do "ex" é oblíqua. A apreensão apreende de modo reto o real, mas o apreende também expresso em seu ser; portanto, o ser *está obliquamente apreendido*. Pois bem, obliquidade é expressão. Apreendemos de modo reto o real, e de modo

---

[3] Em português, a rigor, dever-se-ia pôr "expresso", particípio irregular que se usa com os auxiliares "ser" e "estar", enquanto o particípio regular "expressado" só se usa com os auxiliares "ter" e "haver". Mas fazê-lo, como se verá imediatamente, redundaria em tornar a passagem incompreensível. (N. T.)

oblíquo sua atualidade mundanal. Precisamente por isso é tão difícil distinguir ser e realidade. A história se encarrega de evidenciar essa dificuldade.

Em terceiro lugar, este caráter de expressão própria do ser não consiste em que aquilo de que é expressão, a saber, o real, seja algo formalmente significado pela expressão mesma. Não é assim. Ser não é significação nem sentido, mas o expresso *da* realidade. Que algo esteja expresso em alguma dimensão sua não quer dizer que estar expresso seja "significar". Não se trata de um ato de significação, mas de uma atualidade expressa. A rigor, não é tanto expressão quanto caráter expresso. Por isso, realidade não é significação do ser, mas, ao contrário, ser é o expresso da realidade em seu estar sendo, "sendo" quanto se queira, mas sendo num "estar". O ser se funda na realidade como o expresso em que está impresso. A realidade, como real, está sendo: é então a realidade que "é", e não é que ser seja realidade. Por isso, realidade não é a forma radical de ser. Em contrapartida, o que é verdade é que a forma radical de ser é o ser do substantivo.

Pois bem, a ratificação do real em sua atualidade intelectiva é a verdade real. Portanto, à verdade real compete essencialmente não só o "estar" sendo do real, isto é, a ratificação impressiva do real como real; mas também o estar "sendo", isto é, a ratificação de sua atualidade mundanal. A verdade real da intelecção é "ao mesmo tempo" verdade do real que "está" sendo e do estar "sendo" do real. São dois aspectos da verdade real, mas fundados numa ordem precisa: a verdade do sendo é o oblíquo da verdade do estar. Só a verdade do real enquanto real torna possível a verdade do real em seu ser do substantivo.

Mas o ser do substantivo, que é a forma radical do ser, não é a única forma do ser na intelecção. Qual é esta outra forma, e por que e como compete também necessariamente à intelecção humana do real?

b) *A intelecção da realidade em seu ser do afirmado.* Quando não só intelijo a coisa real em e por si mesma como real, mas a intelijo também entre outras coisas reais, aquela coisa real, como dissemos repetidamente, fica atualizada na intelecção em distância. A unidade do individual e do campal na realidade fica então incompacta, de certo modo distendida. Como a unidade de ambos os momentos é formalmente o que a coisa é "em realidade", sucede que no distanciamento o que a coisa é na realidade fica como problemático. Então, o campo de realidade se torna meio de intelecção no qual será inteligido o que a coisa é em realidade. Esta intelecção – já o vimos – é uma redução intencional da distância. Ao tomarmos distância, criamos simples apreensões, e na redução intencional voltamos dentro da realidade à coisa real, que fica então novamente atualizada, isto é, reatualizada, mas agora em ordem às simples apreensões. Esta intelecção, por ser uma intelecção já instalada formalmente no real como real, é por isso afirmação. O momento formal da afirmação é, portanto, a realização da simples apreensão na coisa real, uma realização na linha da atualidade intelectiva: é o que constitui o que a coisa real é em realidade. Ou seja, o termo formal da afirmação é o "em realidade".

Não é só isso o que há na afirmação. Porque o afirmado nela é certamente uma realização; e esta realização, como reatualização que é, compete como momento real à própria coisa atualizada. Mas então tenho de considerar não só o afirmado como momento do real, mas também o afirmado "enquanto afirmado" precisamente porque é uma intelecção distanciada. Não há apenas a realização da simples apreensão enquanto realização no real, mas também a realização mesma enquanto afirmada. O afirmado está inteligido, mas, quando o inteligimos, o afirmado está cointeligido enquanto afirmado. Se tomarmos, para maior clareza, o exemplo do juízo predicativo, a afirmação "A é B" consiste em primeira linha, de modo reto, em afirmar a realização de B em A; mas consiste também em afirmar, se bem que de modo oblíquo, que esta realização está inteligida, quer dizer, que esta realização "é" no real. A afirmação cointelige que o afirmado é algo formalmente inteligido enquanto afirmado. A afirmação acontece sempre como unidade dos foros da inteligência e do que a coisa é "em realidade". E esta unidade é por um lado afirmação do que a coisa é "em realidade", mas por outro é a afirmação de que esta unidade "é". O "é" da realização expressa a atualidade intelectiva em sua unidade. Além da realização de modo reto, a afirmação intelige de modo oblíquo que esta realização está inteligida no real; e este estar é o que afirmativamente constitui o "é". O "é" é o *ser do afirmado* do real "enquanto afirmado". Este ser não é certamente o ser do substantivo, porque o ser do substantivo concerne ao real por ser "real", enquanto o ser do afirmado não concerne ao "real", mas ao que o real é "em realidade". Voltarei, em seguida, a este ponto, porque antes é preciso esclarecer mais detidamente o que é este ser do afirmado.

Em primeiro lugar, o ser do afirmado expressa, como venho dizendo, de modo oblíquo que o que a coisa é "em realidade" está inteligido. Neste aspecto, o ser do afirmado é expressão. E é assim no sentido anteriormente explicado: o ser do afirmado enquanto afirmado está expresso na afirmação mesma. Mas em que consiste este estar expresso? É o que se tem de esclarecer.

Em segundo lugar, portanto, a índole desta expressão, deste "estar expresso". Só vendo isso teremos visto o que é o ser do afirmado. Ao se inteligir uma coisa real não em e por si mesma, mas "entre" outras, é necessário recordar que o "entre" tem pelo menos três funções. Tem uma função constitutiva (*ratio essendi*) na coisa e que constitui sua *distinção* de outras. Tem, além disso, uma função intelectiva (*ratio cognoscendi*) que constitui não sua distinção, mas o *distanciamento* intelectivo de uma coisa com respeito às outras. Tem finalmente uma função atualizante (*ratio actualitatis*), o modo de atualizar uma coisa "entre" outras quando aquela é inteligida em distância. A primeira função concerne à realidade; a segunda, concerne à afirmação; a terceira, concerne à atualidade intelectiva do real na intelecção. Para o nosso problema, só interessam agora a segunda e a terceira funções. Estas duas funções têm uma articulação precisa. O distanciamento é um ato de retração em que elaboramos simples apreensões. Sua atualização no real, a terceira função, tem então dois aspectos. Antes de tudo, o aspecto mais visível: é um respeito da coisa ao simplesmente apreendido. É o que constitui o afirmado, porque o afirmado é realização do simplesmente apreendido. Mas, para que isso possa acontecer, é necessário pressupor que a intelecção é levada a efeito em distância. Então, a respectividade à simples apreensão (terceira função) repousa sobre a respectividade ao distanciamento mesmo (segunda função). Esta respectividade não é a reatualização, porque a reatualização concerne ao real com respeito à simples apreensão. É algo prévio: é a respectividade à intelecção distanciada enquanto distanciada, é a respectividade à intelecção mesma do que a coisa é "em realidade". Se a intelecção não fosse distanciada, isto é, senciente, não haveria lugar para falar do que algo é "em realidade"; não haveria senão "realidade". Portanto, todo o real inteligido em distância é constitutivamente respectivo enquanto distanciadamente inteligido. E esta respectividade à intelecção em distanciamento (do que algo é "em realidade") é o que constitui o que chamo de *mundo intelectivo*. É mundo por homologia com o mundo real, que é respectividade do real enquanto real. Mas o mundo intelectivo não é o mundo do real; é somente o mundo do "em realidade". Pois bem, o *afirmado* é o que a coisa real é em realidade; e o "afirmado" enquanto afirmado é a atualidade do "em realidade" na respectividade ao mundo intelectivo, é um modo de ser. E esta atualidade é o que constitui o "ser do afirmado". O ser afirmado é a atualidade no mundo intelectivo do que a coisa é em realidade. E, como na afirmação esta atualidade sai (*ex*) da realização mesma, sucede que o ser do afirmado consiste em ser o "expresso" do que a coisa é em realidade como atualidade no mundo intelectivo.

Para evitar falsas interpretações, convém insistir em dois pontos.

Antes de tudo, *mundo intelectivo* nada tem que ver com o que classicamente foi chamado de *mundo inteligível*, uma noção cunhada por Platão (*tópos noetós*) e que é peça essencial em Leibniz e em Kant. O mundo inteligível é um mundo de necessidades estritas do concebido, e neste sentido é um mundo de verdades absolutamente necessárias. É um segundo mundo *junto ao mundo sensível*, e está acima deste como um *a priori* seu. Mas esse mundo, penso eu, não existe. Não existe senão um só mundo, o mundo real. E, como o real está atualizado em formalidade de impressão de realidade numa intelecção senciente, sucede que o mundo real é "ao mesmo tempo" e radicalmente algo inteligido e sentido. Mas não é só isso. É que o mundo intelectivo não é constituído tão somente pelo conteúdo objetivo de simples apreensões (sejam conceitos, fictos ou perceptos). Este conteúdo é no máximo uma parte do mundo intelectivo. Mas o que formalmente constitui o mundo intelectivo é a respectividade do "em realidade". Nesta respectividade, a simples apreensão não entra em razão de seu conteúdo, mas no máximo por seu formal momento de realidade, quer dizer, por ser o que o real "seria". "Seria" não significa que o que apreendemos seja realidade apenas aproximativamente. Não é isso. Ainda que um conceito estivesse formal e exaustivamente realizado no real, seu caráter de conceito consistiria sempre em ser formalmente um "seria" do real, porque o "seria" é a direção ao real. Pois bem, o "seria" se funda no distanciamento, como fundamento, como princípio, por sua vez, da intelecção do que as coisas são "em realidade". A este "em realidade" não compete somente a simples apreensão (nem como conteúdo nem como "seria"); compete-lhe também e sobretudo sua atualização. E esta respectividade radical do "em realidade" ao distanciamento é o que formalmente constitui o mundo intelectivo. Nada que nem remotamente tenha a ver com o mundo inteligível da filosofia clássica.

Mas é preciso considerar um segundo ponto. O mundo real pertence ao real enquanto real; e esta respectividade faz com que o real seja mundo. Mas o mundo intelectivo não pertence ao real enquanto real. Só pertence ao real, primeiramente, enquanto realmente inteligido; ademais, só pertence ao real inteligido enquanto realmente inteligido em distância. E, como este distanciamento é um momento formal, mas exclusivo, da inteligência humana por ser inteligência senciente, sucede que só com respeito a uma inteligência humana, isto é, senciente, há mundo intelectivo. Para uma inteligência que inteligisse o real em e por si mesmo exaustivamente, não haveria afirmações nem mundo intelectivo. Isto não constitui subjetivismo de espécie alguma, porque a inteligência é sempre atualização do real. E esta atualização tem duas dimensões: a dimensão do "real" e a dimensão do "em realidade". Que esta dualidade só se dê com respeito à inteligência humana não significa que cada um de seus dois termos não seja mera atualização do real. O mundo intelectivo é uma atualização do real numa inteligência que intelige em movimento intelectivo, numa inteligência senciente. O mundo intelectivo é o mundo do "em realidade" próprio do mundo "real". Esta dualidade é uma dualidade na linha da atualização intelectiva, e portanto nada tem que ver com nenhum subjetivismo.

Definitivamente, a atualidade do real no mundo intelectivo é o *ser do afirmado*. E é preciso destacar agora muito tematicamente dois caracteres constitutivos do ser do afirmado.

aa) O ser do afirmado certamente não é o ser do substantivo. Mas tampouco é mero ser copulativo. Primeiro, porque o ser do afirmado pertence a toda e qualquer afirmação, e não só à afirmação predicativa, a única que tem ser copulativo. Segundo, porque o ser do afirmado não concerne à intelecção mesma enquanto intelecção, mas somente ao afirmado enquanto afirmado nela. Portanto, a meu ver, trata-se de uma peculiar divisão do ser, diferente da clássica. Classicamente dividiu-se o ser em ser substantivo e ser copulativo. Esta divisão é inadmissível: porque o ser substantivo não consiste, como se pensa classicamente, em ser real (o ser substantivo é somente a atualidade ulterior do real no mundo), e porque o ser copulativo não abarca todas as formas de afirmação. Deve-se estabelecer a divisão entre duas formas de ser: ser do substantivo e ser do afirmado. Ambos são "o expresso": o primeiro é o obliquamente expresso na apreensão primordial de realidade; o segundo é o obliquamente expresso do que a coisa é em realidade. E, como esta dualidade se funda no caráter atualizante de uma intelecção senciente, surge inexoravelmente a questão de qual é a unidade dos dois modos de ser, isto é, a questão de por que são "ser".

Para poder entrar nela, porém, é preciso considerar antes um segundo caráter peculiar do ser do afirmado, extremamente importante, e que precisa com mais rigor o problema da unidade do ser.

bb) O ser do afirmado é a atualidade do real no mundo intelectivo, no mundo do "em realidade". E este ser é o expresso na afirmação. Pois bem, isto envolve um grave problema: o problema do juízo negativo. Porque a afirmação e o afirmado são algo oposto à negação e ao negado. Com o que pareceria suceder, primeiro, que não é verdade que a intelecção em distância consista em ser afirmação – poderia ser negação – e, segundo, que o expresso nem sempre "é" – poderia ser "não é". É todo o problema da negação e do negativo. Isto não é uma vã sutileza, mas, como veremos, é algo que afeta o que é mais essencial em algumas grandes filosofias.

Há, com efeito, um grave equívoco na ideia de "afirmação". Afirmação pode ser certamente o oposto de negação. Neste sentido, seria absurdo pretender que a intelecção em distância seja constitutiva afirmação. O que sucede é que não é esta a ideia radical de afirmação. Radicalmente, afirmar não consiste senão em inteligir distanciadamente na realidade de algo o que este algo é em realidade. Neste segundo sentido, a afirmação não se opõe a nada; apenas se distingue da apreensão primordial de realidade. A apreensão primordial de realidade é intelecção compacta do real em e por si mesmo, uma apreensão que traz expresso o ser do substantivo. Por sua vez, a afirmação é incompacta e traz expresso o ser do afirmado. Aqui falamos da afirmação somente no segundo sentido. E é essencial manter isto energicamente na mente. Ainda quando se afirma predicativamente "A não é B", a afirmação mesma é a afirmação de que isso "é" assim. Por conseguinte, o "não é" não concerne à afirmação mesma no segundo sentido. Afirmar algo no primeiro sentido é o mesmo que afirmar que este algo "é". Esta mesmidade (*tautón*) foi a célebre tese de

Parmênides, se bem que numa dimensão e num aspecto completamente diferentes do que constitui o que chamo de "ser do afirmado". Porque Parmênides refere a mesmidade à mesmidade da *intelecção* e do "é" (o que já vimos ser impossível). Mas Platão interpreta a mesmidade como mesmidade de *afirmação predicativa* e do "é". Para simplificar a frase, em vez de afirmação predicativa falarei simplesmente de afirmação, mas entenda-se que me refiro tão somente à afirmação predicativa. Por outro lado, em vez do "é", deve-se dizer "é em realidade"; mas pelo mesmo motivo falarei tão somente do "é". Suposto isso, para Parmênides nunca se poderá conhecer nem expressar enunciativamente o "não ser". O ser, e só o ser, "é".

No entanto, todos e o próprio Poema de Parmênides empregam continuamente – como não se pode deixar de fazer – frases e juízos negativos, afirmações de que o ser "não é" isto ou aquilo.

Apesar disso, continuo pensando que a afirmação é uma intelecção em distância na qual inteligimos o que algo "é" em realidade. Afirmar é sempre e somente afirmar "é". Mas uma coisa é *afirmar*, e outra é o caráter do *afirmado* enquanto afirmado. Pois bem, ainda que afirmar seja sempre e somente afirmar "é", o afirmado pode consistir num "é" ou num "não é". Este "não é" é o que se costuma chamar de negativo. É claro que, se afirmo o negativo, afirmo que algo "é" justamente negativo. O que sucede é que então o oposto da negação e do negativo não pode ser chamado de afirmação, como se o negativo se opusesse ao afirmativo. Isso é insustentável, sob pena de se manter sempre um grave equívoco. Ao negativo (não ser) o que se deve opor é o positivo (ser), e não o afirmativo. Por isso, toda afirmação consiste em afirmar "é", mas este ser afirmado pode ter caráter positivo ("é") ou negativo ("não é"). A meu ver, todas as negações do Poema de Parmênides são negações tão somente no caráter do afirmado, mas não na afirmação mesma.

Afirmação, portanto, tem na nossa linguagem dois sentidos completamente diferentes. Significa por um lado a intelecção do real em distância, e significa por outro lado o positivo de algumas afirmações. Confundir os dois sentidos da afirmação foi a raiz de graves consequências filosóficas. Tudo quanto dissemos ao longo deste livro concerne tão somente à afirmação, não ao positivo.

Dessa forma, temos o seguinte esquema: 1: ser do substantivo, e 2: ser afirmado, que, por sua vez, pode ser: a) positivo e b) negativo.

Mas isso suscita, pelo mesmo motivo, duas graves questões. Em primeiro lugar, a questão de em que consiste formalmente a dualidade "ser e não ser" como dualidade entre o positivo e o negativo no próprio afirmado. É o problema do negado. E, como o afirmado mesmo, quer dizer, o "ser afirmado", consiste apenas em "é", surge a segunda grave questão, a de qual é a estrutura interna do ser afirmado em sua dupla dimensão de ser e não ser.

Primeira questão: em que consiste formalmente a dualidade "positivo e negativo", isto é, a dualidade "ser e não ser" no próprio afirmado. Embora para maior facilidade de expressão eu dê, como disse, exemplos de juízo predicativo, o problema se refere a toda e qualquer intelecção afirmativa, seja ou não predicativa. Que se entende por não ser?

À primeira vista, poder-se-ia pensar que não ser consiste em afirmar de A, em vez do que é, a saber, B, algo que não é; por exemplo, C. Ao afirmar "A é C", afirmo algo que não é. Neste aspecto, o não ser consiste em erro, e o erro mesmo seria "não ser" por ser *alteridade*. É o que pensou Platão: afirmar o que não é, é afirmar de algo "algo diferente" do que é. O não ser é *to héteron*. O mesmo pensava o príncipe dos vedantistas, Sankara. O erro consistiria em "sobre-imposição" (*adhyasa*), isto é, em transferir para uma coisa uma noção que só convém a outra. Mas isso não é suficiente. Porque o juízo negativo mesmo, ao afirmar de algo que "não é", pode ser perfeitamente verdadeiro; pode ser verdade que "A não é B". E neste caso a negação não é alteridade. Ademais, não se trata de que a coisa seja (ou não seja) o mesmo que o que lhe é atribuído, ou algo diferente, mas trata-se da *afirmação* mesma segundo a qual a coisa "não é", independentemente de que esta afirmação seja ou não errônea. O não ser não é alteridade, mas uma dimensão do afirmado mesmo enquanto afirmado: é afirmar "não é".

No entanto, isso não é suficiente. Porque afirmar "não é" pode significar que negamos que "A é B". Neste caso, a negação seria negação de uma afirmação, seria uma *cópula negada*: nega-se que A "é" B. Mas isto não é exato. Nem toda negação é negação de uma afirmação, mas a negação é sempre em si mesma negativa; não é cópula negada, mas *cópula negativa*. Dito em termos absolutamente gerais, trata-se não de uma afirmação negada, mas de uma afirmação negativa. Que é formalmente este negativo, que é formalmente este "não é" – esta é a questão.

Recordemos o tantas vezes dito. A intelecção afirmativa é intelecção em distância, intelecção distanciada do que a coisa, já inteligida como real, é "em realidade". Não se trata de que nos distanciamos da realidade, mas de que nos mantemos nela. Portanto, toda intelecção afirmativa é uma intelecção na realidade. Como o negativo é um modo desta intelecção, sucede que o "não é" não consiste em irrealidade. O "não é" não consiste em alteridade nem em irrealidade. O que o distanciamento faz é desdobrar a coisa real; é o desdobramento de "realidade" e "em realidade". Este desdobramento abre, portanto, como eu já dizia, uma espécie de *vacuidade* no real: é a vacuidade do "em realidade". É claro que esta vacuidade é meramente intelectiva; não concerne à realidade física da coisa, mas tão somente à sua *atualização* distanciada. A intencionalidade afirmativa é um movimento intelectivo nesta vacuidade. Com isso fica cingido o nosso problema: a intelecção afirmativa é em primeira instância uma intelecção em distância; é em segundo lugar a abertura de uma vacuidade, a vacuidade do "em realidade"; e é finalmente uma atualização do real nesta vacuidade por um movimento intelectivo. Portanto, perguntarmo-nos o que é o "não é" é perguntar por um modo de atualização em movimento da coisa real na vacuidade do "em realidade".

Para conceituar esta atualização, é preciso não esquecer que se trata constitutivamente de uma atualização com respeito a simples apreensões, elaboradas na tomada de distância. Que são estas simples apreensões? Seu conteúdo, já o vimos, é de tipo muito variado: percepto, ficto, conceito. Mas não é este conteúdo o que constitui formalmente a simples apreensão, e sim sua intrínseca e peculiar dimensão de realidade: o "seria". O "seria" não é a realidade que é, mas é, na realidade, a versão distanciada do que a coisa real é "em realidade". A distância, como eu já disse, abre na realidade uma vacuidade, e esta vacuidade é a vacuidade do "seria" com respeito ao que a coisa é. A vacuidade do "seria" é, por esse motivo, a atualização da coisa segundo uma dupla possibilidade: a possibilidade de ser ou a possibilidade de não ser a atualização de determinada simples apreensão. O distanciamento, e portanto a vacuidade, é o fundamento desta duplicidade de atualização do real no movimento intelectivo. Se lançarmos mão de uma expressão corrente, ainda que muito inexata, e chamarmos de "ideia" todas as simples apreensões, diremos que para Platão o reino das Ideias é o reino da realidade plenária (ele chamava de *óntos ón* a *ousía* da Ideia). Para Aristóteles, em contrapartida, o reino das ideias é o reino do abstrato. Não compartilho nenhuma dessas conceituações. Sem dúvida, a ideia não é em e por si mesma realidade, mas tampouco é um abstrato. Primeiramente, porque a ideia, neste sentido de simples apreensão, nem sempre é abstrata; pode ter a concreção do ficto, e sobretudo a radical concreção do percepto, ponto em que a filosofia clássica escorregou constantemente. Mas, ademais e sobretudo, porque a ideia não é o reino da realidade nem o reino do abstrato: é o reino do "seria". Toda ideia está formal e constitutivamente vertida para a realidade de que é ideia, e esta versão é o "seria". Portanto, o reino das ideias, em seu "seria", constitui uma dupla possibilidade de atualização: ou o real atualiza a simples apreensão (a ideia), ou não a atualiza. É a atualização positiva ou negativa. São duas possibilidades *congêneres*, precisamente porque constituem a dupla dimensão do "seria", sua dupla dimensão estrutural. O negativo não se funda no positivo nem o positivo no negativo, mas ambos se fundam no "seria" da simples apreensão enquanto tal.

Suposto isso, perguntamo-nos que é esta atualização que chamamos de negativa. Tem diferentes momentos que é preciso distinguir cuidadosamente.

aa) Tomemos esta folha de papel. Suponhamos que não é verde. Isso significa antes de tudo que o verde, o verdor, não está atualizado neste papel. Mas isto não é suficiente para o "não é". Porque não se trata de que esta folha de papel não tenha verdor, mas de que este "não ter", este não estar atualizado, se torne um modo de atualização intelectivo. Não se trata de que o verde *não seja atual*, mas da *atualização deste "não"* enquanto tal.

bb) Trata-se, portanto, não de não ser atual, mas da intelecção da atualidade deste "não". Para entendê-lo, pensemos que a intelecção afirmativa é distanciada, e que portanto há antes de tudo o momento de aporte das simples apreensões para a intelecção do que a coisa é em realidade. No nosso caso, forneço a simples apreensão do verde. Vejo que não está atualizado neste papel. Mas este ver não é uma negação; é a mera constatação intelectiva da não atualização. A negação é tão só uma qualidade do movimento intelectivo. Ante a não atualização do verde, a inteligência leva a efeito uma espécie de movimento "aversivo" do verde na coisa. Não se trata de um movimento da inteligência enquanto executa um ato, quer dizer, não se trata de um movimento "físico". Trata-se do movimento intelectivo enquanto intelectivo, enquanto inteligência em movimento a atualidade do inteligido. O movimento aversivo é uma aversão intencional: é um positivo ato de *intenção aversiva*. É o que o grego expressava com a preposição *apó*, em latim *ab*. Por isso a intelecção neste *apó* é *apó-phasis*, negação. Não só nela se constata a não atualização, mas a aversão mesma consiste na positiva intelecção do "não" da "não atualização". Com isso, a mera constatação de "não atualização" tornou-se intelecção aversiva, isto é, "atualização do não". A *não atualização* é agora *atualização negativa*. É a intelecção intencional em *apó*. Mas isso, que é absolutamente necessário, no entanto ainda não é suficiente para que formalmente haja negação.

cc) Porque o movimento intelectivo é constitutivamente um movimento intencional de afirmação, ou seja, é intelecção de um "é". Pois bem, com o dito teríamos, no máximo, o "não-ser" enquanto tal. Mas isso não é uma negação. A negação é a afirmação de que este não-ser "é". Quer dizer, a negação e o negativo nela não consistem em "não-ser", mas em "ser-não". A atualização negativa é a atualização do não-ser "enquanto afirmado". A negatividade em questão é "ao mesmo tempo" a "não-atualização" e a atualização do "não" e o "ser-não" desta atualização: eis aqui a essência do negativo e da negação. O "não-é" não é mera alteridade nem é irrealidade, nem mera atualização de um "não", mas é o "ser-não" da coisa enquanto atualizada com respeito a determinada simples apreensão. A afirmação recai de modo reto sobre a atualização do "não" no real inteligido, mas por isso mesmo expressa de modo oblíquo o afirmado enquanto afirmado, isto é, o "ser-não" do afirmado. Mas, então, o "não" se inscreve no "ser" assim como o "sim". Em que consiste esta inscrição? É a segunda questão.

Segunda questão: A estrutura interna do ser do afirmado. Este "ser" em que se inscreve o "não" é o ser do afirmado, não é o ser do substantivo. Portanto, não se trata de admitir simplesmente o ser do não ser, como pretendia Platão em seu célebre "parricídio" (*patraloía*) de Parmênides. Para Platão, a Ideia é realidade plenária, *óntos ón*, e portanto admitir a ideia do não-ser é para Platão admitir o ser do não-ser, a realidade mesma do não-ser. Mas o "não-ser" é um "ser-não" do afirmado enquanto tal, e portanto o ser do não-ser em questão compete tão só ao ser do afirmado, e não simplesmente ao ser. Pois bem, o "ser-não" é uma das duas possibilidades congêneres do "seria", junto à de "ser-sim", por assim dizer (*katáphasis*). Donde resulta que tudo o que dissemos da negação se aplica agora, com a simples modificação do signo, à intelecção não aversiva, mas "conversiva", ao positivo "sim é". O positivo não é o afirmado enquanto tal, mas o afirmado conversivamente, assim como o negativo é o afirmado aversivamente. Dizer que este papel é branco não só consiste em inteligi-lo como tendo esta qualidade, mas em afirmar que é "positivamente" o branco de minha simples apreensão. O positivo é o inteligido no momento conversivo do afirmado. Portanto, é o ser do afirmado mesmo que tem os dois momentos do "não" e do "sim".

O ser do afirmado é o ser do "em realidade". Este "em realidade" é justamente a vacuidade que o desdobramento de uma coisa entre outras abre naquela ao ser atualizada. Esta vacuidade não é vacuidade *de* realidade, mas é vacuidade *na* realidade. A vacuidade consiste no "em realidade" da realidade individual. Portanto, ao inteligirmos algo em movimento distanciado, já inteligimos a vacuidade mesma não como algo que não é real, mas como algo que é no real. E precisamente por isso a intelecção em vacuidade intelige de modo oblíquo a vacuidade mesma como atualidade no real. E isso é o ser do afirmado. O ser do afirmado é o ser da vacuidade do "em realidade". Pois bem, a vacuidade enquanto tal, repito, não é ausência de realidade, muito pelo contrário: é um momento do real atualizado. A vacuidade é, portanto, o campo do "em realidade" aberto ao que "seria" o real. A vacuidade é por isso abertura do ser do afirmado mesmo em suas duas dimensões positiva e negativa. Vacuidade é abertura, e precisamente por isso a atualidade do real nela é aberturalidade do ser do afirmado. É por isso que o ser do afirmado tem inexoravelmente as duas possibilidades: o ser-não e o ser-sim. A vacuidade é o âmbito do movimento intelectivo; portanto, é o âmbito da cointelecção do ser afirmado. E a intelecção do real nesta vacuidade é por isso cointelecção de seu ser em sua dupla dimensão positiva ou negativa. Ser "em realidade" é ser aberto a "ser sim" e a "ser não". O mundo intelectivo é o mundo do "sim e não" do que o real é em realidade. É, no fundo, o mundo da problematicidade mesma do real. Aí está a interna articulação do positivo e do negativo no ser do afirmado.

Com isso, já dissemos o essencial do ser do afirmado, diferentemente do ser do substantivo.

Mas não se trata de uma diferença em contraposição, porque ambos são "ser". Então, como eu já disse há pouco, assalta-nos inexoravelmente a pergunta de em que consiste na intelecção a unidade do ser do substantivo e do ser do afirmado.

c) *A unidade do ser na intelecção.* Para vermos esta unidade, bastar-nos-á recolher sistematicamente o que já dissemos nas últimas páginas.

A filosofia clássica identificou o ser substantivo com a própria realidade: seria o *esse reale*. É o que chamei de *entificação da realidade*. Por outro lado, identificou o que aqui chamamos de ser do afirmado com o ser da predicação, com o "é" copulativo. É o que chamei de *logificação da intelecção*. Isto, como já vimos, é falso. O ser do substantivo não é a realidade substantiva, mas o ser da substantividade real; o ser é "do" real, mas não é o real mesmo. Portanto, substantividade real e ser do substantivo não se identificam. Por outro lado, o ser do afirmado não é formalmente idêntico ao "é" copulativo, porque nem toda afirmação é predicativa. Mas, partindo dessas duas identificações, quer dizer, partindo da entificação da realidade e da logificação da intelecção, que correram ao longo da história da filosofia, algumas grandes filosofias conceituaram que a unidade das duas formas de ser é, por sua vez, uma unidade de identidade. É a identidade da entificação da realidade e da logificação da intelecção. É a terceira e mais radical identificação nestas filosofias: à identidade do ser do substantivo com a realidade e à identidade do ser do afirmado com o ser copulativo, as filosofias em questão acrescentam a identidade destas duas identidades: seria a identidade entre o ser do substantivo e o ser do copulativo. Esta identidade formal completa constituiria a unidade do "ser". Tanto o ser substantivo quanto o ser copulativo são identicamente seres. "Ser" constituiria então o domínio da identidade. E esta foi uma conceituação de enormes consequências, porque ao se conceituar identicamente o ser do substantivo e a realidade substantiva por um lado, e por outro ao se conceituar identicamente o ser do afirmado e o ser copulativo, a identidade das duas formas de ser se mostra decisiva para a conceituação da intelecção mesma e para a realidade. Certamente essa identidade não é necessária, mas convenhamos que é muito difícil de evitar no curso da entificação da realidade e da logificação da intelecção.

Platão não conceitua tematicamente esta identidade. Ao tratar do ser, trata *indiscernidamente* o ser do real e o ser copulativo. Basta-lhe que em ambos os casos se trate do *eînai*, *esse*, ser. Em Platão não se trata tanto de uma identificação expressa, mas de um grave indiscernimento. E esse indiscernimento é o que podemos qualificar com o vocábulo com que Simplício expõe a filosofia de Parmênides. Para Simplício, o *ón* é entendido por Parmênides como *monakhós*, de um só modo. Não discernir, e portanto conceituar como mesmo, o "ser" quando se fala do ser real e do ser copulativo leva aos conceitos mais conhecidos da filosofia de Platão. O não discernir entre "é" e "realidade" o levou ao mesmo tempo a uma teoria da intelecção (a intelecção é "visão" do real, é Ideia) e a uma teoria do real mesmo (a realidade é o "visto" mesmo, é a Ideia mesma). O não discernir entre o ser real e o ser copulativo o levou a dois pensamentos capitais que em Platão são "ao mesmo tempo" uma teoria da intelecção e uma teoria do real centrada em dois conceitos: a realidade do não-ser e a comunidade (*koinonía*) das diferentes ideias entre si e com a intelecção. É a estrutura unitária do real (o real "é" e "não é") e da afirmação (comunidade entre predicados e sujeito real). É a filosofia do indiscernimento dos dois tipos de ser, do ser real e do ser copulativo. Mas, a meu ver, este indiscernimento transcorre no estrato mais profundo da entificação da realidade e da logificação da intelecção. E isso é impossível. O ser não é a realidade, e a afirmação não é predicação. Nem o real nem o ser afirmado são constituídos por comunidade de notas ou de gêneros como dizia Platão.

O indiscernimento platônico torna-se positiva identidade entre o ser real e o ser copulativo na filosofia moderna. Nesta identidade pode-se partir do ser real, e então o ser copulativo tem a estrutura que lhe impõe a estrutura do ser real: foi a filosofia de *Leibniz*. O real é uma substância "una" (mônada), cuja unidade consiste em *vis* de unidade de união e separação dos "detalhes" que constituem aquela unidade monádica do real. O juízo predicativo é a forma intelectiva desta estrutura monádica do real: é por isso que o juízo é complexão ou copulação. O "é" copulativo é a intelecção adequada do que é a realidade em si mesma. Visto desde a intelecção: a intelecção tanto conceptiva quanto afirmativa é uma intelecção do que é a realidade em si mesma. É o que é chamado de "racionalismo". Isso é impossível. A afirmação não é complexão, como pretendia Aristóteles e como repete até a exaustão Leibniz. Mesmo no caso, porém, da afirmação predicativa, sua complexão não consiste em *atividade unitiva*, mas em *atualidade* de realização. Não é a estrutura do real o que determina a estrutura predicativa da intelecção. A primeira é questão de atuidade; a segunda é questão de atualidade. Uma vez mais, a falha radical desta identificação resulta da entificação da realidade e da logificação da intelecção. O racionalismo consiste em afirmar a identificação da entificação e da logificação, fundada esta naquela.

Esta identidade pode ser levada por outra rota: o ser real é primária e radicalmente um momento do ser afirmado. O "ser" é o elemento do pensar, e o movimento do pensar é "ao mesmo tempo" movimento estruturante do real como algo "posto" pelo pensar mesmo. Foi a filosofia de *Hegel*. Ser real é "uma" determinação do ser simplesmente como ser pensado: é o idealismo. O idealismo consiste, a meu ver, na identificação do ser real com o ser do afirmado, fundado aquele neste. Em Leibniz o ser real modela a intelecção; em Hegel o ser do afirmado (inteligido ou pensado, o vocábulo é indiferente) vai constituindo dialeticamente o ser do real. Dialeticamente porque o movimento do pensar consiste em partir da "posição" do ser, e esta posição é, no fundo, "juízo". O pensar constitui assim em Hegel a gênese lógica do ser em todas as suas formas. Dialética é para Hegel um movimento interno do inteligir enquanto tal. E, por ser intelecção do "ser", esta dialética é uma dialética do ser mesmo. Isso, como veremos em seguida, é impossível, porque o movimento dialético não repousa sobre si mesmo. Primeiramente, porque não recai sobre o ser, mas sobre o real, e em segundo lugar porque o real mesmo não é primariamente inteligido em movimento nem como posição em movimento.

Platão, Leibniz, Hegel puseram em marcha a identidade entre ser real e ser copulativo. A entificação do real e a logificação da intelecção são os dois fundamentos da filosofia clássica, que não por acaso conduziram tanto ao racionalismo ontologista como ao idealismo. Mas isso é insustentável. O ser tem formas que são diferentes, mas que têm a unidade daquilo segundo o qual todas estas formas são formas de "ser". É preciso então enfrentar positivamente o problema desta diferença e de sua unidade.

aa) *A diferença entre o ser do substantivo e o ser do afirmado.* O ser do substantivo, repitamo-lo, não é a realidade substantiva. O substantivo "está sendo" é a expressão em que a realidade é designada no "estar", e em que o ser é designado no "sendo". Ser não é, portanto, algo acidental, porque o real está sendo "de seu". Por isso não há "ser real", mas "realidade em ser", como venho dizendo ao longo de todas estas centenas de páginas. Por outro lado, toda coisa real o é entre outras com respeito às quais esta coisa é o que é "em realidade". Eis a diferença radical: o ser como ser da "realidade", e o ser como ser do que é "em realidade". O primeiro é o ser do substantivo, o segundo é o ser afirmado. E ambos são "estar sendo": ou se está sendo como pura e simples realidade, ou se está sendo como afirmando-se segundo o que se é em realidade.

Esta diferença é, pois, uma diferença no "estar sendo". Portanto, é na unidade do estar sendo que se encontra constitutivamente a unidade do ser. Em que se funda esta diferença? E em que consiste então a unidade do ser neste fundamento?

bb) *Fundamento na diferença.* A diferença entre ser do substantivo e ser do afirmado é, como acabamos de dizer, uma diferença que compete ao real, mas que lhe compete de modo diferente em cada caso. O ser do substantivo compete ao real só por ser real. E, ainda que não houvesse intelecção, haveria e há em todo o real um ser do substantivo. Mas o ser "enquanto tal" do substantivo não consiste somente no "ser do substantivo", mas no "enquanto tal" deste ser. E este *"enquanto tal"* não se dá senão na intelecção do real. Esta intelecção é impressão de realidade. Por outro lado, o ser do afirmado compete certamente ao real, mas ao real segundo seu "em realidade" entre outras coisas reais. Pois bem, este "entre" é aqui uma função intelectiva do que o real é em realidade. E, neste aspecto, o "entre" compete ao real inteligido num movimento que intelige uma coisa entre outras. Donde resulta que o ser, tanto o ser do substantivo quanto o ser do afirmado, remete (se bem que de formas diferentes) à intelecção mesma, a uma intelecção que envolve constitutivamente essa dupla possibilidade de apreender o real em e por si mesmo, e de apreender o real como algo que é "em realidade" entre outras coisas reais. Esta dupla possibilidade só compete à intelecção senciente. A impressão de realidade tem, de fato, os dois momentos de formalidade individual e de formalidade campal, cuja unidade na formalidade de realidade constitui o que a coisa é "em realidade". Portanto, na unidade de formalidade de realidade na impressão é que está constituída como em seu fundamento a unidade do ser do substantivo e do ser do afirmado. Uma intelecção que não fosse senciente ao apreender o real não teria a dualidade do ser enquanto tal do substantivo e do ser do afirmado. O que significa que esta diferença e, portanto, esta unidade não se dão dentro do ser do substantivo. Este ser não tem diferenciação nenhuma nesta linha. É uma diferença que se dá só no "estar sendo", entre o ser do substantivo "enquanto tal" e o ser do afirmado "em realidade". É uma diferença que se dá, pois, dentro da intelecção senciente e que pertence ao real na ordem da atualidade. O real fica atualizado em intelecção senciente como "real" e como o que é "em realidade". Ter identificado estas duas atualidades entre si depois de ter identificado a atualidade com a atuidade é também o que conduziu ao racionalismo e ao idealismo. A raiz interna da identificação dessas duas atualizações se encontra no considerar que o ser é algo entendido. Mas isso, como já vimos, não é assim. O ser não é formalmente algo *entendido*, mas algo formalmente *sentido* em impressão de realidade. E este ser sentido, este ser em impressão, é o que se divide em ser do substantivo enquanto tal e em ser afirmado.

Suposto isso, em que consiste a unidade do ser do substantivo enquanto tal e do ser afirmado?

cc) *Unidade do ser do substantivo enquanto tal e do ser do afirmado*. A unidade em questão reside em que ambos são "ser". Todo o problema fica então referido à unidade de "realidade" e de "em realidade". Evidentemente esta unidade é a própria formalidade de realidade, *d*a qual e só *d*a qual é ser o ser: é o ser do real. A unidade do ser é portanto a unidade do "de". Pois bem, esta unidade do ser *d*o real inteligido tem uma estrutura própria que é preciso recordar.

O *caráter formal* do ser tem três momentos. Em primeiro lugar, o ser *é atualidade*. Não é portanto um momento formal ou constitutivo do real como real, mas a atualidade mundanal do real. Esta atualidade se reatualiza na intelecção senciente, porque o mundo é apreendido sencientemente como campo.

Esta atualidade dá lugar a um segundo momento: *ser é atualidade ulterior*. A ulterioridade: aí está o segundo momento formal do ser. Por ser atualidade mundanal, o ser pressupõe a respectividade mundanal do real. Esta respectividade é por um lado a respectividade do real enquanto real (mundo), e por outro a respectividade às demais coisas reais que, apreendidas impressivamente, constituem o mundo intelectivo. Não são dois mundos. Não é senão um só mundo, o mundo real, mas este mundo tem dimensões próprias segundo se olhe para o mundo real do que é "real" ou para o mundo real do que é "em realidade". A ulterioridade do ser consiste na atualidade do real nessa respectividade que constitui o mundo. E ser é "estar no mundo", sendo real *simpliciter* ou sendo "em realidade" o que o real é. Pois bem, esta atualidade, por ser ulterior, não é formalmente idêntica ao real, mas o real está realmente no mundo, quer dizer, "está sendo" "de seu".

Na ordem da intelecção, o real é o que é apreendido "diretamente"; e sua ulterioridade é apreendida, como vimos, "obliquamente". Ao apreender impressivamente a realidade, coapreendemos sua atualidade mesma nessa respectividade. Ao apreendermos o real em im-pressão, temos pois obliquamente apreendida, isto é, temos expressa sua própria ulterioridade. É o terceiro momento do ser: a obliquidade ou expressão. Ser é *expressão* da impressão de realidade. Só porque o expresso é cointeligido em impressão é que podemos e devemos dizer que o expresso é inteligido obliquamente: obliquidade é expressão. Tanto o ser do substantivo como o ser afirmado têm essa formal unidade do *ex* que se funda na ulterioridade da atualidade. O "in" e o "ex" são as duas dimensões da formalidade de realidade apreendida em intelecção senciente. A primeira é a dimensão reta; a segunda, a dimensão oblíqua. Que o ser seja *da* realidade significa, portanto, que o "de" consiste em atualidade ulterior expressa. Eis aqui o *caráter formal* do ser.

Mas *a unidade do ser não é só formal*. Quer dizer, não se trata de que haja duas espécies de ser, ser do substantivo "e" ser do afirmado, mas sim de que essas duas supostas espécies são mais que espécies, porque a unidade do "e" não tem caráter formalmente aditivo. O "e" é *unidade dinâmica*. É que as duas formas de ser não estão meramente coordenadas, mas o ser afirmado se funda no ser do substantivo enquanto tal. O ser do substantivo "enquanto tal" é a forma radical de ser. Isso não significa, repitamo-lo, que a realidade consista em ser *esse reale*, e sim que o ser do substantivo "enquanto tal" é a forma radical do ser na atualidade intelectiva. Tampouco significa que a afirmação recaia formalmente sobre o ser do substantivo: a afirmação recai formalmente sobre a realidade. Só porque nesta realidade atual está obliquamente expresso seu ser do substantivo é que, ao julgarmos sobre o real, coexpressamos seu ser do afirmado. Dizer que a forma radical do ser é o ser "enquanto tal" do substantivo significa, pois, que *dentro da linha do ser* inteligido, o tipo radical do ser é o ser do substantivo "enquanto tal". É neste que se funda o ser do afirmado. E, como a intelecção do real entre outras coisas do campo é um movimento pelo qual estamos indo de uma coisa para outra, a unidade de ambas as formas de ser é uma unidade formalmente dinâmica.

Mas há que eliminar uma falsa ideia desta unidade dinâmica: a ideia de que este dinamismo é dialético. Unidade dinâmica não é dialética. A dialética, seja qual for a estrutura que se lhe atribua, é sempre e somente uma "passagem" de uma posição intelectiva para outra, não é dialética da atualidade enquanto tal. Quando Hegel nos fala de dialética da realidade, é porque entende que realidade é um momento do ser e que o ser é posição do pensar. Mas a unidade dinâmica das formas de ser na intelecção não é a unidade de um "passar". Certamente, no afirmado mesmo pode haver uma "passagem" de uma afirmação a outras. Mas o dinamismo que leva do ser do substantivo enquanto tal ao ser do afirmado não é um "passar" na intelecção, mas a constituição mesma do fundamento do ser afirmado na estrutura *prévia* do ser do substantivo enquanto tal. O "passar" se funda no ser do substantivo, mas este fundamento não é, por sua vez, um passar. A realidade está presente na apreensão primordial de realidade, e é afirmada, no que é em realidade, na intelecção afirmativa. Só nesta cabe um passar.

Esta unidade dinâmica prévia ao passar, e que constitui a unidade do ser do afirmado e do ser do substantivo enquanto tal, também tem diferentes momentos.

Antes de tudo, a atualidade do real em respectividade mundanal adquire um caráter próprio. Sem abandonar o real, e portanto sem abandonar o ser do substantivo enquanto tal, a intelecção vai de uma coisa real a outra; a respectividade (do real) enquanto tal, sem deixar de ser o que é, distende-se, por assim dizer, em respectividade a outras coisas reais, entre as quais o real se atualiza na intelecção: é o mundo primordial como campo de realidade. Com isso, a atualidade do real em respectividade também se distendeu: o ser do substantivo enquanto tal se distendeu em ser do afirmado. Distensão não é um passar, mas no máximo a condição estrutural para que naquilo em que a distensão se plasma seja um passar. *Distensão* é o primeiro momento da unidade dinâmica do ser do afirmado e do ser do substantivo enquanto tal.

Esta distensão não é bilateral, porque o ser do substantivo enquanto tal é a forma radical do ser inteligido. Donde resulta que o ser do afirmado como distensão do ser do substantivo é um desdobramento deste, mas um desdobramento de atualidade: a atualidade do real na respectividade mundanal se desdobra na atualidade entre outras coisas reais. O ser afirmado é assim um *ex* do ser enquanto tal do substantivo. O ser do substantivo enquanto tal é o que é ex-presso na im-pressão de realidade, enquanto na im-pressão distendida em intelecção afirmativa é ex-presso afirmativamente seu ser como ser "em realidade". Cada um de ambos os seres é uma ex-pressão da realidade. Mas por sua vez o real da apreensão primordial de realidade é o determinante da afirmação: esta determinação é e-vidência, é um *ex*. A evidência é formalmente um momento do real atualizado em movimento intelectivo. Mas, como esta atualização traz expresso o ser, sucede que a evidência é obliquamente – só obliquamente – um momento do ser. A evidência não é evidência do ser, mas evidência do real. E precisamente por isso, e só por isso, a evidência do real é coevidência oblíqua do ser. Portanto, a expressão em que o ser do afirmado consiste e a expressão em que consiste o ser do substantivo enquanto tal têm a unidade de ser uma distensão em exibição, cujo caráter radical dinâmico é o *ex* do ser. Só por este *ex* prévio se pôde constituir o *ex* próprio do ser do afirmado. O ser é ser enquanto tal do substantivo "e" ser do afirmado. Dizia eu que este "e" não é aditivo. Agora podemos dizer com precisão: o "e" mesmo é o caráter de um *ex*; o ser do substantivo determina em *ex* o ser do afirmado. A unidade dinâmica do ser é, portanto, unidade de distensão e de exibição.

Mas esta exibição, este *ex*, tem por sua vez um caráter próprio. *Ex* é a unidade distendida do real que está sendo. E agora este gerúndio assume caráter modal: o ser é atualidade ulterior e, portanto, atualidade gerundial, é um presente gerundial. Este "sendo", que não é processo nem momento de um processo, mas que é uma estrutura do ser mesmo do real, é o que chamo de *temporeidade*. O ser não transcorre temporalmente, mas é *tempóreo*. A temporeidade compete ao ser substantivo do real, e portanto compete também, se bem que de maneira oblíqua, ao ser substantivo enquanto tal em sua impressão de realidade: é a temporeidade do ser do substantivo. Em que consiste? Ser, como disse, é atualidade ulterior do real na respectividade mundanal. E esta atualidade é em primeiro termo um "ser-já"; mas é também um "ser-ainda". O "é" do ser do substantivo é, pois, radicalmente a unidade de um "é-já" e de um "é-ainda" no "é-agora". Nenhum dos três termos é por si mesmo atualidade; só é atualidade a unidade intrínseca deles. Só esta atualidade unitária constitui a atualidade do "é". Já, agora, ainda não são três *fases* de um transcurso do ser, mas três *fácies* de sua própria e unitária atualidade. Sua unidade é a estrutura do "sendo". A temporeidade é a unidade dinâmica da formal ulterioridade do ser com respeito à realidade. O tempo se funda, portanto, no ser, e não o contrário. Esta temporeidade compete ao real por si mesmo pelo mero fato de ser, independentemente de toda intelecção, porque independentemente desta o real tem um ser do substantivo. Mas o ser do substantivo "enquanto tal" só se dá na intelecção senciente, e portanto só nela, conquanto de maneira oblíqua, fica apreendida a temporeidade enquanto tal. Sua distensão em *ex* se expressa numa forma própria do ser do afirmado: é sua conotação temporal. Esta conotação temporal, segundo um agora, um antes e um depois, é na afirmação a exibição da temporeidade do real apreendido em impressão de realidade. O "sendo" do ser do substantivo é o que determina a conotação temporal do sendo do ser afirmado. A conotação temporal do "é" é uma exibição da unidade temporal do ser do substantivo.

Definitivamente, o ser tem o caráter formal de atualidade, ulterioridade e obliquidade em expressão: é a unidade formal do ser. E esta unidade é constitutivamente dinâmica: distensão, exibição e temporeidade são a estrutura da unidade dinâmica do ser afirmado e do ser substantivo enquanto tal.

Vimos assim a diferença da intelecção da realidade em seu ser do substantivo e em seu ser do afirmado. Examinamos depois a unidade do ser na intelecção senciente. Com isso, já podemos considerar esta articulação de realidade e ser no que constitui a verdade da intelecção. É a *quarta das questões que nos propúnhamos acerca da verdade, da realidade e do ser.*

d) *Verdade da intelecção: realidade e ser na verdade.* Repito deliberadamente o já exposto. A atualidade intelectiva do real tem, como sabemos, duas vertentes. Por uma, é a formalidade de realidade da coisa real apreendida. Por outro lado, é a atualidade intelectiva desta formalidade, mas enquanto atualidade "intelectiva". E isto constitui a verdade radical da coisa, sua verdade real. Esta verdade é constituída em impressão de realidade, e enquanto tal a verdade real tem a dimensão de um *in*. Mas como o real em impressão tem ulteriormente um ser, o ser do substantivo, sucede que a intelecção traz expresso esse ser enquanto tal, e portanto a impressão mesma tem uma dimensão de "ex", fundada na dimensão do "in". À verdade real compete, pois, de modo reto o "in" da formalidade do real, e de modo oblíquo o "ex" do expresso, de seu ser; este ser expresso constitui o ser do substantivo "enquanto tal". Este ser enquanto tal está expresso tão somente na intelecção. Portanto, o ser do substantivo compete certamente à coisa, mas o ser do substantivo "enquanto tal" compete tão somente ao real inteligido enquanto atual em intelecção. Em virtude disso, a apreensão primordial do real constitui a verdade real, mas constitui "ao mesmo tempo" a verdade formal do que é a apreensão mesma: a intelecção não só constitui a verdade do real, não só apreende o real, mas constitui esse momento segundo o qual a apreensão mesma está coapreendendo o que nela o real verdadeia. A unidade de "verdade" do real (em sua realidade e em seu ser) com o "ser verdade" da intelecção mesma é a estrutura formal da verdade real enquanto tal. A intelecção não só intelige a coisa real, mas cointelige que esta intelecção "é" verdade. E desses dois momentos o segundo, o "ser" verdade, é o *ex* mesmo, e se funda na verdade da impressão. Eis a radical estrutura da intelecção, da atualização do real: a intelecção atualiza "verdadeiramente" o real, e atualiza que esta atualização intelectiva "é" verdade. O segundo momento se funda no primeiro. Este fundamento não é uma fundamentação ou inferência lógica nem nada similar, mas é o intrínseco e formal caráter fundante da impressão mesma de realidade como atualização.

A verdade certamente não é apenas verdade do "real"; é também verdade do que a coisa real é "em realidade". Mas este "em realidade" é a distensão do momento campal do real, já apreendido em apreensão primordial; e sua intelecção é um movimento afirmativo do que a coisa é "em realidade", e traz cointeligido seu ser do afirmado enquanto tal. O ser do afirmado é o real afirmando-se neste movimento intelectivo meu, e portanto a atualidade do ser do afirmado é "ao mesmo tempo" a intelecção mesma afirmante em seu caráter de meramente atualizante: é inteligir que a intelecção "é verdade". É uma atualização do "real" e de que isso é mera atualização, quer dizer, de que a afirmação "é" verdade. O caráter de mera atualização intelectiva do real que constitui a realidade é, portanto, "ao mesmo tempo", intelecção verdadeira e intelecção de que a intelecção mesma é verdade: é a unidade de realidade, ser e ser verdade.

Não creio que seja necessário insistir em que aqui verdade não significa senão o âmbito mesmo da verdade, porque, se tomamos a verdade no sentido de verdade de determinada coisa, então esse âmbito dá lugar a duas diferentes possibilidades: a possibilidade de verdade e a possibilidade de erro. Aqui tratamos simplesmente do âmbito da verdade como mera atualização. E este âmbito não é mero "elemento" do inteligir, mas "atualidade física" intelectiva do real.

***

Conclusão

Retomemos a linha geral de nosso estudo. Perguntei-me pela estrutura do inteligir o que algo é em realidade, isto é, como unidade de seu momento individual e campal. Esta intelecção é a intelecção do real entre outras coisas reais. Este "entre" distende os dois momentos individual e campal impressivamente sentidos na intelecção senciente da realidade. E então a intelecção se converte em movimento, no desdobramento da impressão mesma de realidade. É um movimento que parte do real já apreendido em apreensão primordial, em impressão de realidade; um movimento que começa por tomar distância do real, mas dentro de seu campo de realidade. Com isso, o campo de realidade torna-se meio de intelecção do real: é a intelecção "mediada" da impressão de realidade. Essa tomada de distância é um movimento de retração, no qual a intelecção elabora o complexo conjunto de simples apreensões (perceptos, fictos, conceitos) cujo caráter formal é o que a coisa "seria" em realidade. Este "seria" é o fundamento direcional do aporte das simples apreensões, segundo as quais a intelecção se move para o real individual e intelige distanciadamente o que esta coisa real é em realidade. Esta intelecção é a afirmação, o juízo: é o logos. Julgar é inteligir o que o real, já apreendido como real em impressão de realidade, é "em realidade", e esta intelecção senciente consiste em atualizar o real de que se julga em ordem às simples apreensões: é logos senciente. Ou seja, julgar é julgar de uma realização, e afirmar é intelecção senciente da realização do que "seria" no que "é". Assume diferentes formas (posicional, proposicional, predicativa) e diferentes modos (ignorância, barrunto, dúvida, opinião, probabilidade, plausibilidade, firmeza). Estas afirmações são determinadas pelo real mesmo em ordem à sua atualização com respeito às simples apreensões: esta determinação é a evidência. É um momento radical da impressão de realidade, é a força impositiva, exigitiva do real dada em impressão. Esta intelecção tem um caráter essencial próprio: a verdade. Verdade é a atualização do real em intelecção senciente. Esta atualização pode ser simples: é a verdade do real pura e simplesmente inteligida em e por si mesma. É a verdade real. Mas esta atualização pode ser de uma coisa real entre outras do campo sentido. Então se intelige em afirmação uma coisa real desde essas outras coisas: é a verdade dual, a atualidade coincidencial e exigencial da intelecção e do real. Pelo lado da afirmação, esta coincidência é "parecer"; parecer é a atualidade exigencial do real em determinada direção. Pelo lado da coisa, a coincidência é o "real". A verdade é coincidência do parecer e do real, de modo que o parecer se funde no real. Tudo isso é um movimento intelectivo de caráter formalmente senciente, é um movimento da impressão de realidade e na impressão de realidade. A verdade dual tem as três formas de autenticidade, veredictância e cumprimento. Em todas elas há um momento de conformidade com o real atualizado e um momento de possível adequação, mas imperfeita e fragmentária, com o real. A conformidade não é mais que uma passagem para a adequação. Os dois momentos têm entre si essa unidade que chamamos de "aproximação" do real. Toda conformidade é aproximação de uma adequação numa impressão de realidade. A verdade tem a unidade dinâmica de ser aproximada. Nesta verdade e em todas as suas formas, há antes de tudo um modo reto do real mesmo, mas há de modo oblíquo seu ser, o ser do substantivo enquanto tal e o ser do afirmado. Ser é formalmente atualidade mundanal ulterior e expressa do real impressivamente apreendida. Ser é algo sentido numa atualidade impressiva de caráter dinâmico que culmina em temporeidade. A intelecção é "ao mesmo tempo" verdade do real e de seu ser, mas verdade de seu ser fundada em verdade do real. Esta atualidade é não só atualidade do real e de seu ser, mas também, "ao mesmo tempo", atualidade do inteligido mesmo enquanto inteligido, e é portanto uma atualidade da própria intelecção: é "ao mesmo tempo" verdade e ser-verdade. A intelecção não é só intelecção do real, mas também cointelecção de que é verdade este inteligir o real. E nesta unidade radical consiste a interna articulação de realidade, de ser e de verdade na intelecção.

Esta é a estrutura da intelecção do que algo é em realidade. Para entendê-lo era necessária a análise de todos os momentos da intelecção em ordem à realidade. Era necessário ir vendo passo a passo que toda a intelecção consiste formalmente num desdobramento da impressão de realidade do real. Não se trata de chegar a uma espécie do que classicamente foi chamado de realismo, mas de mostrar que todos os momentos do inteligir estão radical e formalmente imersos no real, e determinados pelo real mesmo como real impressivamente apreendido. Os aspectos desta determinação constituem, portanto, a estrutura do inteligir do logos. O real não é um ponto de chegada do logos, mas o momento intrínseco e formal já dado na apreensão primordial da intelecção senciente. Portanto, não só não é um ponto de chegada mais ou menos problemático, mas é o preciso e radical ponto de partida, e a estrutura mesma do movimento intelectivo. Não é mero termo intencional. O logos é essencial e formalmente uma modalização da inteligência senciente.

Com isso, concluímos aquilo a que me propus na Segunda Parte deste estudo: o estudo da estrutura campal do inteligir, quer dizer, a estrutura do logos senciente. É uma estrutura determinada pelo real meramente atualizado em intelecção senciente. Mas, como veremos, esta estrutura é a *incoação* de uma marcha *dentro* da realidade e dirigida nela para o real enquanto momento do mundo, entendendo-se por mundo a unidade respectiva do real pura e simplesmente como real. O logos é um movimento, mas não é uma marcha. Trata-se agora de uma gigantesca tentativa de intelecção, cada vez mais ampla, do que é o real. Esta marcha é o que constitui a meu ver a razão. A razão é uma marcha desde o campo para o mundo. E, como o campo é o mundo sentido, a razão é constitutiva e formalmente razão senciente. Qual é esta marcha? É o tema da Terceira Parte deste estudo.

DADOS INTERNACIONAIS DE CATALOGAÇÃO NA PUBLICAÇÃO (CIP)
(CÂMARA BRASILEIRA DO LIVRO, SP, BRASIL)

Zubiri, Xavier, 1898-1983.
   Inteligência e Logos / Xavier Zubiri ; tradução Carlos Nougué.
– São Paulo : É Realizações, 2011. – (Coleção Filosofia Atual)

   Título original: Inteligencia y Logos.
   ISBN 978-85-8033-011-3

   1. Conhecimento - Teoria 2. Intelecto 3. Realidade
I. Título. II. Série.

11-03650   CDD-121

ÍNDICES PARA CATÁLOGO SISTEMÁTICO:
1. Conhecimento : Teoria : Filosofia   121
2. Teoria do conhecimento : Filosofia   121

Este livro foi impresso pela Cromosete Gráfica e Editora para É Realizações, em maio de 2011. Os tipos usados são Minion Condensed e Adobe Garamond Regular. O papel do miolo é pólen bold 90g, e o da capa, curious metallics red lacquer 300g.